2020 年度大连外国语大学学科建设专项经费资助项目

民营企业金字塔结构对超额薪酬与薪酬辩护影响的研究

柳志南 著

中国财经出版传媒集团

经济科学出版社

Economic Science Press

图书在版编目（CIP）数据

民营企业金字塔结构对超额薪酬与薪酬辩护影响的研究/柳志南著 . —北京：经济科学出版社，2020.10
ISBN 978 - 7 - 5218 - 1754 - 6

Ⅰ.①民…　Ⅱ.①柳…　Ⅲ.①民营企业 - 工资管理 - 研究 - 中国　Ⅳ.①F279.245

中国版本图书馆 CIP 数据核字（2020）第 137911 号

责任编辑：程辛宁
责任校对：杨　海
责任印制：邱　天

民营企业金字塔结构对超额薪酬与薪酬辩护影响的研究
柳志南　著
经济科学出版社出版、发行　新华书店经销
社址：北京市海淀区阜成路甲 28 号　邮编：100142
总编部电话：010 - 88191217　发行部电话：010 - 88191522
网址：www. esp. com. cn
电子邮箱：esp@ esp. com. cn
天猫网店：经济科学出版社旗舰店
网址：http://jjkxcbs. tmall. com
固安华明印业有限公司印装
710 × 1000　16 开　13.25 印张　220000 字
2020 年 10 月第 1 版　2020 年 10 月第 1 次印刷
ISBN 978 - 7 - 5218 - 1754 - 6　定价：68.00 元
（图书出现印装问题，本社负责调换。电话：010 - 88191510）
（版权所有　侵权必究　打击盗版　举报热线：010 - 88191661
QQ：2242791300　营销中心电话：010 - 88191537
电子邮箱：dbts@ esp. com. cn）

前　言

本书受 2020 年度大连外国语大学学科建设专项经费资助项目与教育部人文社科基金课题"企业集团控制层级及产权性质对成员企业超额薪酬和薪酬辩护的影响"（项目编号：18YJA630147）资助，并是该课题的重要组成内容。

在现代企业所有权与经营权分离的背景下，薪酬契约能够有效缓解所有者与高管之间的委托代理问题。高管利用其权力与影响所摄取的超额薪酬，不仅损害企业的发展，而且会加大社会的收入差距。中共十六届五中全会强调"更加注重社会公平，使全体人民共享改革发展成果"。然而，自 2003 年以来，中国居民收入基尼系数均处于收入差距的警戒线之上，在国有企业高管薪酬受到相关政策限制的背景下，《中国公司治理分类指数报告 No. 15（2016）》显示 2015 年民营上市公司高管薪酬指数的均值远高于国有上市公司。高管为避免超额薪酬引起公关困境，会进行薪酬辩护。在信息不对称的环境中，提升经营业绩已成为企业对超额薪酬进行辩护的重要方式。

企业集团在国民经济中占据着重要的地位，金字塔式股权结构（下称"金字塔结构"）是企业集团的主要组织形式。层级的数量最终决定着企业集团组织结构的基本形状，成为揭示金字塔结构对企业经济行为及其后果影响研究的基本视角。民营企业已成为国民经济的重要部分，增加金字塔结构层级以获取活跃的内部资本市场，已成为其缓解体制性歧视所诱发的融资困难的重要方式。然而，层级的增加不仅会加剧底层企业高管的权力，而且会恶化企业集团的信息环境，从而影响底层企业高管薪酬。

针对更加注重社会公平的分配原则下中国居民收入基尼系数却长期高于

收入差距警戒线的问题，本书聚焦于民营企业集团的研究视角，探讨金字塔结构层级对底层企业高管超额薪酬及其薪酬辩护的影响。具体而言，本书基于2004~2015年中国A股的民营上市公司数据，聚焦于金字塔结构、超额薪酬、薪酬辩护与薪酬委员会的研究进展，拟解决以下问题：第一，随着民营企业集团金字塔结构层级的增加，底层企业高管是否会借助自身权力的增加以及企业集团信息环境的恶化，加剧摄取超额薪酬的行为？第二，为寻求摄取超额薪酬合理化的借口，底层企业是否会借助层级的增加实施"结果正当性"的薪酬辩护，以及其借助层级的增加实现薪酬辩护的路径是什么？第三，中国证监会颁布的《上市公司治理准则》（2002年）提出上市公司应成立薪酬委员会，作为高管薪酬制定与执行的重要机构，以提升高管薪酬契约的激励效果；那么，底层企业的薪酬委员会的相关特征能否抑制民营企业金字塔结构的上述影响？

为探讨上述问题的答案，本书的内容设计为：第1章是绪论，阐述研究背景与问题、相关概念界定、研究意义与目标、研究思路与研究内容、技术路线与研究方法以及研究创新。第2章是文献综述，聚焦于超额薪酬与薪酬辩护诱因以及金字塔结构与薪酬委员会对高管薪酬的影响，梳理与回顾已有相关研究，并进行综述。第3章是理论基础，阐释委托代理理论、内部资本市场理论、管理层权力理论以及最优薪酬契约理论的基本内容；第4章是理论分析，依据上述理论基础，剖析民营企业金字塔结构层级的增加对企业集团委托代理问题与内部资本市场的影响，进而探讨层级的增加对底层企业高管权力以及企业集团信息环境的影响，以及阐释薪酬委员会对高管薪酬的影响。

第5章、第6章和第7章是实证检验部分，这三章实证研究不仅检验了民营企业金字塔结构层级对其超额薪酬以及薪酬辩护的影响，而且排除了其他问题对金字塔结构上述影响的替代性解释，以及探寻其借助层级的增加进行薪酬辩护的路径，并进一步探索薪酬委员会的相关特征能否抑制民营企业金字塔结构的上述影响。在第5章中，本书实证检验民营企业金字塔结构对底层企业高管超额薪酬的影响。本章率先实证检验民营企业金字塔结构层级的增加对底层企业高管超额薪酬的影响。在此基础上，本章进一步以底层企业高管董事长与总经理是否两职合一为特定情景，进一步考察金字塔结构对底层企业高管超额薪酬的影响。

第 6 章，实证检验民营企业金字塔结构对底层企业高管薪酬辩护的影响。基于管理层权力理论与最优薪酬契约理论，随着层级的增加，底层企业高管会借助超额薪酬 – 业绩敏感性的提升，为其摄取超额薪酬实施"结果正当性"的薪酬辩护。但基于最终控制人与高管的"合谋"以及企业集团"平均主义"等问题的视角，层级的增加则会显著降低超额薪酬 – 业绩敏感性。因而，本书率先从理论上分析层级的增加与超额薪酬 – 业绩敏感性的关系，以排除其他问题对本书研究结论的影响，并进一步探寻底层企业高管借助层级的增加实施"结果正当性"薪酬辩护的具体路径。在此基础上，实证检验上述理论分析的研究假设。

第 7 章，实证检验底层企业薪酬委员会独立性以及薪酬委员会与审计委员会的交叠，分析其在民营企业金字塔结构层级对超额薪酬及薪酬辩护影响中的作用。本章首先分别探讨底层企业薪酬委员会及其与审计委员会的交叠在层级的增加对底层企业高管权力以及企业集团信息环境的影响在底层企业高管超额薪酬与薪酬辩护中的作用，并提出相关研究假设。在此基础上，实证检验底层企业薪酬委员会的上述两个特点在民营企业金字塔结构层级的增加对底层企业高管超额薪酬与薪酬辩护影响中的调节效应。

第 8 章为研究结论与政策建议，包括本书的主要研究结论、研究贡献与政策建议，阐释本书的不足之处与未来研究方向。

本书获取了如下主要结论：

结论一：民营企业金字塔结构层级的增加显著加剧了底层企业高管的超额薪酬。处于经济转轨阶段的中国，借助金字塔结构层级的增加，通过获取活跃的内部资本市场，已成为民营企业集团缓解融资约束的重要方式。然而，层级的增加也加重了企业集团的委托代理问题，不仅会加剧底层企业高管的权力，而且会恶化企业集团的信息环境。本书研究发现在民营企业集团中，底层企业高管显著存在借助层级的增加摄取超额薪酬的行为，并会显著损害高管薪酬契约与经营业绩相挂钩的本质，印证了超额薪酬实质上是高管借助其权力与影响，摄取超过公平谈判所得的私有收益的结果。在此背景下，随着层级的增加，尽管最终控制人能够获取活跃的内部资本市场，但也会付出底层企业高管借助层级的增加摄取超额薪酬的代价。

结论二：民营企业金字塔结构层级的增加显著加剧了底层企业实施"结果正当性"的薪酬辩护行为。"结果正当性"的薪酬辩护不仅为底层企业高管摄取超额薪酬提供借口，而且能够为其不断摄取超额薪酬提供机会。随着民营企业金字塔结构层级的增加，其会选择更为隐蔽的真实盈余管理行为，粉饰经营业绩进行薪酬辩护，同时，也会借助活跃的内部资本市场，通过关联交易，降低经营困难，实施"结果正当性"的薪酬辩护。

结论三：底层企业薪酬委员会独立性会显著抑制民营企业金字塔结构层级的上述影响，但其薪酬委员会与审计委员会的交叠却会显著加剧民营企业金字塔结构层级的上述影响。相对于内部董事而言，独立董事大都具备更强的专业知识与注重个人的声誉，其提升公司治理作用的动机也越强，从而使得薪酬委员会独立性在民营企业金字塔结构层级的上述影响中存在显著的负向调节效应。然而，薪酬委员会与审计委员会的交叠则有助于高管俘获董事与借助真实盈余管理行为摄取超额薪酬以及实施"结果正当性"的薪酬辩护，进而在金字塔结构层级的上述影响中存在显著的正向调节效应。

目 录
CONTENTS

第 1 章

绪　　论

1.1　选题背景与问题提出

1.1.1　选题背景

高管激励是企业管理控制重要的要素与程序，是企业实现战略目标的关键（Anthony et al.，1998）。在现代企业所有权与经营权分离的背景下，薪酬契约能够有效缓解所有者与高管之间的委托代理问题（Jensen and Murphy，1990），成为高管激励的核心制度。企业集团在国民经济中占据着重要的地位（Khanna and Yafeh，2007），金字塔结构是企业集团的主要组织形式（La Porta et al.，1999）。民营企业集团已成为中国国民经济的重要部分，但债务融资与权益融资的体制性歧视加剧了其融资困难（孙铮等，2006），增加金字塔结构的层级以获取活跃的内部资本市场，成为民营企业集团缓解融资困难的重要方式（李增泉等，2008）。然而，层级的增加也会加剧最终控制人与底层企业高管之间的委托代理问题（Fan et al.，2013），从而影响底层企业高管薪酬。

企业高管利用自身的权力与影响，摄取超过公平谈判所得的超额薪酬，损害企业的发展，加大了社会的收入差距（Bebchuk and Fried，2003）。中共十六届五中全会强调"更加注重社会公平，使全体人民共享改革发展成果"，但自 2003 年以来，中国居民收入基尼系数一直处在国际上通常认为的收入差距警戒线 0.4 之上。同时，《中国公司治理分类指数报告 No. 15（2016）》显示 2015 年上市公司高管存在显著过度激励的情况。在相关薪酬政策严格约束的背景下，国有企业高管薪酬总额会受到限制，上述报告显示 2015 年民营上市公司高管薪酬指数的均值远高于国有上市公司。高管为避免超额薪酬引起的公关困境，会进行薪酬辩护（Faulkender and Yang，2010）。在信息不对称的环境中，经营业绩的提升已成为订立企业高管薪酬契约的重要内容，进而成为其摄取超额薪酬的重要辩护方式。

然而，从企业集团的视角，深入探索民营企业金字塔结构层级对底层企业高管超额薪酬与薪酬辩护的影响并未得到相关学者的广泛关注。层级的数量决定着企业集团的基本形状，成为金字塔结构影响企业集团经济行为理论研究的基本视角。民营企业金字塔结构层级的增加尽管增强其内部资本市场的活跃程度，但也加剧了其委托代理问题。因而，要认清民营企业集团的高管薪酬，必然要深入考察层级的数量对其底层企业高管超额薪酬与薪酬辩护的影响。

薪酬委员会作为董事会的专门机构，对高管薪酬契约的制定与执行具有重要的作用，能够有效抑制高管摄取私有收益的行为，维护企业所有者的利益。因此，考察民营企业金字塔结构的层级对底层企业高管超额薪酬及薪酬辩护的影响，并探讨薪酬委员会在金字塔结构层级上述影响中的作用，是推进民营企业集团高管薪酬理论研究的必要内容，本书选题肇端于此。

1.1.2 问题提出

在中国现阶段的制度背景下，深入探索民营企业金字塔结构层级与底层企业高管薪酬契约之间的关系具有独特的机会和价值。一方面，中国上市公司在年度报告中披露了最终控制人与上市公司之间的股权结构图，为本书获取民营企业金字塔结构层级的数据提供了依据。另一方面，根据本书对样本上市公司的金字塔结构层级数量的统计（具体详见图 1 - 1 所示）显示，在74% 的样本中，民营企业集团的最终控制人至少通过一个中间企业来控制着上市公司，表明中国民营上市公司隶属于金字塔结构企业集团的现象非常普遍，并且图 1-1 的结果也表明民营企业中的金字塔结构层级的数量存在较大差异。

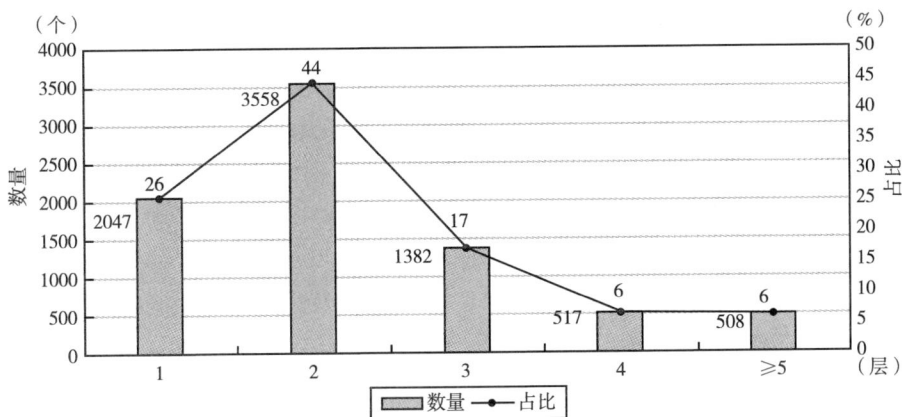

图 1-1 2004～2015 年样本企业金字塔结构层级数量的分布情况

资料来源：国泰安数据库，笔者手工整理获得。

金字塔结构层级的数量最终成为揭示金字塔结构对企业经济行为及其经济后果的基本研究视角。中国民营上市公司金字塔结构层级的差异对于认清金字塔结构在企业集团中的经济后果、解读民营企业金字塔结构层级与底层企业高管薪酬契约之间的关系及其形成机制，以及在金字塔结构下中国民营企业集团的高管薪酬管理特点，均具有重要的研究价值，对于帮助中国民营金字塔结构的企业集团制定和评估底层企业高管薪酬激励政策，也具有一定的指导意义。

高管摄取超额薪酬的行为不仅会损害企业的发展与加剧社会的收入差距，而且诱发了社会公众对薪酬是否成为高管谋取私利工具的思考。尽管中共十六届五中全会强调"更加注重社会公平，使全体人民共享改革发展成果"为原则的分配政策，而不再提"效率优先，兼顾公平"；但自 2003 年以来，中国居民收入基尼系数一直处在收入差距警戒线之上。为进一步获取与分析企业高管薪酬的微观经验证据，本书根据《中国公司治理分类指数报告 No. 15（2016）》，并基于产权性质，梳理了 2015 年上市公司的高管薪酬指数及高管薪酬绝对值，具体如表 1-1 所示。

表 1 - 1　　2015 年不同最终控制人上市公司高管薪酬指数和绝对值比较

项目	排序	所有制类型	公司数目	平均值	最大值	最小值	标准差
高管薪酬指数	1	民营股东	1617	461. 3460	36435. 0700	0. 2504	1580. 9114
	2	地方国有企业	662	77. 9742	6529. 8940	0. 3631	395. 6545
	3	中央国有企业	353	72. 2580	4117. 5440	0. 0376	289. 3764
		总　体	2632	312. 7365	36435. 0700	0. 0376	1273. 1175
高管薪酬绝对值（万元）	1	民营股东	1617	485. 1469	21279. 5853	0. 2807	1470. 1542
	2	中央国有企业	353	244. 1361	14117. 1299	4. 5500	1076. 5093
	3	地方国有企业	662	88. 5886	10742. 9592	7. 6333	425. 0454
		总　体	2632	353. 0806	21279. 5853	0. 2807	1248. 1509

注：高管薪酬指数指标的计算采用基准法：首先，选择每个行业的基准公司；其后，计算各行业全部公司的基准值；最后，以该基准值作为标杆，计算各公司高管人员薪酬指数。

资料来源：《中国公司治理分类指数报告 No. 15 （2016）》，第 397 页（表 23 - 3　2015 年不同最终控制人上市公司高管薪酬指数和绝对值比较）。

　　由表 1 - 1 可知，2015 年上市公司高管的薪酬指数均值为 312. 7365，显著高于 2012 年的 130. 49；该指标越大，表明上市公司高管激励过度的情况越严重，且该指标越接近 100，表明上市公司高管薪酬激励与经营业绩的增长越趋于同步。因而，表 1 - 1 的数据说明 2015 年上市公司高管存在较严重的过度激励情况，且高管薪酬的增长显著高于经营业绩的增长。同时，上市公司高管薪酬绝对值的均值则高达 353. 0806 万元，显著高于 2012 年的 63. 61 万元，表明 2015 年上市公司高管薪酬不仅处于高水平，而且增长速度十分迅速。基于产权性质进行深入分析发现，中央国有上市公司高管的薪酬绝对的均值为 244. 1361 万元，地方国有企业的 88. 5886 万元，而民营上市公司的 485. 1469 万元；同时，无论是地方国有上市公司还是中央国有上市公司的高管薪酬指数均值均低于 80，而民营上市公司高管薪酬指数均值则高达 461. 3460。

　　在现代企业两权分离的背景下，作为高管激励的核心制度，薪酬契约是缓解所有者与高管之间的委托代理问题的基本方式。结合上文的数据分析可知，民营上市公司高管薪酬过高会扭曲我国收入分配的原则，从而也会引起社会公众对薪酬契约是否成为高管谋取私利工具的思考。同时，在信息不对称的环境中，为避免超额薪酬引起的公关困境，提升经营业绩已成为企业高管摄取超额薪酬的重要辩护方式，并为其持续摄取超额薪酬提供了机会。

受限于融资约束的限制，增加金字塔结构层级，以获取活跃的内部资本市场，已成为民营企业缓解融资困难的重要方式，但也会显著加剧民营企业的委托代理问题。同时，中国上市公司披露金字塔结构层级数量的制度背景，为本书深入研究企业集团薪酬问题提供了必要前提。深入探讨民营企业金字塔结构层级的增加对底层企业高管超额薪酬及其薪酬辩护的影响，对于认清民营企业集团的高管薪酬具有重要的研究价值。因而，民营企业金字塔结构层级的增加所加重的委托代理问题是否会显著加剧底层企业高管摄取超额薪酬的行为？在此背景下，层级的增加是否加重底层企业高管实施"结果正当性"的薪酬辩护，及其借助层级的增加实现薪酬辩护的路径又是什么？

薪酬委员会承担着企业高管薪酬制定与管理的主要工作。美国证券交易委员会（SEC）于 1978 年建议上市公司设立薪酬委员会。在此背景下，国外的高管薪酬管理实践表明，薪酬委员会有助于提升高管的激励效果，从而印证了薪酬委员会在公司治理中的重要作用。中国上市公司的薪酬委员会是董事会"舶来品"之下的附属产物。中国证监会于 2002 年颁布的《上市公司治理准则》提出上市公司应建立薪酬委员会，但并未对薪酬委员会构成做出十分详尽的规定。而基于分散的股东投资状况和发达证券制度的背景在中国并不具备。同时，在中国上市公司中，存在总经理身兼薪酬委员会的成员，甚至成为薪酬委员会主任的情况。在此背景下，薪酬委员会能否有效发挥高管薪酬的治理作用引起了相关学者的广泛关注，研究结果既发现薪酬委员会具有积极的治理作用（刘西友、韩金红，2012），但也诱发了更多的委托代理问题（高文亮、罗宏，2011）。在此背景下，在民营企业集团中，底层企业的薪酬委员会的相关特征能否抑制金字塔结构层级的上述影响？因而，基于民营企业集团的视角，深入探索薪酬委员会的相关特征能否抑制金字塔结构层级的上述效果具有重要的研究价值。

有鉴于此，本书试图深入探讨与解读上述三个问题将有助于推进民营企业集团高管薪酬的理论研究。同时，本书具有重要的实用价值：一是，本书将为民营企业集团在借助金字塔结构层级的增加获取内部资本市场优势时，警惕底层企业高管的超额薪酬及其薪酬辩护，以及如何发挥底层企业薪酬委员会的治理作用，提供一定的理论参考；二是，本书为相关监管部门改善民营企业的融资环境，避免底层企业高管借助层级的增加摄取超额薪酬与进行薪酬辩护，以及设置底层企业高管摄取超额薪酬的个人所得税法与加强薪酬委员会优化公司治理的制度，来缓解民营企业集团中底层企业高管借助层级的增加摄取超额薪酬与实施薪酬辩护，提供了一定的理论参考。

1.2　相关概念界定

本节具体阐释本书相关概念的定义，具体包括民营企业金字塔结构、超额薪酬、薪酬辩护、薪酬委员会以及审计委员会。

1.2.1　民营企业金字塔结构

民营企业金字塔结构是指民营企业集团的金字塔结构。金字塔结构是金字塔式股权结构的简称，是指最终控制人通过一系列多层级的中间实体（公司）来间接控制底层企业，进而组建企业集团的一种组织结构类型。在这种股权结构下，企业最终控制人控制是第一层企业，第一层企业再控制第二层企业，依次类推，通过多层次的控制取得对目标企业的最终控制权。金字塔结构是一种形象的说法，其实质就是多层级的企业集团控制结构。因而，金字塔结构层级的数量最终决定其形状，是探索金字塔结构影响底层企业行为及其经济后果的基本视角（La Porta et al.，1999；Fan et al.，2013）。

现有对金字塔结构的研究视角主要聚焦于利益攫取、内部资本市场以及政府放权三个方面。其中，利益攫取指最终控制人利用金字塔结构能够以较少的资本控制更多的资源，从而导致其借助层级的增加"掏空"底层企业，引发其与中小股东之间的委托代理问题（Shleifer and Vishny，1997），损害企业发展（Lemmon and Lins，2003；王鹏、周黎安，2006）；内部资本市场是指最终控制人能够借助金字塔结构搭建企业集团的内部资本市场，来提升企业价值（Khanna and Palepu，2000）；政府放权是指在金字塔结构下，地方政府可通过持股实现对企业的最终控制，以监督与人事任免等手段实现对企业的干预，但层级的增加将降低经营信息从底层企业向顶端控制人传递的效率，

增加政府部门干预企业日常经营活动的成本，实现对企业经营决策权的下放
（Fan et al.，2013）。

中国自改革开放以来，尽管民营企业已在社会主义市场经济中占据着重要位置，但在尚不完善的各种市场环境下，其债务融资与权益融资方面所受到更多的体制性歧视会损害民营企业的发展（孙铮等，2006），其最终控制人可借助金字塔结构层级的增加，活跃其内部资本市场，缓解融资困难。随着民营金字塔结构层级的增加，企业集团最终控制人与底层企业高管之间的委托代理问题愈发严重（Fan et al.，2013；刘慧龙，2017）。在此背景下，本书的民营企业金字塔结构是指民营企业集团的金字塔结构层级的结构。

1.2.2 超额薪酬

理论界认为超额薪酬的主要诱因为：其一，超额薪酬是企业高管利用其权力和影响寻租而获得的超过公平谈判所得的报酬所得（Bebchuk and Fried，2003；Core et al.，2008），表现在薪酬与企业经营业绩的不对称，表现在经营业绩的下降反而会增加高管薪酬，而高管薪酬的增长会高于经营业绩的增长（郑志刚，2006）。权力较大的企业高管能够获取更多的超额薪酬，会扭曲高管薪酬契约的本质（谢德仁等，2012）。其二，也有学者肯定超额薪酬是企业所有者对高管才能和努力的回报，为高管实施薪酬辩护提供了理论依据。这种观点认为企业高管的人力资本具有溢价效应，表明高管的超额薪酬实际上是其才能与努力程度的体现。该观点是最优薪酬契约论理论的延伸，即超额薪酬包含着超额绩效，进而为企业高管实施薪酬辩护提供了理论基础。

然而，在企业高管薪酬管理的实践中，超额薪酬成为高管的薪酬契约制定与执行的难题。《中国公司治理分类指数报告 No. 15（2016）》显示 2015 年上市公司的高管薪酬指数均值为 312.74，显著高于 2012 年的 130.49。上述报告表明 2015 年中国上市公司的高管激励远高于其经营业绩水平。同时，现有相关理论研究结果表明企业高管谋取超出公平谈判所得收入的超额薪酬普遍存在。因而，相关学者认为超额薪酬并非代表高管所具备的真实才能及其自身的努力程度，而是其为了满足自身私有收益的途径，会损害企业的发展（Bebchuk and Fried，2003；Core et al.，2008；罗宏等，2014）。因而，本书

研究中的超额薪酬是指企业高管利用手中的权力和影响寻租而获得的超过公平谈判所得的收入，即高管的超额薪酬是其摄取私有收益的结果，会损害高管薪酬契约与企业经营业绩相挂钩的本质。

1.2.3 薪酬辩护

薪酬辩护是指企业高管为证明其获取的超额薪酬与个人能力和努力程度等相匹配的结果，而寻找庇护的行为。在政府管制、媒体抨击以及公众质疑下，企业高管有动机对其薪酬进行辩护，对自己的超额薪酬提供合理化的理由和解释（谢德仁等，2012；罗宏等，2014；谢德仁等，2014）。因此，作为理性的经济人，借助超高薪酬获取私有收益的高管会有动机对其摄取超额薪酬寻求辩护，即提供其摄取超额薪酬合理化的理由。结合现有相关研究的结论，实现薪酬辩护的路径主要包括以下两个方面。

首先，中国上市公司高管借助经营业绩的提升作为薪酬辩护的重要方式。近年来，过高的高管薪酬诱发企业公关困境，包括媒体的抨击与政府的管制，影响企业内部员工的忠诚度与建设和谐社会（吴联生等，2010）。因而超额薪酬不仅会引发监管层的监管，而且也会促进股东与董事会对高管的任免。方军雄（2012）研究发现，高管超额薪酬会显著加剧其解雇 - 业绩敏感性。谢德仁等（2012）与罗宏等（2014）认为，当企业高管较强的能力影响企业薪酬政策制定与执行时，会选择通过超额薪酬 - 业绩敏感性的提高，来作为"结果正当性"的薪酬辩护。有鉴于此，上述企业公关困境所诱发的压力会导致企业高管对其薪酬寻求辩护的借口与理由，即对其超额薪酬提供"结果正当性"的合理化理由。

其次，借助战略信息披露实现印象管理也成为高管薪酬辩护的重要方式。高管能够通过战略信息披露增强外部对其才能的了解，营造其超额薪酬是其能力与努力的体现来实现薪酬辩护的目标。程新生等（2015）研究发现，在中国经济转轨阶段的制度背景下，高管借助战略信息披露为其超额薪酬提供辩护具有更加独特的条件。具体而言：一是，中国特殊的新兴市场制度背景为高管实施薪酬辩护提供了机会。在现阶段法律制度和监管体系并不十分完善的背景下，相关利益者对高管披露的战略信息辨别能力并不是很强，即使他们发现相关披露信息存在较大的错误，他们也难以运用相关的法律法规对战略信息加以修订。二是，高管所披露的战略信息本身的特点导致其能够成为高管薪酬辩护的重要方式。目前，战略信息大部分为文字叙述性的信息，而且极具主观性，这会导致高管可以有选择性地披露相关的战略信息，从而在一定程度上造成相关信息的片面性或者具有误导性。有鉴于此，程新生等（2015）研究发现，高管会借助上述战略信息的披露，能够通过正面的信息实施薪酬辩护。

1.2.4　薪酬委员会

本书中的薪酬委员会是指《上市公司治理准则》建议上市公司设立的薪酬与考核委员会，并规定其成员应为企业的董事组成，且独立董事应占多数与担任召集人。在此基础上，《上市公司治理准则》进一步界定了薪酬与考核委员会的主要职责，主要包括：（1）研究董事与高管考核的标准；（2）研究和审查董事、高级管理人员的薪酬政策与方案；（3）聘请中介机构提供专业意见。因而，薪酬委员会是指特定公司治理环境下的薪酬委员会结构、人员、权利以及职责的一系列制度安排，从而能够使其行使适度的监督与激励计划，降低与高管薪酬有关的委托代理问题，增强高管行为与所有者利益和目标的一致性。目前，中国上市公司对担负类似职能的委员会的称呼并不一致，本书统一将董事会中具有薪酬与考核职能的委员会称为薪酬委员会。

1.2.5　审计委员会

《上市公司治理准则》将审计委员会提高到公司治理层面上。2002 年中国的《董事会审计委员会实施细则指引》，进一步提出审计委员会主要负责公司内、外部审计的沟通、监督和核查工作。上述相关规定将审计委员会界定为在董事会中的一个专业化的委员会，主要发挥监督治理作用，从而将其作用进一步与国际趋同。审计委员会的初衷是监督财务报告的编制与披露等相关工作，并逐步将内部控制纳入了其职能范畴。中国市场经济的发展推进了审计委员会职能的拓展。然而，同上述薪酬委员会概念界定情况一样，中

国上市公司对担负类似职能的委员会的称呼并不一致,本书统一将董事会中
负责公司内、外部审计的沟通、监督和核查工作的委员会称为审计委员会。

1.3　研究意义与研究目标

本节主要阐释本书的研究意义与研究目标。

1.3.1　研究意义

本书的研究意义包括理论意义与实践意义。

1.3.1.1　理论意义

第一,本书将从民营企业集团的研究视角出发,拓展企业高管薪酬的理
论研究;从而不同于已有研究把企业视为独立的组织,探索超额薪酬以及薪
酬辩护的诱因。民营企业集团的最终控制人可以通过参加底层企业高管薪酬
契约制定与执行的过程,对底层企业高管薪酬契约施加重大影响。层级的增
加不仅会促进内部资本市场的活跃程度,而且也会加剧企业集团的委托代理
问题,从而会影响最终控制人在底层企业高管薪酬契约中的作用。尽管现有
相关研究开始关注在中国现阶段的制度背景下,金字塔结构层级的增加对底
层企业高管薪酬的影响,然而,鲜有研究关注层级的增加对底层企业高管摄
取超额薪酬及其实施薪酬辩护的影响;而底层企业高管的超额薪酬及其薪酬
辩护对其薪酬契约的有效性以及社会收入差距均具有重要影响。有鉴于此,
本书从企业集团的角度,基于委托代理理论、内部资本市场理论、管理层权
力理论以及最优薪酬契约理论,探讨民营金字塔结构层级的增加对底层企业
高管超额薪酬的影响,考察层级的增加对薪酬辩护的影响,以及探索其薪酬
辩护的路径;并排除最终控制人与底层企业高管"合谋"与企业集团"平均
主义"等问题对研究结论的替代性解释,从而将有助于拓展企业高管薪酬的
理论研究。

第二,聚焦于高管薪酬的视角,深化金字塔结构层级对企业经济行为影
响的理论研究。已有金字塔结构对企业经济行为及其诱因的理论研究主要形

成了利益攫取、内部资本市场以及政府放权的研究视角。刘慧龙（2017）、周静和辛清泉（2017）分别深入探索了金字塔结构层级对企业集团高管薪酬以及国有企业集团金字塔结构对企业集团高管薪酬的影响，研究结果更多地支持了最优薪酬契约理论。民营企业金字塔结构层级的增加不仅影响对企业集团内部资本市场，而且会加剧企业集团信息环境的复杂程度，从而会影响底层企业高管权力与企业集团的信息环境。然而，上述影响是否存在管理层权力理论的经验证据却无法从现有的文献中得到确切的答案。本书则进一步深入探寻民营企业金字塔结构层级的增加对底层企业高管超额薪酬的影响，并在此基础上，考察层级的增加对底层企业高管薪酬辩护的影响，以及探索其借助层级增加进行薪酬辩护的路径，进而深化了金字塔结构层级对企业经济行为影响的研究。

第三，不同于已有薪酬委员会对企业高管薪酬契约影响的理论研究，本书则将研究背景置于民营企业集团中，拓展薪酬委员会的理论研究。《上市公司治理准则》指出薪酬委员会主要负责制订高管薪酬计划，在企业所有者与高管之间利益冲突方面发挥着重要的作用，但对其独立性及其与其他委员会之间的结构却缺乏十分具体的规定。探讨薪酬委员会独立性及其与审计委员会交叠的特征对底层企业高管薪酬的影响已吸引着现有相关学者的广泛关注。但相关研究仍将民营企业视为独立的主体，本书则将研究情景拓展至民营企业集团中，探讨薪酬委员会的上述两个特征在金字塔结构层级对底层企业高管超额薪酬及薪酬辩护影响中的作用，从而在一定程度上弥补现有相关研究的不足，将深化薪酬委员会的相关理论研究。

1.3.1.2 实践意义

本书研究极具实践意义。其一，本书为民营企业集团提升底层企业高管的激励效果提供一定的理论参考。本书的研究结论表明民营企业金字塔结构层级的增加将会显著加剧底层企业高管摄取超额薪酬与进行薪酬辩护，并研究发现真实盈余管理与关联交易在其借助层级的增加对实施"结果正当性"薪酬辩护影响的中介效应。处于经济转轨阶段的中国，民营企业集团的融资面临着政策性歧视，增加金字塔结构层级，已成为其获取活跃的内部资本市场来缓解融资约束的重要方式。因而，本书研究结论为民营企业集团在增加金字塔结构层级过程中，警惕底层企业高管摄取超额薪酬与进行薪酬辩护提供了微观的经验证据。同时，本书研究将探讨其底层企业薪酬委员会独立性及其与审计委员会的交叠对金字塔结构层级上述影响中作用；从而有助于民营企业集团如何借助底层企业薪酬委员会提升高管激励效果，以促进其战略目标的实现，提供了一定的理论参考。

其二，本书研究结论为相关监管机构颁布相关的政策提供一定的支持。一方面，本书研究结论表明相关监管机构应优化民营企业集团的融资环境，从而缓解底层企业高管借助金字塔结构层级的增加获取内部资本市场优势时，加重摄取超额薪酬及实施薪酬辩护的行为；另一方面，研究结论也可加大底层企业高管超高收入的个人所得税提供一定的理论参考。此外，本书对于相关监管机构完善公司治理的相关政策提供了一定的经验支持。例如，《上市公司治理准则》中尽管明确提出上市公司应建立薪酬委员会负责制定与执行高管的薪酬契约，但对于薪酬委员会独立性及其与董事会中其他委员会的交叠程度等具体内容并未做出十分确切的规定。因而，本书研究结论为此政策的进一步细化与完善薪酬委员会相关特征的规定可以提供一定的理论参考。

1.3.2 研究目标

本书的研究目标主要包括总体研究目标与具体研究目标两个方面。

1.3.2.1 总体研究目标

本书旨在考察民营企业金字塔结构层级对底层企业高管超额薪酬及薪酬辩护的影响，并剖析底层企业薪酬委员会在民营企业金字塔结构层级上述影响中的作用。

1.3.2.2 具体研究目标

处于经济转阶段的中国，尽管金字塔结构层级的增加会有助于民营企业获得活跃的内部资本市场，但也加剧了企业集团的委托代理问题，从而导致底层企业高管权力的增加以及企业集团信息环境的恶化。因而，探讨层级的增加是否也会加剧底层企业高管损害薪酬契约的合理性具有重要的研究价值，具体研究目标包括以下三项内容：

（1）探索民营企业金字塔结构层级的增加对底层企业高管超额薪酬的

影响；

（2）剖析民营企业金字塔结构层级的增加对底层企业高管薪酬辩护的影响，并探寻其影响薪酬辩护的路径；

（3）探讨底层企业薪酬委员会独立性以及薪酬委员会与审计委员会交叠的具体特征在民营企业金字塔结构上述影响中的作用。

1.4 研究思路与研究内容

本节具体阐释本书的研究思路与研究内容。

1.4.1 研究思路

聚焦于研究目标，本书按照"研究基础—理论研究—实证检验—研究结论"的研究思路进行。

第一层次，研究基础。本书分析现有相关研究的现状，评述其不足，引出研究意义与目标，阐释研究思路与研究内容。

第二层次，理论研究。本书运用"公司治理与高管薪酬"的研究范式，基于委托代理理论、内部资本市场理论、管理层权力理论以及最优薪酬契约理论等理论基础，剖析民营企业金字塔结构层级的增加对底层企业高管薪酬诱因影响的基本机理，以及探讨薪酬委员会对高管薪酬的影响。

第三层次，实证检验。高管薪酬是管理学以及经济学领域理论研究的热点与难点，各种理论的交织加剧了民营企业金字塔结构对底层企业超额薪酬及其薪酬辩护影响检验的难度。本部分将进一步借助上述理论分析，提出研究假设与实证检验，并排除其他问题对本书结论的替代性解释，从而解读层级的增加对底层企业高管超额薪酬及其薪酬辩护的影响，以及探索薪酬委员会独立性及其与审计委员会交叠的具体特征在民营企业金字塔结构上述影响中的作用。

第四层次，研究结论。即总结研究结论和贡献，提出政策建议、研究不足与未来研究方向。

1.4.2 研究内容

本书共设计8章内容，具体包括：

第1章，绪论。本部分主要包括研究背景与问题、研究意义与目标与研究创新等内容。

第2章，文献综述。本章梳理与本书研究主题相关的现有文献。首先，借助超额薪酬相关研究的文献综述，回顾超额薪酬的诱因；其次，对薪酬辩护的方式以及影响因素的相关研究进行文献综述；再次，总结金字塔结构层级对企业经济行为及其经济后果的影响，并基于企业集团的视角，梳理金字塔结构层级对企业集团高管薪酬的研究现状，进一步综述薪酬委员会对高管薪酬的治理作用；最后，评述现有研究，阐释现有研究的不足与本书的研究方向。

第3章，理论基础。本章阐释委托代理理论、内部资本市场理论、管理层权力理论以及最优薪酬契约理论的基本内容；演绎相关理论基础与民营企业金字塔结构层级的增加、最终控制人与底层企业高管之间的委托代理问题以及内部资本市场之间的基本逻辑关系，为后续研究提供支持。

第4章，理论分析。高管薪酬是经济学与管理学等学科理论研究的重点与难点，不同理论的交织加剧了高管薪酬理论研究的复杂性。首先，本章探讨民营企业金字塔结构层级的增加对委托代理问题的影响；其次，试图剖析层级的增加对民营企业内部资本市场的影响；再次，在此基础上，深入解读民营企业金字塔结构层级的增加对底层企业高管薪酬影响因素的作用；最后，探索薪酬委员会对高管薪酬的影响，为本书的后续研究夯实基础。

第5章，实证检验民营企业金字塔结构层级对底层企业高管超额薪酬的影响。层级的增加会诱发最终控制人与底层企业高管之间的委托代理问题，但能否成为底层企业高管摄取超额薪酬的便利工具需要深入分析与检验。本章率先实证检验民营企业金字塔结构层级的增加对底层企业高管超额薪酬的影响。在此基础上，本章进一步以底层企业高管董事长与总经理是否两职合一为特定情景，进一步考察金字塔结构对底层企业高管超额薪酬的影响。

第6章，实证检验民营企业金字塔结构层级对底层企业高管薪酬辩护的影响。基于管理层权力理论与最优薪酬契约理论，随着层级的增加，底层企业高管会借助超额薪酬－业绩敏感性的提升，为其摄取超额薪酬实施"结果正当性"的薪酬辩护。值得注意的是层级的增加对高管超额薪酬的影响会存在一定的替代性解释，例如，最终控制人与高管的"合谋"以及企业集团"平均主义"。基于最终控制人与高管的"合谋"以及企业集团"平均主义"等问题的视角，层级的增加则会显著降低超额薪酬－业绩敏感性。因而，本书率先理论分析层级的增加与超额薪酬－业绩敏感性的关系，以排除其他问题对本书研究结论的影响，并进一步探寻底层企业高管借助层级的增加实施"结果正当性"薪酬辩护的具体路径。在此基础上，实证检验上述理论分析的研究假设。

第 7 章，实证检验底层企业薪酬委员会独立性以及薪酬委员会与审计委员会的交叠，在民营企业金字塔结构层级对超额薪酬及薪酬辩护影响中的作用。本章首先分别探讨底层企业薪酬委员会及其与审计委员会的交叠在层级的增加对底层企业高管权力以及企业集团信息环境的影响在底层企业高管超额薪酬与薪酬辩护中的作用，并提出相关研究假设。在此基础上，实证检验底层企业薪酬委员会的上述两个特点在民营企业金字塔结构层级的增加对底层企业高管超额薪酬与薪酬辩护影响中的调节效应。

第 8 章，研究结论与政策建议。包括概括性总结研究结论与研究贡献，提出若干政策建议，进一步阐释本书的研究不足与未来研究方向。

1.5　技术路线与研究方法

本节介绍本书的技术路线与研究方法。

1.5.1　技术路线

本书主要形成以下五个研究层次：

层次一，第 1 章。主要阐述研究背景与问题、研究目标、研究思路、研究内容与研究方法等内容。

层次二，第2章。首先，对超额薪酬影响因素的文献进行综述；其次，对薪酬辩护的诱因相关研究进行文献综述；再次，总结金字塔结构层级对企业集团高管薪酬的影响以及薪酬委员会对高管薪酬影响的相关研究；最后，剖析现有民营企业集团薪酬研究的不足，并阐述本书的研究主题与研究目标。

层次三，第3章和第4章。基于委托代理理论、内部资本市场理论、管理层权力理论以及最优薪酬契约理论等理论，剖析民营企业金字塔结构层级对企业集团内部委托代理问题以及内部资本资本市场的影响。在此基础上，探讨民营企业金字塔结构层级的增加对企业集团高管薪酬影响因素的作用，以及分析薪酬委员会对高管薪酬的影响，进而奠定本书的理论基础。

层次四，第5章、第6章和第7章。理论分析与实证检验民营企业金字塔结构层级对底层企业高管超额薪酬及其薪酬辩护的影响，并探究底层企业薪酬委员会独立性及薪酬委员会与审计委员会交叠的具体特征对民营企业金字塔结构层级上述影响中的作用。

层次五，第8章。得出本书的研究结论，阐述研究贡献与政策建议，提出研究不足与未来的研究方向。

1.5.2　研究方法

本书研究方法具体包括规范分析与实证分析相结合和定性分析与定量分析相结合的方法

1.5.2.1　规范分析与实证分析相结合

规范研究主要是以制度背景为依托，基于现有相关文献，结合现实国情和经济现象，推演民营企业金字塔结构层级对底层企业高管超额薪酬的影响，探寻层级的增加对其薪酬辩护的影响，并剖析薪酬委员会对民营企业金字塔结构上述影响中的作用。然而，规范研究可能会偏离客观的现实环境特点。有鉴于此，本书进一步运用实证研究以弥补规范研究的不足。实证研究的方法是以计量经济学为基础，以统计分析软件和方法为依托，进行相应的数理统计研究，克服规范研究方法的不足，加强本书研究的可靠性与合理性。

1.5.2.2　定性分析与定量分析相结合

关于民营企业金字塔结构、超额薪酬、薪酬辩护以及薪酬委员会独立性及其与审计委员会交叠等变量间关系的研究，借助定性分析剖析相关影响，依托定量分析来佐证上述分析，从而能够确保研究结论的科学性。其中，定性分析主要以理论和现有文献研究为起点和基础，推导民营企业金字塔结构对超额薪酬及其薪酬辩护的影响以及薪酬委员会在上述影响中的作用。在定性分析的基础上，本书将搜集相关数据，借助 Stata 13 统计分析软件，采用多元回归分析等方法对相关假设进行进一步的定量检验。

1.6　研究创新

第一，立足中国处于经济转轨阶段的制度背景，拓展企业高管超额薪酬以及薪酬辩护的理论研究。本书从民营企业集团的视角，探讨民营企业金字塔结构层级对底层企业高管超额薪酬的影响，并排除最终控制人与底层企业高管"合谋"与企业集团"平均主义"等问题对本书研究结论的影响。在此基础上，本书考察层级的增加对高管薪酬辩护的影响，并进一步探索其实施"结果正当性"薪酬辩护的路径。本书将弥补现有相关研究把企业视为独立组织探索超额薪酬与薪酬辩护诱因理论研究的不足，从而将有助于为企业高管薪酬的理论研究开启新的视角，拓展超额薪酬与薪酬辩护影响因素的理论研究。

第二，聚焦于超额薪酬与薪酬辩护的角度，深化金字塔结构层级对企业经济行为影响的理论研究。刘慧龙（2017）、周静和辛清泉（2017）分别探讨了金字塔结构层级对企业集团高管薪酬以及国有企业集团高管薪酬的影响，并获取了最优薪酬契约理论的经验支持。然而，如何发现与解决底层企业高管摄取超额薪酬及其实施薪酬辩护的行为是企业集团制定与执行底层企业高管薪酬的难点与热点。本书则进一步基于超额薪酬与薪酬辩护的角度，深入探寻层级的增加对民营企业集团底层企业高管薪酬的影响，并进一步探索高管借助层级的增加实现薪酬辩护的路径，将深化金字塔结构层级对企业经济行为影响的研究。

第三，将薪酬委员会理论研究的背景置于民营企业集团中，拓展薪酬委员会的理论研究。处于中国经济转轨阶段，探讨薪酬委员会独立性及其与审计委员会交叠的特征对底层企业高管薪酬的影响已吸引着现有相关学者的广泛关注。然而，现有相关研究仍将薪酬委员会的理论研究背景主要局限于单独的企业视角。本书则在一定程度上弥补现有相关研究的不足，将研究背景拓展至民营企业集团中，探讨底层企业薪酬委员会的上述两个特征在金字塔结构层级对高管超额薪酬及薪酬辩护影响中的作用，从而将拓展薪酬委员会的相关理论研究。

| 第 2 章 |

文献综述

本书的文献综述分为以下五个部分：第一部分梳理关于超额薪酬影响因素的相关研究，第二部分阐明关于薪酬辩护影响因素的相关研究，第三部分回顾关于金字塔结构对企业高管薪酬影响的相关研究，第四部分梳理薪酬委员会对企业高管薪酬影响的相关研究，第五部分阐述对现有相关文献的研究评述。

2.1 关于超额薪酬影响因素的相关研究

本节从超额薪酬影响因素研究的整体状况以及超额薪酬的具体影响因素综述回顾超额薪酬影响因素的相关研究。

2.1.1 超额薪酬影响因素研究的整体现状

从超额薪酬的本质出发，现有相关研究认为企业高管超额薪酬的成因包括以下两个方面：其一，基于管理层权力理论的研究视角，相关学者认为超额薪酬是企业高管满足私有收益的结果。贝布丘克和弗瑞德（Bebchuk and Fried，2003）以及卡尔等（Core et al.，2008）认为超额薪酬是企业高管利用其权力和影响寻租而获得的超过公平谈判所得的私有收益，会损害其薪酬与经营业绩相挂钩的机制，从而不利于企业的发展。郑志刚（2006）研究发现，高管所摄取的超额薪酬表现在薪酬与经营业绩的不对称性。谢德仁等

（2012）研究发现，企业高管借助其权力与影响会扭曲薪酬激励机制。其二，从最优薪酬理论的研究视角出发，超额薪酬则代表着高管的才能和努力程度，即企业高管的人力资本具有溢价效应，高管的超额薪酬是对其才能以及能力程度等人力资本溢价的补偿。

现有大部分的管理实践与理论研究结论表明超额薪酬是企业高管谋取私有收益的体现，即高管的超额薪酬是其利用自身权力而摄取的超过公平谈判所得。尽管中共十六届五中全会强调"更加注重社会公平，使全体人民共享改革发展成果"；同时，国务院分别在 2009 年与 2013 年相继颁布相关的政策，要求限制国有企业高管过高的薪酬收入。然而，《中国公司治理分类指数报告 No. 15 （2016）》显示 2015 年上市公司的高管薪酬指数均值仍显著高于 2012 年的 130.49，其中，2015 年民营上市公司远高于国有上市公司，表明 2015 年中国民营上市公司的高管激励远高于其经营业绩水平。

在理论研究方面，相关研究发现超额薪酬并不代表着企业高管的真实才能和努力，而体现着高管借助自身的权力与影响所摄取的私有收益，即支持了管理层权力理论（Bebchuk and Fried，2003；罗宏等，2014）。尤其在中国高管市场尚不完善的现阶段，企业所有者委派高管的情况，会有助于高管获取较多的剩余控制权（吴育辉和吴世农，2010），从而会诱发高管操控自身的薪酬契约的制定与执行来摄取超额薪酬。

基于管理层权力理论，现有相关研究将企业视为独立的主体，考察相关企业内部与外部因素对高管超额薪酬的影响。已有相关研究主要从董事会特征、家族控股、产品市场竞争、信息披露、同业参照、政治关联、政府补助、债务期限约束以及财务困境等方面，获得了超额薪酬是企业高管摄取私有收益的相关经验证据。在金字塔结构企业集团中，底层企业高管薪酬契约的制定与执行会受到最终控制人的制约，但从企业集团的研究视角，探讨底层企业高管超额薪酬的影响因素却并未引起相关学者的关注。

2.1.2 超额薪酬的具体影响因素综述

2.1.2.1 董事会特征

詹森（Jensen，1993）从董事会文化的视角出发，认为董事会与企业高管"合谋"。沿袭此研究思路,卡尔等(Core et al.,1999)以及塞尔特等(Cyert et al.,2002)研究发现,在企业高管任职期间新加入的董事,通常不会在董事会召开的会议上发表对高管薪酬契约的反对意见,即对其任命期间的高管表现出"忠诚";同时,即使薪酬委员会委员成员是来自于企业外部的高管,该董事也会出于企业高管这一职业"社会认同"的考虑,不会抗议该高管过高的薪酬。

贝布丘克和弗瑞德(Bebchuk and Fried,2003)研究发现,董事并未积极履行监督高管的职责,而是存在迎合高管决策的行为。博瑞克等(Brick et al.,2006)则从高管与董事薪酬的视角,研究发现,高管超额薪酬与董事超额薪酬存在显著正相关关系的经验证据,印证了董事会的上述文化的存在。郑志刚等(2012)基于中国的制度背景出发,排除委托代理问题和高管权力等因素,进一步印证了中国上市公司任人唯亲的董事会文化对高管超额薪酬的影响更加严重;通过深入探索发现,通过由股东而不是上市公司发放董事薪酬在一定程度上可抑制上述董事会文化。

现有相关研究开始关注解聘和降薪在高管薪酬治理中的积极作用(Gao et al.,2012)。方军雄(2012)基于中国的制度背景,考察了超额薪酬分别与高管解聘和薪酬变更之间的关系,研究发现,企业高管的解聘和薪酬变更会受到高管上一期间超额薪酬的影响,具体而言,若高管在上一期摄取超额薪酬,则其当期解聘或者薪酬变化的可能性也就越大。

董事会独立性在现代的公司治理中至关重要,董事网络在董事会的独立性中具有关键的角色(Burt,1980;Mintz and Schwartz,1985),进而会对超额薪酬产生重要影响。卢昌崇和陈仕华(2009)研究发现,在中国上市公司的董事已经形成一个基于交叉任职的董事网络。谢德仁和陈运森(2012)认为独立董事在董事网络中的位置不同,获取的社会资本也不同;因而,独立董事的网络中心度与其社会资本呈同向变动的关系。沿袭此思路,洪峰(2015)研究发现,独立董事的网络联结有助于独立董事向董事会的薪酬决策提供咨询与监督,具体而言,独立董事的网络中心度越高,高管借助自身权力攫取超额薪酬的程度越低;进一步研究发现,相对于民营上市公司而言,国有上市公司独立董事的网络中心度对高管超额薪酬的抑制作用显著较弱。

在中国现阶段的制度背景下,非执行董事大多是由所有者委派,且其大多数在股东单位领薪（陆正飞、胡诗阳，2015）。同时，祝继高等（2015）认为，控股股东委派的非执行董事因大部分不仅为全职董事，而且也在企业集团内部任职，因而对集团公司的整体情况可能更加了解，从而有利于非执行董事对上市公司信息进行充分了解。赵健梅等（2017）进一步基于高管超额薪酬的研究视角，研究发现，民营企业非执行董事对高管超额薪酬的监督抑制作用优于独立董事；在此基础上，进一步研究发现，较高的股权制衡度反而会抑制非执行董事的监督效果，而在不具有稳定型机构投资者则会显著加强非执行董事的监督效果。

现有相关研究发现董事的任期成为影响公司治理的重要影响因素，从而对企业高管摄取超额薪酬产生重要影响。布里克利和齐默尔曼（Brickley and Zimmerman，2010）研究发现，外部董事的咨询职能与监督职能可以相容，外部董事若提升其咨询职能就必须对企业的内部信息进行充分了解，而这恰恰是其行使监督职能的必要条件。卡斯特罗等（Castro et al.，2009）研究发现外部董事任期会显著影响其监督与咨询职能，外部董事任期的增加有助于其将自身的规划和决策制订经验与企业内部运营相融合，从而更好地发挥其监督与咨询职能，即外部董事任期的增加会显著提升其监督与咨询职能。然而，在中国现阶段的制度背景下，受限于任命时缺乏独立性以及在任职期间对独立性的侵蚀的影响，外部董事并不能充分发挥其应有的监督与咨询职能。中国上市公司协会于 2014 年发布《上市公司独立董事履职指引》规定独立董事连任时间不得超过 6 年。在此背景下，段海艳（2016）研究发现，处于经济转轨阶段的中国，独立董事的任期越长，企业高管摄取超额薪酬的行为反而会越严重，其原因在于独立董事任期的增加会诱发其与最终控制人产生利害关系而形成利益共同体，进而影响其独立性。

此外，董事的性别对企业超额薪酬也存在重要的影响。亚当斯和费雷拉（Adams and Ferreira，2009）研究发现，以女性董事为主的董事会具有较高的监督效率和治理效率。郭科琪（2014）基于董事会性别角度，从最优薪酬契约理论与管理层权力理论的研究视角，进一步地探索了中国上市公司中女性董事的作用，研究发现，女性董事可以遏制上市公司高管的超额薪酬，但上述情况只会在高管权力较弱的时候发生，假如高管权力较强时，这些作用也会消失。

2.1.2.2 产品市场竞争

良好的外部治理机制能够监督企业高管利用自身的权力进行寻租的行为，从而会形成内部治理的替代机制（权小锋等，2010）。现有相关研究发现，激烈的产品市场竞争能够抑制企业信息不对称，缓解企业委托代理问题，降低企业高管权力过度扩张而满足自身私有利益的寻租行为，从而构成了重要的外部治理机制。

相关学者认为激烈的产品竞争之所以能够发挥在高管薪酬方面的公司治理作用的原因在于其对高管权力的约束作用。一方面，激烈的产品市场竞争会增加企业的透明度。因而，企业所有者与高管之间信息不对称程度的下降能够抑制高管利用自身权力谋取私利的行为（Han and Yao，2011；Ammann et al.，2011）。另一方面，激烈的产品市场竞争使薪酬政策制定更加市场化与透明化。当前中国正处于转轨经济时期，不完善的外部治理机制会导致市场竞争加速公司治理的完善。因此，王东清和刘艳辉（2016）认为高管会利用其权力获取超额薪酬，满足私有收益的目标；激烈的产品市场竞争能够显著抑制企业高管摄取超额薪酬的行为，从而降低高管权力对薪酬契约的影响和扭曲。

2.1.2.3 信息披露

特鲁曼（Trueman，1986）认为高管会借助信息披露来对外展示自身的才能；因而，信息披露具有信号作用，成为企业高管提高自身价值的一种方式。鲍伊克等（Baik et al.，2011）进一步支持了高管才能信号假说，研究发现，高能力的高管的盈余预测报告更加准确。但另有学者认为高管进行信息披露并非是真实的才能信号，而是一种印象管理行为，进而为其谋取超额薪酬提供机会（Merkle-Davies et al.，2011）。在此基础上，科尔内利等（Cornelli et al.，2013）研究发现，企业的盈利能力指标并非成为投资者在评估高管能力的唯一因素。

有才能的高管会披露更多的信息来提升市场对高管的认可（Ferreira and Rezende，2007）。泰勒（Taylor，2013）研究发现诱发对高管能力高估的信息除了经营业绩等硬信息之外，还包括高管提供的其他描述性的信息，例如，战略计划、公司的成长前景和媒体关注等信息。程新生等（2015）研究发现，战略信息披露与超额薪酬显著正相关。在中国制度背景下，国有企业高管薪酬面临着更为严格的控制和监管，而非国有企业来自政府的直接管制相对较少（陈冬华等，2005）。

因而，程新生等（2015）进一步研究发现，在国有企业中，尤其是央企的战略信息披露与超额薪酬正相关更加显著。同时，机构投资者具备行业背景和专业优势，也会主动收集相关信息，从而能够识别出信息的噪声（Chung et al.，2002；高敬忠等，2011），从而能够抑制高管印象管理。

2.1.2.4 同业参照

相对于公司治理结构弱的上市公司而言，企业采取同业参照效应制定高管的薪酬契约更容易引发机会主义行为（Faleye et al.，2011）。企业的经营业绩是在应用同业参照效应制定高管薪酬契约时需要考虑的重要因素（Laschever，2013）。基于管理层权力理论的研究视角发现，同业参照效应存在无效的情况，即同业参照效应会成为企业高管谋取私有收益的一种重要手段（Faulkender and Yang，2013）。

江伟（2010，2011）从同业参照的角度去探讨上市公司对行业薪酬基准的使用，研究发现，在外部治理机制越弱化的企业中，高管越可能采用同业参照效应获得薪酬的增长。李维安等（2010）研究发现，同业参照效应也会存在于中国企业高管薪酬制定与执行的决策之中，而且薪酬委员会的存在会显著加重同业参照效应在高管薪酬的作用。刘鑫（2015）研究发现，企业所有者会根据同业参照效应来判断其对高管薪酬契约的标准，并通过对其给予高管薪酬与同业参照值之间的差值来判断高管薪酬契约的合理性。罗昆（2015）基于管理层权力理论的角度，认为高管可能会借助自身的权力，通过同业参照效应在其薪酬契约制定与执行中摄取超额薪酬，研究发现，上市公司在制定高管薪酬契约时会显著采用同业参照效应，并由此显著加剧了企业高管超额薪酬的增长；进一步研究发现，与非国有企业相比，国有企业高管的薪酬契约会受到严格的政策约束，从而更有可能会运用同业参照效应摄取超额薪酬，同时，与沿海地区相比，中西部地区高管更可能采用同业参照效应获得超额薪酬的程度也显著较强。

2.1.2.5 家族控股

对于家族企业而言，现有相关研究发现家族控股既存在加剧家族成员的高管摄取超额薪酬（即"壕沟壁垒效应"）行为的经验支持，也存在家族控股可显著抑制其超额薪酬（即"利益趋同效应"）结论。诱发上述两种截然相反现象的根本原因是家族企业中，最终控制人与底层企业中的家族高管的利益目标是否一致。

相关学者从管理层权力理论的研究视角出发，认为控股家族的内部人会加重企业的委托代理问题，即"壕沟壁垒效应"（Morck and Yeung，2003；Bertrand and Schoar，2006），进而诱发高管摄取超额薪酬的行为。尤其是当家族成员担任高管时，高管将会拥有更大的权力来操纵董事会，从而制定满足自身利益的薪酬契约（Bebchuk et al.，2002）。在家族企业中，控股股东为了达到"掏空"企业的目标，而向隶属于家族成员的高管以及董事支付超额薪酬（Urzua，2009）。当企业经营业绩较低时，相比于非家族企业，家族企业的最终控制人为了能够继续"掏空"企业，从而也会支付高管更多的超额薪酬（Barontini and Bozzi，2011）。陈林荣和刘爱东（2009）研究发现，在家族成员中，家族成员的高管会利用其权力优势来摄取超额薪酬。

相对于"壕沟壁垒效应"而言，在家族企业中也会存在"利益趋同效应"，即家族控制会抑制高管的超额薪酬。创始家族成员的高管并不在意借助摄取超额薪酬来满足私有收益，即创始家族成员的高管薪酬水平显低于职业高管（Mc Conaughy，2000）。家族控制能够抑制家族成员高管的超额薪酬（Elston and Goldber，2003；Crocie et al.，2012）。陈家田（2014）研究发现，家族控制对企业高管超额薪酬的影响并不显著。李豫湘和米江（2016）研究发现，家族控制能够显著抑制上市公司高管薪酬以及超额薪酬，即获取了中国家族上市公司"利益趋同效应"的经验证据。

2.1.2.6 政治关联

在处于经济转轨阶段的中国，尽管市场化改革不断前行，但是政府对经济资源的配置仍具有重要的影响；因而，政府在经济转轨的过程中扮演着非常重要的角色。因此，政府对企业的经济行为往往具有重要的影响，从而会促成企业追寻政治关联。范博宏等（Fan et al.，2007）研究发现，中国企业不仅普遍存在着政治关联，并且政治关联对企业的经济行为与企业的价值具有深远的影响。通过对政治关联理论研究的进展，相关学者研究发现，企业政治关联的形成方式和作用机制在不同产权性质的企业存在显著的差异（刘慧龙等，2010；Chen，2010）。

　　唐松和孙铮（2014）借助考察由政治关联引致的高管超额薪酬与企业经营业绩之间的关系来判断政治关联对超额薪酬的影响，认为若由政治关联带来的超额薪酬是企业高管的机会主义行为，则高管超额薪酬并不显著与企业经营业绩正相关，若超额薪酬是对企业发展的贡献而给予的"补偿"，政治关联则促进企业高管超额薪酬与经营业绩之间的正向相关关系。唐松和孙铮（2014）进一步研究了产权性质在上述研究中的影响，研究发现，在国有企业中，政治关联显著诱发了高管的超额薪酬，超额薪酬显著损害了其未来经营业绩；而在非国有企业中，尽管政治关联会显著增加其高管的薪酬水平，但并非显著诱发其高管的超额薪酬，从而印证了其较高的薪酬水平是对其政治关联所带来的"特殊"能力的一种激励或补偿。

2.1.2.7　政府补助

　　克鲁格（Krueger，1974）认为政府补助能够优化资源的分配，然而，制度尚不完善的地区或者国家，政府补助的社会功能往往会被特殊集团扭曲，成为其谋取私有收益的工具。例如，企业会觊觎政府补助而积极向政府官员表达结成利益联盟的愿望，从而通过影响政府官员的政府补助决策来满足利益集团的利益（Shleifer and Vishny，1997；Hellman et al.，2003）。余明桂等（2010）认为，政府补助是政府干预企业经营活动的重要手段，但是大部分的政府补助缺乏明确的法律或制度规范以及补贴标准，并且授予也存在较大的任意性，因而，政府补助会为相关利益集团寻租留下了较大的空间。

　　依据中国《企业会计准则》等相关规定的要求，政府补助会体现在营业外收入中，从而会引起经营业绩变化，且经营业绩是高管薪酬契约的重要内容，因而，政府补助作为能够诱发企业经营业绩变化的外生变量，会加剧高管个人能力及努力程度的业绩噪声（罗宏等，2014）。罗宏等（2014）从委托代理理论与政府补助的研究视角出发，认为企业获得的政府补助越多，高管取得的超额薪酬越多；具体而言，企业高管有动机借助自身的权力谋求摄取私有收益的动机，而政府补助恰恰有助于企业短期经营业绩的提升，从而会为企业摄取超额薪酬提供了合理的借口。

2.1.2.8　债务期限约束

　　相关学者研究发现债务契约能够发挥一定的公司治理作用，从而会在企业高管薪酬契约的制定与执行中存在一定的积极治理作用。约翰等（John et al.，1993）认为债务契约会激化所有者与债权人的利益冲突，导致债权人的委托代理成本也应纳入企业高管薪酬契约制定与执行的范畴。然而，企业债务期限的差异必然会导致其公司治理效果存在显著差异，即债务的期限越短，其约束效应就会越强（Myers，1977）。短期债务能够有效抑制高管挥霍资金的行为，进而会降低高管利用债务融资来搭建宏大的利益集团的能力（Hart and Moore，1995）；具体而言，若企业的债务以短期借款为主，则企业需通过以新增借款的方式获取弥补偿还上述借款造成的资金缺口，而企业获取短期的银行借款需要银行进行严格考察与监督企业高管的行为。

黄志中和郗群（2009）基于中国的制度背景研究发现，银行借款能够有效抑制高管的超额薪酬。然而，上述研究并未从债务期限的研究视角深入探索企业债务期限对高管超额薪酬的影响。江伟（2008）研究发现，债务期限的增加债权人所面临的风险也会相应增加，然而，在中国经济转轨阶段的制度背景下债权人保护体系仍尚需完善，因而，发放短期贷款成为银行青睐的选择。夏雪花（2013）研究发现债务期限约束越强，高管超额薪酬越低，两者之间具有负相关关系；进一步分析发现，产权性质影响债务期限约束的治理作用。此外，研究结果还表明，地区市场化程度越高，债务期限约束的治理作用就越强，即市场化程度在债务期限对高管超额薪酬的影响中具有显著的负向调节效应。

2.1.2.9 财务困境

当企业处于财务困境阶段，其公司治理机制（如债务治理等机制）的作用会更强，企业高管的薪酬契约将会引起债权人与所有者的格外关注，高管的超额薪酬则会更容易引发他们的激怒成本（Cyert et al.，2002），因而，相对于未发生财务困境阶段而言，企业当处于财务困境时，其高管摄取私有收益的难度将显著增加。然而，沈伟和金特里（Shen and Gentry，2015）研究发现，即使企业处于财务困境之中，高管仍会借助自身的权力与影响，摄取超额薪酬，满足私有利益。

罗昆和曹光宇（2015）研究发现，当企业处于财务困境时，尽管高管会存在摄取超额薪酬的行为，但其摄取超额薪酬的程度会得到一定程度的限制。同时，罗昆和曹光宇（2015）进一步探讨了政府补助在上述影响中的作用，研究发现，政府会对给予处于财务困境的提供一定的政府补助以实现促进社会效益；然而，当企业获得政府补助时，高管会将政府补助分为两部分，将会用一部分来改善企业的短期经营业绩，而剩余的部分则可能会作为自身的超额薪酬来满足其私有收益，即政府补助会降低财务困境对超额薪酬的影响。

2.2　关于薪酬辩护影响因素的相关研究

本节从薪酬辩护研究的整体现状以及薪酬辩护的具体影响因素综述梳理薪酬辩护的相关研究。

2.2.1　薪酬辩护影响因素研究的整体现状

企业高管为避免超额薪酬引起的公关困境（如社会舆论以及市场监管等公关困境）会进行薪酬辩护，即对其所摄取的超额薪酬提供合理化的理由（Faulkender and Yang，2010）。薪酬辩护的核心是企业高管证明其获取的超额薪酬是其个人能力和努力的结果。现有相关研究发现薪酬辩护路径主要包括以下两个方面：

首先，中国上市公司高管会借助经营业绩的提升，实现"结果正当性"的薪酬辩护。基于最优薪酬契约理论，议价契约可实现对高管行为的约束，从而缓解企业所有者及其高管之间的利益冲突。然而，高管薪酬契约的有效性需建立在以下两个条件基础之上：其一，所有者必须使契约满足高管的自身利益；其二，该企业所有者提供的期望收益要高于其他企业所有者所提供的条件。高管所摄取的超额薪酬不断引起了政府的管制与社会公众的质疑，会引发监管层强化企业的治理机制与相关的立法（Robinson et al.，2011）。同时，企业高管薪酬的超额薪酬也会诱发企业所有者和董事会变更薪酬契约（方军雄，2012）。因而，经营业绩成为企业高管薪酬执行与执行的重要标准，企业高管会通过超额薪酬与经营业绩敏感性的提高来实施"结果正当性"的薪酬辩护（谢德仁等，2012；罗宏等，2014）。

其次，企业高管也会借助信息披露实施印象管理，造成其超额薪酬是对其能力与努力程度补偿的假象来进行薪酬辩护（Osma and Guillamón-Saorín，

2011）。在中国现阶段的法律和监管体系尚不完善的制度背景下，企业的信息使用者可能无法判断高管的机会主义行为，且战略信息大部分都是文字叙述性的信息，可证实性较差，高管可能会披露一些战略信息，强调和突出其能力，以印象管理的主要手段实现薪酬辩护（程新生等，2015）。

现有相关研究将企业视为独立的主体，主要聚焦于企业高管权力以及信息披露两个视角，考察盈余管理、同业参照、政府补助、战略信息披露、媒体监督以及社会责任等因素对薪酬辩护的影响。在企业集团中，最终控制人与底层企业高管之间的委托代理问题更加复杂，两者之间的信息不对称程度也会更加严重。然而，现有相关研究却忽视从企业集团的视角，探讨底层企业高管的薪酬辩护行为。

2.2.2 薪酬辩护的具体影响因素综述

2.2.2.1 盈余管理

海格曼（Hagerman et al.，1979）研究发现，盈余管理会成为企业高管为了在其薪酬制定与触发其薪酬契约中相关的激励条款，实现其自身利益最大化的重要工具。当企业高管薪酬契约中含有奖金计划条款时，高管更倾向于操纵会计盈余以使其奖金最大化（Healy，1985）。上述研究为实施"结果正当性"薪酬辩护提供了重要的理论研究基础。但从国外的研究来看，相关学者尽管未明确展开薪酬辩护的系统理论研究，但他们对经营业绩和企业高管薪酬的相关研究却体现了薪酬辩护的研究思路（谢德仁等，2012）。

谢德仁等（2012）基于中国处于经济转轨阶段的制度背景，系统性地提出了"结果正当性"的薪酬辩护，探讨了薪酬委员会在薪酬辩护中的影响，认为总经理兼任薪酬委员会委员的企业高管实施薪酬辩护的程度更大，且在相对薪酬较高、相对业绩较好和企业所在地区市场化程度相对较低的企业中上述影响更为显著。谢德仁等（2014）进一步以开发支出会计政策隐性选择为例，深入探讨了企业高管"结果正当性"的薪酬辩护，研究发现，高管会利用开发支出的会计政策，实施盈余管理行为来为其薪酬辩护提供条件。刘桂良和徐晓虹（2016）进一步从研发支出资本化的角度研究发现，高管会借助研发支出资本化行为等经营业绩噪声进行薪酬辩护。

2.2.2.2 同业参照

企业高管薪酬增长的原因是高管在职业经理人市场中流动能力的增强，并据此提出了高管市场理论，进而奠定了企业高管以同业参照进行薪酬辩护的理论基础（Murphy and Zábojník，2004）。沿袭此研究思路，利用市场均衡模型，企业高管的薪酬增长在同行业内存在显著的"传染效应"（Gabai and Landier，2008）。在此基础上，比兹杰克等（Bizjak et al.，2008）基于高管市场理论，进一步研究发现，上述在同行业内存在的"传染效应"，会有助于企业获得高管的人力资本，从而形成了"同业参照薪酬"。阿布奎基等（Albuquerque et al.，2013）研究发现，企业倾向于使用更高的"同业参照薪酬"来挽留自己的高管，认为企业在选择"同业参照薪酬"时的动机，是一种应对高管市场竞争的积极举措。

然而，也有相关学者认为"同业参照薪酬"是高管进行薪酬辩护的重要手段。"同业参照薪酬"并非是上述挽留企业高管的"传染效应"，研究结果表明所选"同业参照薪酬"的激励成本过高，企业的经营业绩和规模可能并不足以支持这样的高管薪酬水平（Faulkender and Yang，2010）。福克纳与杨（Faulkender and Yang，2013）进一步基于管理层权力理论的研究视角出发，深入探索高管薪酬的同业参照效应，研究发现"同业参照薪酬"成为高管实施薪酬辩护的重要方式。经营业绩在企业高管借助"同业参照薪酬"实施薪酬辩护中具有重要的影响，即在经营业绩越高的企业中，"同业参照薪酬"对企业高管薪酬辩护的影响越严重（Laschever，2013）。同业参照效应背后的动机并非单一行为可以解释，而是出于辩护的动机。高管会以薪酬契约的同业参照效应，借助经营业绩的提升，实现"结果正当性"的薪酬辩护，以掩盖真实的寻租动机与行为。在此基础上，罗昆（2015）研究发现，薪酬契约制定中因采用同业参照效应获得的超额薪酬增长，会带动薪酬业绩敏感性的增加。

2.2.2.3 政府补助

基于委托代理理论与最优薪酬契约理论的研究视角，企业所有者为提升高管的激励效果，会借助与经营业绩相挂钩的薪酬契约缓解其与高管之间的委托代理问题（Jensen and Meckling，1976）。余明桂等（2010）研究发现，企业会出于自身的利益目标，向政府索求政府补助来实现其经济资源的增加，而政府补助不仅是政府干预企业经营的重要手段，而且政府补助大都缺乏明确的授予标准与规范，尤其是当企业存在政治联系时，政府补助更容易成为相关利益主体寻租的重要方式。在此背景下，罗宏等（2014）从中国处于经济转轨的制度背景出发，探讨了政府补助与企业高管薪酬辩护之间的影响，研究发现，政府补助作为企业的外生变量能够提升企业短期的经营业绩，从而会加剧高管实施"结果正当性"的薪酬辩护。上述研究结果进一步印证了政府补助的存在能够为高管摄取私有收益提供了便利条件。

2.2.2.4　战略信息披露

企业高管对外自愿披露信息的动机是展示其才能，并系统性地阐述了企业高管才能信号假说（Trueman，1986）。高管会进行信息披露从而对外释放才能信号，研究结果表明当高管的能力越高，其更倾向披露盈余预测的相关信息，而且所披露的盈余预测信息也更加准确性，从而印证了盈余预测信息的披露能够体现着高管的才能而非机会主义行为（Baik et al.，2011），即从盈余预测信息的角度获取了高管才能信号假说的经验证据。然而，部分学者认为高管可能会选择性甚至虚假地披露信息来获取私有收益，即高管进行信息披露可能不是为了发出真实的才能信号，而是一种印象管理行为（Merkle-Davies et al.，2011）；在此背景下，信息披露是提高人力资本价值的一种方式，进而成为高管实施薪酬辩护的重要方式。

程新生等（2015）将研究背景置于处于经济转轨阶段的中国，来探讨企业高管披露战略信息的动机是为了展示其才能还是实施薪酬辩护。他们研究发现，战略信息披露显著加剧了高管的超额薪酬，印证了薪酬辩护假说；且进一步研究发现，且在国有企业中，尤其是中央国有企业中以及机构投资者持股比例较低的公司中战略信息披露被高管作为薪酬辩护的程度越强，即高管在获得超额薪酬时，为了提高薪酬的正当性和合理性，会披露较多的战略信息来展现自己的才能。因而，在中国现阶段的制度背景下，战略信息披露会成为企业高管实施薪酬辩护的重要方式。

2.2.2.5　媒体监督

媒体监督作为企业外部治理的重要方式能够有效监督高管的薪酬契约，且被媒体报道后，高管的薪酬总额会呈现下降的趋势（Core et al.，2008；李培功、沈艺峰，2013）。一方面，媒体监督会诱发政府机构的关注，引发行政干预调整高管薪酬（杨德明、赵璨，2012）；另一方面，媒体监督会引起社会舆论的广泛关注，因而，媒体监督对高管薪酬具有监督影响作用，即当媒体报道企业的负面信息时，企业高管的薪酬显著会下降。企业会调整高管的薪酬来缓解声誉的压力（Hong Luo et al.，2013）。在此基础上，张玮倩和乔明哲（2015）基于薪酬辩护的视角，进一步探讨媒体监督对企业高管薪酬的影响，研究发现：媒体监督会显著加剧企业高管实施"结果正当性"的薪酬辩护行为；在媒体报道后，企业高管会利用盈余管理达到薪酬辩护的目的，即实施"结果正当性"的薪酬辩护行为。

2.2.2.6 社会责任

现有薪酬辩护的研究仍相当有限，缺乏以非财务业绩考察高管薪酬辩护的途径。而企业高管因履行社会责任满足利益相关者的需求而获得较高薪酬，即企业社会责任为高管提供了新的挑战，从而可能会成为高管薪酬契约制定与执行的重要内容。因而，社会责任很有可能会成为高管薪酬辩护的工具。随着环境等问题的凸显，社会责任逐步演变为企业高管绩效考核的重要指标（Cordeiro and Sarkis，2008）。因而，董事会支持企业高管履行社会责任而获得较高的薪酬。

吉利和吴萌（2016）认为随着社会责任意识的普及，企业社会责任已成为企业战略发展的重要组成部分。他们采用 2009～2013 年发布企业社会责任报告的上市公司为研究样本，探讨了企业社会责任对高管薪酬的影响。基于薪酬辩护假说，吉利和吴萌（2016）研究发现，社会责任是高管绩效考核的重要的非财务指标，社会责任增加高管薪酬；当企业内部收入差距较大时，社会责任会被高管纳入其薪酬契约的制定与实施，从而会影响经营业绩在其薪酬契约的作用，成为高管实施薪酬辩护的重要方式，并且在中国现阶段的制度背景下，国有产权性质在上述影响中具有显著的正向调节效应。同时，相较于权力较小的高管，权力较大的高管更可能通过增加社会责任业绩指标权重进行薪酬辩护。

2.3 关于金字塔结构对高管薪酬影响的相关研究

本节主要梳理金字塔结构成因与经济后果的相关研究，回顾金字塔结构对企业高管薪酬具体影响的相关研究。

2.3.1 金字塔结构的成因及其经济后果

金字塔结构企业集团在世界范围内普遍存在（La Porta et al.，1999；Fan et al.，2013；甄红线、史永东，2008；刘行、李小荣，2012；甄红线等，2015），其成因及后果的相关研究可分为以下三个方面：

（1）利益攫取的视角。企业集团的最终控制人依托金字塔结构，能够以较少资本控制较多的资源，但金字塔结构会加重控制权和现金流权的分离，诱发了最终控制人与小股东之间的委托代理问题，导致其将经济资源从金字塔结构底层企业向上层转移的"掏空"行为（Shleifer and Vishny，1997；王鹏、周黎安，2006）。

（2）内部资本市场的视角。最终控制人能够借助金字塔结构以较少的资本搭建企业集团，形成内部资本市场来缓解企业对资金等要素需求，从而能够提升企业价值（Khanna and Palepu，2000；Khanna and Rivkin，2001）。尤其是中国自改革开放以来，尽管民营企业已在社会主义市场经济中占据着重要位置，但在尚不完善市场环境下，民营企业的融资会遭受更多的体制性歧视（孙铮等，2006）。民营企业可借助金字塔结构层级的增加，活跃其内部资本市场，从而恰恰成为最终控制人缓解融资困难的重要方式（Fan et al.，2013；李增泉等，2008）。

（3）政府放权的视角。范博宏等（Fan et al.，2013）指出在金字塔结构下，政府可以通过持有股份实现对企业的最终控制，但随着层级的增加，底层企业的经营信息向顶端控制人传递的效率将会显著降低，从而会实现对国有企业经营决策权的下放。

2.3.2 金字塔结构对高管薪酬具体影响的相关研究

在金字塔结构的企业集团中，最终控制人对底层企业高管的薪酬契约具有重要的影响，且随着企业集团金字塔结构层级的增加，最终控制人与底层企业高管之间的委托代理更为严重，其内部资本市场更加活跃。因而，刘慧龙（2017）认为现有相关研究忽视了金字塔结构层级的增加对企业集团最终控制人与底层企业高管之间的委托代理问题，因而考察金字塔结构层级的数量对底层企业高管薪酬契约的影响具有重要的理论研究价值，是认清企业集团薪酬契约的重要视角。

刘慧龙（2017）认为，金字塔结构层级的增加会使得最终控制人无法获得充分、及时的信息去监督企业高管，可能导致经营业绩指标将难以公允地反映高管努力程度，加剧了底层企业盈余管理行为，加强底层企业高管通过盈余管理实现私有收益的动机；并获取了最优薪酬契约理论与管理层权力理论并存的经验证据，但由于国有企业高管的薪酬受到相关政策的严格约束，金字塔结构的上述影响在国有企业中并不显著；进一步研究发现，最优薪酬契约理论在金字塔结构层级对高管薪酬契约的影响具有更强的解释和预测能力。基于中国处于经济转轨阶段的制度背景，辛清泉和周静（2017）沿袭国有企业金字塔结构层级的增加促进政府放权的研究思路，从高管薪酬的视角研究发现，层级的增加能够降低国有企业的政治成本，即获取了最优薪酬契约理论的经验证据。

2.4 关于薪酬委员会对高管薪酬影响的相关研究

相对于董事会的理论研究而言，聚焦于薪酬委员会的理论研究较少（Sun et al.，2009）。在股权集中度较差的情况下，企业的主要委托代理问题是最终控制人与小股东之间的代理冲突（Shleifer and Vishny，1997）。处于经济转轨阶段的中国，国有企业容易存在"内部人控制"问题，而民营上市公司则更容易发生最终控制人与高管合谋侵占中小股东利益的现象（陈冬华等，2005；方军雄，2012）。可见，盲目趋同国际治理原则会产生事与愿违的情况（Wan et al.，2010）。

国外早期关于薪酬委员会运作的经验证据是围绕薪酬委员会设置与否展开研究的（Main and Johnston，1993）。上市公司会借助独立董事的声望与专业技能，增加独立董事对公司治理积极作用，因而，一些国家（如美国、英国等国）加强了对薪酬委员会独立性的监管要求。随着1992年美国相关监管

机构相继颁布独立董事组成薪酬委员会的相关规定，薪酬委员会独立性对高
管薪酬的影响获得了相关学者的广泛关注（Conyon and Peak，1998；Newman
and Mozes，1999）。相关学者主要聚焦于薪酬委员会独立性及其人员特征的
视角，探索其对高管薪酬契约的影响。因而，本节主要围绕薪酬委员会独立
性及其成员特征探索薪酬委员会对高管薪酬影响的理论研究视角，回顾现有
相关研究文献。在民营企业集团中，随着层级增加，最终控制人会更加倚重
底层企业的薪酬委员会对其高管薪酬契约的监督；然而，现有相关研究并未
从企业集团的研究视角，考察薪酬委员会对高管薪酬契约的影响。

2.4.1 薪酬委员会独立性对高管薪酬影响的相关研究

探讨薪酬委员会独立性与高管薪酬水平之间的关联关系引起了相关学者
的广泛关注。然而，现有相关研究对于薪酬委员会独立性对高管薪酬水平的
研究结论并不统一，即得出薪酬委员会独立性并不能够显著降低高管薪酬水
平的研究结论，也获取了其可以显著抑制高管薪酬水平的经验证据。

在国外相关研究中，相对于薪酬委员会独立性并不能抑制高管薪酬水平
的研究结论而言，其可以显著抑制高管薪酬水平的经验证据相对较少。当存
在独立的薪酬委员会时，高管薪酬的监督更稳健（Conyon et al.，1995）。独
立性的缺失会削弱薪酬委员会对高管的监督效果，从而导致其摄取私有收益，
即薪酬委员会独立性能够显著降低高管薪酬（Newman and Wright，1998）。
约翰斯顿（Johnston，2007）则从高管机会主义的视角探讨薪酬委员会独立性
对高管薪酬的影响，认为薪酬委员会独立董事会一致高管的机会主义行为，
从而能够缓解高管借助薪酬契约摄取私有收益。温莎和辛宾斯基（Windsor
and Cybinski，2010）则考察了高管薪酬与绩效的关联性是否受薪酬委员会独
立性的调节，研究发现大型公司独立的薪酬委员会可更有效地调节高管薪酬。

梅因和约翰斯顿（Main and Johnston，1993）研究发现，薪酬委员会的独
立性并未很好的限制高管的薪酬水平。薪酬委员会的存在及其独立性都不会
限制高管薪酬（Conyon and Peck，1998）。将企业的所有权和高管任期等特征
也纳入了薪酬委员会独立性对高管薪酬的影响，研究发现两者并无显著的相
关关系（Newman and Mozes，1999）。同时，伦斯和斯台普顿（Lawrence and

Stapledon，2000）研究发现，薪酬委员会独立性的降低并非必然导致高管薪酬的增加。

美国证券交易委员会（SEC）及美国国内收入法典（IRC）进一步颁布了增加高管人员薪酬透明度的相关规定。安德森和比扎克（Anderson and Bizjak，2003）考察了薪酬委员会的构成与高管薪酬契约制定与执行程序之间的关系，认为上述相关法规的变化显著影响了高管薪酬的监管和实践，但薪酬委员会独立性并没有显著影响高管薪酬水平及其结构。威菲斯（Vafeas，2003）进一步将高管薪酬分为现金薪酬与长期激励性薪酬，认为薪酬委员会独立性与高管薪酬水平之间并不存在显著的相关关系。肯杨与何（Conyon and He，2004）借助"委托人—监督者—代理人"三层最优契约模型，将高管薪酬细分为薪酬总额与股权激励两部分，探讨薪酬委员独立性与高管薪酬之间的关系，研究结论仍然表明薪酬委员会独立性与高管薪酬并不存在显著的相关关系，且重要股东若在薪酬委员会，则高管薪酬则会显著较低。薪酬委员会独立性与企业高管薪酬显著正相关（Sa，2008）。格雷戈里等（Gregory et al.，2009）改善了"独立性"的度量后，探讨了董事会特性和薪酬委员会的组成与高管薪酬之间的关联性，研究发现，薪酬委员会独立性都没有影响授予高管的薪酬。纳入了公司规模、经营业绩与风险后，独立的薪酬委员会可能导致高管获取较高的现金报酬（Capezio et al.，2011）。

相对于国外相关研究而言，国内相关学者也获取了类似的研究结论，即薪酬委员会独立性对高管薪酬水平影响的结论并不一致。张必武和石金涛（2005）以2001年的上市公司数据为样本，没有获得最优薪酬契约理论的经验证据；并认为究其原因，一是样本数据公司的独立董事比例太低，从而无法有效发挥公司治理的作用；二是样本中的上市公司高管的薪酬普遍偏低也影响了研究结果。王欢（2008）以2005年的上市公司为样本数据，认为薪酬委员会的独立性却与高管薪酬的关系并不显著。然而，江伟等（2013）获取了最有薪酬契约理论的经验证据，但在民营上市公司中上述结果并不显著。孙烨和孟佳娃（2013）的研究结果表明独立董事占多数的薪酬委员会倾向于增强高管货币激励，但却带来了经营业绩的增长，即支持了最优薪酬契约理论。同时，王琨和肖星（2014）研究发现获取了最优薪酬契约理论的经验证据；然而，在管理层权力较高的上市公司中，薪酬委员会独立性无法发挥薪酬委员会在制定高管薪酬契约中的有效性，研究结论为管理层权力理论提供了经验支持。谢德仁等（2012）则从薪酬辩护的视角，研究发现，薪酬委员会独立性则会抑制高管的薪酬辩护行为。

2.4.2 薪酬委员会成员的特征对高管薪酬影响的相关研究

2.4.2.1 薪酬委员会董事性别与高管薪酬

薪酬委员会的董事性别能够影响高管薪酬并未得到统一的研究结论。女性与男性对风险的认识（Harris et al.，2006）与风险的评估（Gill and Prowse，2012）具有差异性，因此，薪酬委员会董事的性别可能会导致不同的结果。伊格利和约翰森（Eagly and Johannesen，2001）研究发现，由于女性具有更加娴熟的理解能力与人际交往能力，女性往往会采取一个更加民主和参与式管理的风格。沿袭此研究思路，贝尔（Bell，2005）研究发现，尽管高管薪酬水平存在着显著差距，但这种差距在薪酬委员会女性董事较多的企业中会显著较小。借助实验研究方法，奥尔巴内西和奥利维蒂（Albanesi and Olivetti，2007）研究发现，相对于股权激励而言，女性高管会更关注现金性薪酬。在此基础上，多曼和福克（Dohmen and Falk，2011）研究发现，相对于女性而言，男性更倾向于具有波动性的薪酬契约。

卡特和林奇（Carter and Lynch，2001）从董事会多样化与经营业绩的研究视角研究发现，董事会多元化会增强董事会的独立性，从而改善公司治理。亚当斯和费里娅（Adams and Ferria，2009）研究发现，女性董事的数量与高管更迭具有显著的正向相关关系。在此基础上，女性董事的增加却显著增加了高管薪酬，其潜在原因可能是企业增加女性董事人数并非是想获取董事会多样性对公司治理的提升作用，而是出于粉饰门面的目标（O'Reilly，2010）。

2.4.2.2 审计委员会与薪酬委员会委员交叠任职对高管薪酬的影响

相关学者研究发现高管为获取更高的薪酬是其实施盈余管理的重要诱因（Balsam，1998；Klein，2002；Gul et al.，2003；李延喜等，2007）。权小锋等（2010）研究发现，随着高管权力的增加，高管会借助自身的权力通过盈余管理获取提升其薪酬水平。谢德仁等（2012）研究发现，高管兼任薪酬委员会委员会加剧高管在其薪酬契约制定与执行中的话语权，会更容易导致高管借助盈余管理行为进行"结果正当性"的薪酬辩护，从而为其满足私有收益的目标提供合理化理由。同时，相关学者从企业特征的研究视角，考察盈余管理在高管薪酬契约中的作用，并探索了如何制定企业高管最优薪酬契约的方式与方法（Lambert and Larcker，1987；Sloan，1993）。巴伯等（Baber et al.，1998）、布什曼等（Bushman et al.，2004）及刘西友和韩金红（2012）研究发现，薪酬委员会可以改善高管薪酬契约对经营业绩的衡量，即薪酬委员会能够避免因未实现的交易利得而获取更多的薪酬所得；因而，薪酬委员会在一定程度上能够缓解高管借助盈余管理谋取私有利益的行为。

企业高管若借助盈余管理操纵其薪酬契约，不仅需要在薪酬委员会上能够制定利己的薪酬契约，而且尚需在监督审查环节上提供有助于薪酬契约执行的条件，因而，高管希望审计委员会与薪酬委员会能够认可对其借助盈余管理行为所操纵的经营业绩。雷克斯等（Laux et al.，2009）推演了企业薪酬委员会与审计委员会的交叠任职降低董事对高管的事后监督的模型，研究发现，上述两个委员会的交叠会诱发高管激励不足。

然而，从薪酬委员会与审计委员会的交叠在信息与知识互相溢出的研究视角，薪酬委员会与审计委员会的交叠会有助于审计委员会更有效地识别操纵性盈余与虚假陈述（Zheng and Cullinan，2010）。卡特和林奇（Carter and Lynch，2012）研究发现，上述两个委员会的交叠会积极赋予股票收益在高管薪酬契约制定与执行中的权重，从而会降低可操纵应计利润的权重。因而，国外相关研究结论表明薪酬委员会与审计委员会的交叠会导致高管薪酬契约有效性增强与下降并存的经验证据。

基于中国现阶段的制度背景，邓晓岚等（2014）检验了交叠任职这种董事内部兼任网络对盈余管理以及高管机会主义薪酬的影响，研究认为审计委员会与薪酬委员会的职位交叠程度会显著增强盈余管理程度，两个专业委员会交叠的程度也会显著加剧高管薪酬——操纵性盈余敏感性。因而，上述研究结果表明高管可能与交叉任职的董事合谋来操纵会计盈余质量，进而攫取更高的机会主义薪酬，而且当高管对薪酬的辩护需求较强时合谋的动机更强。

2.4.2.3 薪酬委员会董事任期与高管薪酬

董事任期能够显著影响董事独立性，从而会影响董事的监督职能（Vafeas，2003）。具体而言，依据专长假说，董事任期能够影响其履职经验、承诺与能力，任期的增加有助于董事将专业知识与企业生产经营更好地结合，因而具备较长任期的董事能够发挥较好的监督职责。从管理层友好假说的研究角度，董事任期的增加反而会诱发董事与高管的"友好"，从而会削弱监督高管的职能。伯德等（Byrd et al.，2010）进一步获取了管理层友好假说的经验证据，研究发现，效忠企业所有者的董事们会因与高管和其他董事的长期关系而转向效忠于高管。

2.5　文献评述

综上所述，现有相关研究获取了超额薪酬是企业高管利用其权力与影响摄取私有收益的微观经验证据，并从企业内部与外部的视角，探讨了影响企业高管摄取超额薪酬的因素。为了避免引起股东以及社会公众对超额薪酬的质疑，企业高管会实施薪酬辩护行为，相关学者也得到了高管薪酬辩护的经验证据，并探索了其薪酬辩护的诱因。在金字塔结构企业集团广泛存在的背景下，相关学者开始关注层级的增加对底层企业高管薪酬的影响。同时，薪酬委员会对高管薪酬的影响也吸引着相关学者的关注。然而，由上述相关文献综述可知，现有相关研究仍存在不足之处，主要体现在以下方面：

首先，将企业视为独立的主体，探讨高管摄取超额薪酬的影响因素。在金字塔结构企业集团广泛存在的背景下，底层企业高管薪酬必然受到最终控制人的制约，层级的数量最终决定着企业集团组织结构的最终形态，成为解释企业集团对底层企业经济行为影响的基本视角。从企业集团的视角，相关学者开始探讨层级的增加对底层企业高管薪酬的影响，并获取了最优薪酬契约理论的经验证据。在中国处于经济转轨阶段的制度背景下，金字塔结构层级的增加已成为民营企业集团缓解融资约束的重要方式，但是层级的增加会加剧民营企业集团委托代理问题的复杂程度及其信息环境的恶化。然而，现有高管超额薪酬的理论研究却并未关注金字塔结构层级对底层企业高管超额薪酬的影响，而如何抑制底层企业高管的超额薪酬恰恰是企业管理控制实务中的重点与难点。

其次，现有相关研究仍缺乏从企业集团的视角，深入探索底层企业高管薪酬辩护的理论研究。薪酬辩护不仅为企业高管摄取超额薪酬提供合理化的理由，而且会影响其摄取超额薪酬的持续性。在民营企业集团中，金字塔结构层级的增加不仅会加剧企业集团的委托代理问题，以及增强其内部资本市场的活跃程度，从而会对底层企业高管权力及其信息环境产生重要的影响，加剧其实施薪酬辩护行为的隐蔽性。然而，现有相关研究并未从民营企业集团的视角下，探索底层企业高管薪酬辩护的理论研究，更加缺乏探索底层企业借助层级增加实施"结果正当性"薪酬辩护的具体路径。

再次，尽管现有相关研究开始关注金字塔结构层级对企业集团高管薪酬的影响，但层级的增加对企业集团高管薪酬的理论研究亟待深化。如何抑制底层企业高管超额薪酬与薪酬辩护是企业集团管理实践中的热点与难点。尽管现有相关研究开始关注金字塔结构层级对企业集团高管薪酬的影响，但是探讨民营企业金字塔结构层级对底层企业高管超额薪酬与薪酬辩护的理论研究并未得到相关学者的关注。然而，上述问题恰恰是认清金字塔结构对民营企业集团高管薪酬影响的关键。

最后，缺乏从企业集团的视角，深入考察薪酬委员会的相关特征能否抑制企业高管摄取超额薪酬与实施薪酬辩护行为的理论研究。薪酬委员会作为制定与执行高管薪酬政策的部门，对高管薪酬的影响引起相关学者的广泛关注。在民营企业集团中，金字塔结构层级的增加会加大底层企业高管的权力以及恶化企业集团的信息环境，从而会影响其薪酬契约。那么，随着层级增加，探讨底层企业的薪酬委员会能否肩负对最终控制人监督高管薪酬契约激发高管激励效果的责任，具有重要的研究价值。然而，从民营企业集团的研究视角，考察底层企业薪酬委员会在金字塔结构对底层企业高管超额薪酬与薪酬辩护影响中的作用，仍未得到相关学者的关注。

有鉴于此，本书将从民营企业集团的视角，探讨金字塔结构层级对底层企业高管超额薪酬与薪酬辩护的影响，并剖析底层企业薪酬委员会的相关特征对金字塔结构层级上述影响的作用。其一，探讨民营企业金字塔结构层级对底层企业超额薪酬的影响，并在成员企业董事长与总经理两职合一的特定情境下上述影响的结果；其二，考察民营企业金字塔结构对底层企业高管薪酬辩护的影响，并试图基于真实盈余管理与关联交易的视角，解读底层企业高管借助金字塔结构层级实现薪酬辩护的具体路径；其三，进一步引入薪酬委员会的视角，探索薪酬委员会独立性及其与审计委员会的交叠对民营企业金字塔结构上述影响中的作用。因而，本书研究可以在一定程度上弥补现有研究的不足，将超额薪酬与薪酬辩护的理论研究延伸至民营企业集团的研究视角，从而会深化企业集团高管薪酬的理论研究；并有助于民营企业集团最终控制人提升底层企业的高管激励效率，以及为相关监管机构抑制其底层企业高管借助层级的增加摄取超额薪酬与实施薪酬辩护提供一定的经验支持。

第 3 章

理论基础

尽管民营企业集团的最终控制人会借助金字塔结构层级的增加来获取活跃的内部资本市场，但也会加剧企业集团的委托代理问题，进而影响底层企业高管薪酬。因而，委托代理理论与内部资本市场理论是本书理论基础的根基，即构成了研究民营企业金字塔结构层级增加的经济行为与经济后果的理论基础。随着企业高管薪酬契约理论研究与管理控制实践的发展，相关学者提出了管理层权力理论与最优薪酬契约理论等相关的高管薪酬理论，成为深入探索企业高管的薪酬契约的直接理论来源。基于最优薪酬契约理论的研究视角，存在与经营业绩相挂钩的最优高管薪酬契约可缓解所有者与高管之间的委托代理问题，从而有助于企业的发展。然而，基于管理层权力理论的相关内容，上述高管薪酬契约却在一定程度上，成为企业高管却借助其自身的权力与影响摄取私有收益的工具，并有助于高管为其所谋取的私有收益进行辩护提供借口，从而不利于企业的发展。最优薪酬契约理论与管理层权力理论为本书将超额薪酬与薪酬辩护作为民营企业金字塔结构层级增加所诱发的经济后果研究，以及考察薪酬委员会在民营金字塔结构上述影响中的作用，提供直接的理论依据。因而，本章主要阐述委托代理理论、内部资本市场理论、管理层权力理论以及最优薪酬契约理论的内容，从而构成本书的理论基础。

3.1　委托代理理论

詹森和麦克林（Jensen and Meckling，1976）认为企业委托代理问题源于所有权与经营权的分离，在现代企业中，两权的分离会诱发所有者与经营者的利益出现偏差，从而导致企业委托代理问题的产生，并较为系统地阐述了委托代理理论。依据委托代理理论，委托人与代理人之间的利益分歧、信息不对称性、契约不完备性和交易费用是产生委托代理问题的根本原因，委托人为抑制代理人满足自身的利益目标而背离其利益，可借助制定与实施有效的薪酬契约或监督代理人来降低两者利益目标的差异所诱发的委托代理问题。

依据委托代理理论，现代企业的两权分离直接引发了所有者与高管之间的委托代理问题，即形成了第一类委托代理问题。随着现代企业所有权与经营权分离程度加大，企业所有者亟待解决的问题是如何抑制高管满足自身私有利益目标而损害所有者的利益，即确保高管遵从他们的利益展开经营活动。因而，如何缓解第一类委托代理问题引起了相关学者的广泛关注。詹森和麦克林（Jensen and Meckling，1976）认为集中的股权结构能更好地发挥公司治理缓解企业所有者与高管之间的委托代理问题。同时，其他相关学者研究发现，建立有效高管薪酬契约与监督机制来能够缓解所有者与高管的委托代理问题。

企业委托代理问题会不仅仅局限在第一类委托代理问题，第二类委托代理问题引起了相关学者的广泛关注。莫克和杨（Morck and Yeung，2003）研究发现，企业所有者控制权的增加并不能根除委托代理问题，随着企业股权集中度的增加，大股东与高管之间信息不对称程度的降低会提升其对高管监督的有效性，但此情况却加剧了最终控制人与社会公众股东之间的信息不对称程度，进而会加重最终控制人与社会股东之间的信息不对称，从而形成了第二类委托代理问题。具体而言，在股权集中程度相对较高的企业中，最终控制人不仅对高管监督的程度较大，而且直接参与企业日常经营管理的程度也会显著增加，从而会有效地解决其与高管之间的委托代理问题。然而，上述研究发现在现代企业中，由于社会公众的中小股东持股逐步扩大，企业的最终控制人存在出于自身利益的动因采用各种方式掠夺中小股东的财富，从而形成了第二类委托代理问题。

有鉴于此，相对于股权分散的企业而言，股权相对集中的企业所面临的委托代理问题会更加复杂。在股权集中度相对分散的企业中，控制权却会被高管所操纵，因而第二类委托代理问题对企业的影响可能会让位于所有者与高管之间的第一类委托代理问题。在股权集中程度较高的企业中，尽管最终控制人与中小股东的利益目标存在较大的一致性，但寻求自身利益最大化的动因会诱发最终控制人剥夺中小股东的利益；因而，两类委托代理问题对企业的影响均会增加，从而加剧企业委托代理问题的复杂性。

处于经济转轨阶段的中国，股权集中程度相对较高已成为中国企业的主要特征之一。克莱森斯等（Claessens et al.，2002）研究发现，在东亚国家和地区中，企业股权集中程度相对较高，因而，相对于西方发达国家的企业而言，东亚地区的企业所面临的委托代理问题较为严重。冯根福等（2001）研究发现，中国上市公司股权相对集中程度的情况也较为普遍，即绝大部分上市公司存在股权高度集中和国有股"一股独大"的现象；而股权的分散与集中程度会在一定程度上，决定了公司治理中的核心问题。在此背景下，中国企业股权结构的主要特征异于美、英等国股权分散的特点，决定着中国企业公司治理的突出问题与美、英等国会有着显著的差异。

有鉴于此，在以股权相对集中或高度集中为主要特征的企业中，能否基本实现全体股东利益最大化，一方面取决于企业的最终控制人能否有效地监控经营者；而另一方面，则取决于中小股东能否将最终控制人损害其利益趋于最小化。

3.2　内部资本市场理论

现有相关研究所提及的内部资本市场主要是针对企业的外部资本市场而言的，并且未形成明确与统一的定义。形成上述现象的主要原因在于现有相关研究大都从内部资本市场的直观表象出发，描述内部资本市场的概念是相对于股票市场与债券市场等外部资本市场而言。因而，国内外相关研究只能根据不同情境，描述内部资本市场，而难以阐释内部资本市场的统一定义。

内部资本市场的相关研究源于国外的相关研究。阿尔钦（Alchian，1969）较早展开了内部资本市场的相关研究，借助通用公司为研究案例阐释其内部资金运作与管理活动。阿尔钦（Alchian，1969）开启了内部资本市场研究的序幕，以通用公司集中度较高的投资资金市场描述了内部资本市场，该市场跨越了内部分、子公司组织形态的界线，具有高度的竞争性和信息有效性，从而有助于通用公司能够提升资金、人员以及相关信息等资源的交换与配置，奠定了其快速增长的坚实基础。钱德勒（Chandler，1987）进一步深化了内部资本市场的理论研究，认为企业集团的内部资本市场是相对于股票市场与债券市场等外部资本市场而言，将筹资来源转向内部留存的盈余，形成企业集团内部所拥有的资金在集团范围内各部门之间配置来支持其规模扩张的机制，从而降低了企业集团借助外部资本市场筹集资金的依赖程度，即全面与系统地阐述了企业内部资本市场理论。

借鉴国外的相关研究，国内相关学者也积极开始引入与探索国内企业集团内部资本市场的理论研究。周业安和韩梅（2003）研究发现，当企业集团业务部门的增加时，内部资本市场所发会的作用越强。冯丽霞（2006）认为内部资本市场广泛存在于 M 型和 H 型的企业集团中。企业集团能够借助内部资本市场集中企业集团各分、子公司的资金及其他资源，为其按照投资机会的优劣情况改进投资的效果。在此背景下，一方面，内部资本市场能够优化企业集团的资本聚集与配置，较好地弥补外部资本市场对企业集团的限制，从而有助于缓解内部分、子公司的融资约束；另一方面，内部资本市场也会提升企业集团的投资效率，满足企业集团降低交易成本的需求。因而，内部资本市场能够起到重新分配内部资金的作用，为所有部门竞争各自所需的资金提供了一个有效载体，从而有利于企业集团整体利益最大化。

由此可知，企业内部资本市场的产生与发展均与企业集团的发展息息相关。企业集团内部形成了与外部资本市场功能类似、具有资金流通和配置作用的机制，内部资本市场就产生了。而企业集团可借助内部资本市场重新配置资金，促进企业集团整体利益的最大化。

3.3　管理层权力理论

从委托代理理论的视角出发，相关学者认为解决企业所有权与经营权分离所诱发的委托代理问题，需要企业设立董事会代表所有者的利益来监督和激励高管。然而，鉴于契约的非完备性，高管薪酬契约并不能完全解决企业的委托代理问题，反而可能会加剧企业的委托代理问题。贝布丘克和弗瑞德（Bebchuk and Fried，2003）进一步探讨了高管薪酬契约的有效性，并提出了管理层权力理论。该理论阐述高管权力对其薪酬契约的影响，即当企业处于公司治理机制尚不完善的阶段，高管会借助自身的权力与影响可以借助正式或非正式方式影响甚至操控董事会对其薪酬契约制定与执行的决策，从而达到满足自身私有收益的目标。

在管理层权力理论的视角下，企业高管会运用自身的权力与影响，采用寻租的方式获取高于公平交易方式下的私有收益。在此背景下，董事会治理状况可以限制企业高管滥用权力的行为。依据薪酬契约相关理论可知，董事会的建立旨在抑制企业的委托代理问题，发挥对高管薪酬的治理作用，使得高管能够按照所有者的利益管理企业。然而，尽管董事会为独立的主体，但其对公司治理的作用往往会受到多重因素的影响与制约。企业内部治理结构不完善是影响其发挥公司治理作用的重要因素。企业内部治理结构的缺陷会诱发董事会并非充分代表着所有者的利益，这会滋生董事会与所有者之间的委托代理问题，从而可能导致董事会对高管薪酬的治理作用会背离所有者的初衷。更值得注意的是，当高管和董事会之间存在一定的利益关系时，董事会也会出于自身的利益，不对高管侵害所有者利益的行为发表过多异议，甚至顺从高管的上述行为。特别是当高管的权力较大时，董事会上述一系列的不作为行为，也会导致高管逐步控制董事会，从而加剧董事会对公司治理作用的偏离程度。有鉴于此，管理层权力理论的支持者认为高管不仅可以利用自己手中的权力逃脱董事会的监管，也可对其薪酬的制定产生实质性的影响。

同时，依据管理层权力理论的上述分析可知，当高管的权力足以影响董事会的任免时，则董事会就更加难以发挥其对高管薪酬的治理作用。上述问题存在的原因主要包括以下两个方面：其一，因为所有者仅具有所有权而将经营权让渡给高管，从而会导致所有者与高管之间的信息不对称，进一步导致高管借助自身的权力与影响降低董事会的监督效果；其二，相对于高管薪酬而言，高管的职业市场更加关注企业的经营业绩，这也会加剧董事会对高管薪酬治理的难度。有鉴于此，高管权力的增加会导致其为自己谋取私利。

基于管理层权力理论，高管的超额薪酬是指其利用手中的权力和影响寻租而获得的超过公平谈判所得的收入，从而会造成企业高管和普通员工薪酬的差距越来越大，扭曲了高管的薪酬激励机制（Bebchuk and Fried，2003；Core et al.，2008）。

3.4 最优薪酬契约理论

最优薪酬契约理论的支持者认为制定有效的薪酬契约可解决代理人与委托人利益冲突。詹森和墨菲（Jensen and Murphy，1990）提出激励与监督能够解决代理人与委托人之间的委托代理问题；然而，对高管监督会产生一定的费用，因此，相比之下，激励管理者会更具优势。因而，薪酬契约能够使代理人与委托人的关系变得更加融洽，并让管理者与所有者的利益保持一致。

然而，最优薪酬契约的生效存在两个严格的约束条件。第一个条件是委托人必须使契约满足代理人的自身利益，即"激励相容"的约束条件。第二个条件是在同等条件下，该委托人所能提供的期望收益要高于其他委托人，即"参与约束"的条件。受限于上述两个条件的约束，高管薪酬契约需明确相应的责任以及防范潜在的风险，从而使得高管能够按照所有者的利益目标管理企业。因而，在信息不对称的情况下，将报酬与企业的经营业绩挂钩的最优薪酬契约能有效降低监管成本和缓解代理问题（Jensen and Murphy，1990），即薪酬契约是制约高管摄取私有收益最合适的方法，且把企业经营业绩与高管的薪酬相结合，提升业绩薪酬的敏感度，会进一步有助于高管满足所有者利益目标的实现。

尽管最优薪酬契约旨在借助薪酬契约来约束企业高管与所有者之间的委托代理问题，降低高管谋私利行为的风险。然而，在企业的实际经营管理过程中，最优薪酬契约成立的约束条件并非完全能成立。同时，最优薪酬契约理论的支持者却在一定程度上忽略了董事会和所有者之间可能存在的委托代理问题，即经营业绩可能会包含一些噪声，从而会导致经营业绩与高管的贡献之间的偏离。若高管薪酬契约存在其他的委托代理问题，反而会加剧高管摄取私有收益的机会。因而，上述问题导致了该理论的适用性受到相关学者的广泛质疑。在此背景下，依据管理层权力理论的相关内容分析可知，高管会充分利用公司治理过程中的漏洞，通过给薪酬委员会施加影响等一系列手段来实现薪酬自定，获取与自己能力不相符的薪酬，从而脱离了最优薪酬契约理论的视角下高管薪酬制定的初衷，这也是管理层权力理论得到了学术界认可的重要原因。因而，由上述分析可知，管理层权力理论相对于最优薪酬契约理论的优势在于其弥补了最优薪酬契约理论无法解释高管借助薪酬契约摄取私有收益的不足。

3.5　本章小结

　　本章重点阐述了委托代理理论、内部资本市场理论、最优薪酬契约理论以及管理层权力理论的主要内容，并初步阐述了管理层权力理论与最优薪酬契约理论对企业高管薪酬的主要区别。其中，委托代理理论与内部资本市场理论是解释与研究民营企业增加金字塔结构层级的动因及其经济后果的基本理论，最优薪酬契约理论以及管理层权力理论则为本书剖析与探索民营企业金字塔结构层级的增加对底层企业高管超额薪酬及其薪酬辩护提供了直接的理论基础。本章内容夯实了本书的理论基础，为后续剖析民营企业金字塔结构层级的增加所诱发的委托代理问题与内部资本市场，以及推演层级的增加对企业集团高管薪酬诱因以及薪酬委员会对高管薪酬的影响奠定了理论基础。

| 第4章 |

理论分析

　　本章聚焦于委托代理理论、内部资本市场理论、管理层权力理论以及最优薪酬契约理论等相关理论，阐释本书的理论分析，从而为下文研究提出相关研究假设奠定了坚实的基础。具体而言，首先，本章分别基于委托代理理论以及内部资本市场理论，探讨民营企业金字塔结构层级的增加对企业集团委托代理问题及其内部资本市场所产生的影响；其后，在此基础上，进一步基于管理层权力理论与最优薪酬契约理论，深入探索民营企业金字塔结构层级的增加对底层企业高管薪酬诱因（即底层企业高管的权力以及企业集团的信息环境）的影响，从而为下文剖析层级的增加对底层企业高管超额薪酬与薪酬辩护的影响奠定了直接的理论分析基础；最后，本章进一步阐释薪酬委员会对高管薪酬的影响，为下文判断底层企业薪酬委员会在金字塔结构层级增加的上述影响中的作用提供了理论支持，从而夯实本书的理论分析内容。具体如图 4－1 所示。

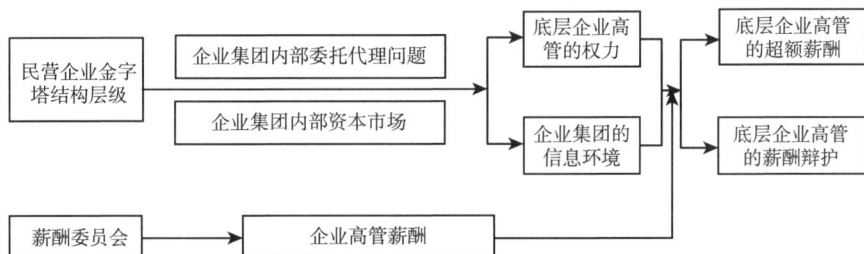

图 4－1　理论分析思路

4.1 民营企业金字塔结构层级对委托代理
问题影响的理论分析

民营企业金字塔结构层级的增加所加剧的委托代理问题不仅集中在最终控制人与底层企业高管之间的委托代理问题以及最终控制人与底层企业中小股东之间的委托代理问题，而且会加重这两类委托代理之间的交互影响，从而会进一步加剧民营企业集团内部委托代理问题的复杂程度。

首先，民营企业金字塔结构层级的增加会加剧民营企业集团最终控制人与底层企业高管之间的委托代理问题。一方面，随着层级的增加，底层企业所有权与经营权的分离会逐步加大，进而直接加剧了民营企业最终控制人与底层企业高管之间的委托代理问题。相对于股权比较分散企业而言，在股权比例较为集中的企业中，最终控制人较高的持股比例能够优化公司治理，进而会显著降低最终控制人与企业高管之间的委托代理问题（Shleifer and Vishny，1997）。当最终控制人的持股比例较大时，最终控制人可更多地直接参与底层企业的生产经营与管理控制，会直接降低底层企业高管的权力，使得底层企业的生产经营与管理控制更多地沿着最终控制人的意愿进行，即更多遵循着最终控制人的利益目标，从而会显著抑制两者之间的委托代理问题。处于经济转轨阶段的中国，企业的股权较为集中，最终控制人与底层企业高管之间的委托代理问题并没有西方较为分散股权企业中的委托代理问题突出。然而，随着民营企业金字塔结构层级的增加，底层企业所有权与经营权的分离程度会逐渐加大，从而会导致最终控制人授予底层企业高管更多的权力。具体而言，层级的增加会削弱最终控制人对底层企业日常生产经营与管理控制的参与程度，进而会加大底层企业高管对底层企业的生产经营与管理控制决策。同时，金字塔结构层级的增加也会增加企业集团的规模与经营风险，分散最终控制人对底层企业高管的监督。在此背景下，底层企业高管会出于私有收益的动机，违背最终控制人的利益目标，扭曲底层企业的经营目标，从而会加重最终控制人与底层企业高管之间的委托代理问题。

另一方面，民营企业金字塔结构层级的增加会加大最终控制人与底层企业高管之间的距离，在一定程度上阻碍了两者之间的信息传递效率，进而会加剧两者之间的委托代理问题。委托代理问题出现的重要原因就是两者之间的目标不一致所诱发的利益冲突。相对于所有者而言，企业高管拥有着更多的信息优势，高管会利用其信息优势改变费用支出与现金流向，从而满足自身利益的目标。因而，随着民营企业金字塔结构层级的增加，最终控制人与底层企业高管之间信息传递的路径越长，直接降低信息传递的及时性与全面性，不仅会阻碍信息的传递效率，而且会增加最终控制人的监督成本，从而加剧了两者之间的信息不对称性，加剧两者之间的委托代理问题（Fan et al.，2013）。

其次，民营企业金字塔结构层级的增加会加剧底层企业现金流权与控制权的分离，诱发最终控制人为满足自身的利益而盘剥中小股东的利益，从而加剧第二类委托代理问题。从企业最终所有权的角度出发，金字塔结构形成了股权偏离一股一票制度的情况，为最终控制人侵占中小股东的利益提供了机会，即最终控制人会借助转移底层企业的资金，损害中小股东的利益。拉·波塔等（La Porta et al.，1999）认为金字塔结构加剧了企业现金流量权和投票控制权的分离。在金字塔结构下，最终控制人借助控制权和现金流量权的分离，能够利用一小部分的资金控制大量的公司资产。法律制度的缺陷有助于最终控制人借助层级的增加隐藏身份，使得其有强烈侵占中小股东利益等动机以获取控制权私利，且其利益输送和侵占行为也更不易被发现，即形成"掏空"的行为。最终控制人的"掏空"行为扭曲了底层企业的正常增长，最终损害底层企业的发展。因而，民营企业金字塔结构层级的增加会加剧企业集团的第二类委托代理问题。

最后，民营企业金字塔结构层级的增加不仅会加剧第一类委托代理问题与第二类委托代理问题，而且还会进一步滋生两类委托代理问题之间的交融，进而加剧企业集团委托代理问题的复杂性。例如，布卡特和潘努齐（Burkart and Panunzi，2001）研究发现，"掏空"行为并非最终控制人独立的活动，在此过程中，企业高管的积极参与才能确保最终控制人实现"掏空"行为；因而，中小股东发生的利益侵害行为是最终控制人与高管"合谋"的结果。其中，股权的集中程度在此"合谋"行为中具有重要的影响；当最终控制人持股比例达到一定程度时，最终控制人能够对高管实施较为严格的控制，从而没有必要与高管"合谋"，只有当大股东的持股比例较低时，最终控制人不能对企业施加足够的影响，才需要与高管"合谋"实现"掏空"行为。在中国证券市场发展过程中，民营企业中也出现了大量最终控制人和高管"合谋"侵吞中小股东利益的现象（郑国坚等，2013；魏明海等，2013）。因而，随着民营企业金字塔结构的增加，底层企业高管的权力显著增加，其与最终控制人之间的信息不对称性也显著加剧。在此背景下，随着层级的增加，民营企业集团最终控制人必然需要将一部分对底层企业经营管理决策的控制权力让渡给底层企业高管。在此背景下，其"掏空"中小股东的行为会被底层企业高管获知或者配合，进而加剧了其与底层企业高管的"合谋"。因而，民营企业金字塔结构层级的增加使得不仅会加剧第一类委托代理问题与第二类委托代理问题，而且使得两类委托代理问题相互交织，进而会加剧企业集团委托代理问题的复杂性。

4.2 民营企业金字塔结构层级对内部资本市场影响的理论分析

尽管民营经济自改革开放以来已成为国民经济的重要组成部分，但其债务融资与权益融资方面都受到更多的体制性歧视（孙铮等，2006），民营企业集团最终控制人借助增加金字塔结构层级，通过内部资本市场缓解其融资困难（李增泉等，2008）。民营企业金字塔结构层级的增加不仅会加大企业集团内部资本市场的规模，而且还会加剧最终控制人与外部债权人之间的信息不对称性，从而活跃了其内部资本市场。

在企业集团内部，存在一个集中的投资决策中心（例如母公司），负责管理企业集团内各个子公司的资金配置。在金字塔结构企业集团中，母公司也可以借助对各个子公司的经营业绩考核、人事任免以及重大决策制定等方面施加的重要影响，有效地控制子公司的资本与日常经营。同时，母公司也可以根据企业集团的总体战略目标以及子公司的战略目标及其经营业绩表现，调整子公司的投资金额以及资源配置情况，实现资金在企业集团内部的合理配置。

层级的增加会增加民营企业集团所控制资金的增加，但其资金的分配、流动和运作仍会受到最终控制人的重要影响，最终会活跃民营企业集团内部资本市场。李增泉等（2008）研究发现，金字塔结构有助于民营企业集团获取活跃的内部资本市场。本书借助如下例子的推演与阐述层级的增加对民营企业集团内部资本市场的影响。例如，假定最终控制人初始自有资金为 100 以及外部权益融资为 0，且银行为风险规避，向企业提供的贷款以其自有权益为限。在金字塔结构下，最终控制人将全部资金注入子公司 X，则其最高贷款额度为 100，从而使得 X 公司总资产的规模最大可扩大至 200；其后，若 X 公司以 50% 的资产去投资孙公司 Y，但仍占享有 Y 公司 100% 的股份，则在上述条件的约束下，孙公司 Y 总资产规模的最大值也将会是 200。因而，最终控制人能够借助上述金字塔结构，最终凭借 100 的资金实际掌握了 400（200 + 200）的总资金。然而，若最终控制人以平行结构成立全资的子公司 X 和 Y，那么在上述同等的约束条件下，则 X、Y 两公司向银行贷款的最高贷款额度仅为 100，在该种情况下，最终控制人以 100 的资金仅控制了 200（100 + 100）的资金。

由上述例子可知，在银行约束条件相同的背景下，仅仅两层的金字塔结构组织结构就发挥了较强的杠杆效应，具体体现在使得最终控制人能够控制的资金总额为平行结构下的 2 倍，从而达到了扩大内部资本市场规模的结果。

同时，当最终控制人在搭建金字塔结构过程中，金字塔结构的杠杆效应会更明显，即对增加内部资本市场的规模效应越发强烈。在上述例子的基础上，考虑最终控制人采用金字塔结构的情况，即最终控制人首先将其所拥有的全部资金 100 注入一家子公司 X，占其 50% 的股份，则子公司 X 的资产为 200（100÷50%）；然后，子公司 X 若以其 50% 的资产再成立孙公司 Y，且仅控制 50% 的股份，则 Y 公司的资产为 200，在此过程中仍保持了对 X 与 Y 公司的控制。在此条件下，X、Y 两公司向银行借入最高贷款额度均为 200，资产均扩大至 400（200 + 200）。在此背景下，最终控制人最终凭借 100 的资金可以控制 800（400 + 400）的资金，从而放大了企业集团的内部资本市场的规模。然而，在平行结构下，最终控制人所控制的资金总额却会显著降低。假如仍保持 50% 的控股地位不变，则最终控制人将其 100 的资金分别投入到子公司 X 和 Y 中的资金仅为 50，且 X、Y 两公司的权益也仅仅均为 100，X、

Y 公司再从银行借入贷款最高额度均为 100，两公司的总资产也均扩大至 200。因而，最终控制人 100 的资金仅控制 400（200 + 200）的资金。

由上述例子可知，当存在控制权与现金流权分离的情况下，相对于平行结构的组织结构而言，金字塔结构赋予了最终控制人更强的杠杆效应，且该效应随着层级的增加会得到进一步的增强，即金字塔结构层级的增加对内部资本市场所控制资金的增长程度更大。

假设子公司 X 持有孙公司 Y 的权益比例为 α，若合并报表只需要抵消长期股权投资与子公司权益（不考虑其他抵销事项），则合并报表的资产负债率为 $200/(400 - 100\alpha)$。当 α 为 0 时，合并报表的资产负债率为 50%；但 α 的增加会提升合并报表的资产负债率；当母公司持有子公司 100% 的股份时，其资产负债率上升为 2/3。尽管集团中单个公司的资产负债率不变，金字塔机构的杠杆效应仍可以增加整个企业集团的资产负债率，从而会导致整个企业集团的信贷风险随之上升。

然而，银行对企业集团主要以统一授信来控制和防范风险，且在复杂的金字塔结构的股权结构中，银行往往会无法十分全面与准确地获取集团的全部信息，同时，银行所关注的借款主体主要聚焦于单独的企业，因而，上述情况会扭曲甚至误导银行对每个借款主体的授信管理，而忽视企业集团的授信情况。银行与企业集团之间的信息不对称也会导致银行无法有效控制企业集团的信贷风险。在此背景下，此杠杆效应仍会增加整个企业集团获取的债务融资的规模。因而，民营企业金字塔结构层级的增加，增进其内部资本市场的活跃程度。

4.3 民营企业金字塔结构层级对底层企业高管薪酬诱因影响的理论分析

最终控制人能够对底层企业高管薪酬契约的制定与执行产生重要的影响。在金字塔结构的民营企业集团中，最终控制人借助参与底层企业高管薪酬契约的制定与执行等行为，约束底层企业高管的机会主义行为，保护企业集团的整体利益。随着民营企业金字塔结构层级的增加，企业集团最终控制人与底层企业高管之间的委托代理问题愈发严重（Fan et al.，2013；刘慧龙，2017）。高管薪酬契约是缓解企业最终控制人与高管之间委托代理问题的制度安排，直接影响到两者之间的利益。因此，企业高管薪酬契约不仅成为管理学与经济学等领域的研究重点与热点，而且在管理控制实践中，企业集团的最终控制人与底层企业高管均有动机影响高管薪酬契约以实现各自的利益，从而成为两者关注的重点与难点。正因如此，理论界从不同的视角，形成了两种不同的理论研究视角，即形成了管理层权力理论与最优薪酬契约理论。管理层权力理论的支持者认为高管对薪酬契约设计有重要影响力，会导致高管会利用自身的权力与影响改变公平市场环境下的薪酬契约设计，摄取超额薪酬（Bebchuk et al.，2002；Bebchuk and Fried，2003）。然而，基于最优薪酬契约理论的视角，相关学者认为企业最终控制人可借助设计高管薪酬契约，提升高管的激励效果（Jensen and Meckling，1976；Jensen and Murphy，1990）。最优薪酬契约理论的支持者认为高管的薪酬契约是一种有效契约，能够缓解企业集团最终控制人与高管之间的利益冲突，抑制两者之间的委托代理问题，从而提高企业集团的经济效率，因而，信息环境在企业高管薪酬契约中至关重要。综上所述，本节将在前面理论分析的基础上，进一步分别基于管理层权力理论与最优薪酬契约理论，探讨民营企业金字塔结构层级的增加对底层企业高管权力以及企业集团信息环境的影响。

4.3.1 民营企业金字塔结构层级对底层企业高管权力影响的理论分析

依据最优薪酬契约理论，高管薪酬契约的核心是缓解企业最终控制人与高管委托代理问题的有效工具。但管理层权力理论认为高管会利用其权力与影响，探索可能存在的寻租机会，获取自身的私有收益，导致薪酬契约无法有效缓解高管与最终控制人之间的委托代理问题。高管权力越大越容易使薪酬契约沿着有利于其私有利益的目标订立与执行，其寻租的机会也就越大。民营企业金字塔结构层级的增加会加剧企业集团的委托代理问题，不仅会直接加大底层企业高管的权力，而且使得最终控制人更加难以监督和控制底层企业高管摄取私有收益，进而间接增加了其权力。因此，随着民营企业金字塔结构层级的增加，底层企业高管将有更多的机会开展薪酬寻租活动。

一方面，民营企业金字塔结构层级的增加会降低最终控制人的持股比例，从而直接加大底层企业高管的权力。股权结构是影响企业最终控制人与底层企业高管之间委托代理问题的重要因素，相对于股权比较分散企业，在股权比例较为集中的企业中，最终控制人能够起到优化公司治理的作用，进而显著降低最终控制人与高管之间的委托代理问题。具体而言，当最终控制人的持股比例较大时，最终控制人可更多地参与底层企业的生产经营与管理控制，从而降低了底层企业高管的权力。因而，处于经济转轨阶段的中国，企业的股权较为集中，最终控制人与底层企业高管之间的委托代理问题并没有西方较为分散股权企业中的委托代理问题突出。然而，随着民营企业金字塔结构层级的增加，最终控制人的持股比例会逐步降低。层级的增加削弱了最终控制人对底层企业日常生产经营与管理控制的参与程度，进而加大了底层企业高管对企业生产经营与管理控制的决策。

另一方面，层级的增加将阻碍最终控制人对底层企业高管的监督，从而会间接增加底层企业高管权力。尽管最终控制人会加强中间管理层对底层企业高管的监督以及完善底层底层企业的董事会结构，但中间管理层往往并未有效履行其监管责任，且随着底层企业的高管权力增大，其也会俘获董事会，从而进一步增加其自身的权力。同时，随着层级的增加，最终控制人所控制的资源会不断增加，但其所面临的风险必然也会加剧。因而，层级的增加也会分散最终控制人对底层企业高管监督的精力，阻碍最终控制人对底层企业高管摄取私有利益行为的监督，也会间接导致高管权力有所增加。

此外，层级的增加在一定程度上阻碍了最终控制人与底层底层企业高管之间的信息传递，为底层企业高管增强自身的权力提供了机会。由上文分析可知，委托代理问题出现的主要原因就是最终控制人与高管之间的目标冲突；因而，高管为追逐自身的私有收益，凭借其信息优势不完全执行甚至违反薪酬契约的相关规定。因而，随着民营企业金字塔结构层级的增加，最终控制人与底层企业高管之间信息传递的路径越长，进而也会增强了底层企业高管获取更多权力的机会。

4.3.2 民营企业金字塔结构层级对企业集团信息环境影响的理论分析

根据最优薪酬契约理论，薪酬契约是缓解企业集团最终控制人与底层企业高管之间委托代理问题的重要手段。然而，任何薪酬契约均不可能在所有情形下完全地发挥着缓解企业的委托代理问题与激励高管努力工作的效果，高管薪酬契约的有效性会在很大程度上受到其信息环境影响（Holmstrom，1979）。因此，有效的薪酬契约需依据其信息环境等方面因素进行调整。随着民营企业金字塔结构的增加，企业集团的委托代理问题愈发复杂，最终控制人与底层企业高管之间的信息不对称性程度也会相应加大。因而，层级的增加会通过影响民营企业集团的信息环境等一系列问题，影响底层企业高管薪酬契约的有效性。

第一，民营企业金字塔结构层级的增加会加剧最终控制人对底层企业高管监督的难度。层级的增加会使得最终控制人无法获得充分与及时的信息监督底层企业高管，且中间层级企业的高管对下层企业高管的监督未必会不留余力。因而，随着层级的增加，民营企业集团的最终控制人对底层企业高管监督的效率与效果也会随之降低，这会为底层企业高管借助薪酬契约谋取私有收益提供了一定的机会。

第二，民营企业金字塔结构层级的增加会加重经营业绩信息在底层企业高管薪酬契约中的重要作用。有效薪酬契约设计需要充分的信息支持，以反映高管努力程度（Holmstrom，1979）。由于层级的增加使最终控制人难以获得高管努力程度方面的信息。与此同时，随着层级的增加，底层企业高管权力也会增加，以及其与最终控制人之间的信息传递距离也会加大，从而会降低或者扭曲评价信息向上传递的效率与效果。相对于其他信息，会计信息需要接受企业的外部政策与监管机构的约束，其生产和传递过程都更加规范。因而，层级的增加可能会提高会计信息在反映高管努力程度中的作用。

第三，层级的增加会增加企业集团内部资本市场规模与交易结构，从而会降低会计信息对底层企业高管能力与努力程度的反映。在其他因素相同的条件下，民营企业金字塔结构层级的增加显著促进了企业集团内部资本市场的规模与活跃程度，进而可能会产生更多的关联公司发生资金往来和资产交易。然而，企业集团内部的关联交易往往并非按照市场公允价格方式定价（Peng et al.，2011），从而会显著影响会计利润在反映高管努力程度中的作用。因而，在这种情况下，经营业绩指标将难以公允地反映高管努力程度。

第四，民营企业金字塔结构层级的增加可能会加剧底层企业高管的盈余管理行为，进一步降低了会计信息在底层企业高管薪酬中的作用。层级的增加使得最终控制人对公司高管直接监督变得困难。在此背景下，底层企业高管将有更多的机会去操纵盈余；同时，层级的增加会滋生其借助盈余管理实施更多机会主义行为。因而，层级的增加可能会引致较多的盈余操纵，从而会降低会计指标对高管努力程度的衡量作用。

4.4 薪酬委员会对高管薪酬影响的理论分析

随着现代企业所有权和经营权的分离，所有者会选择具备专业知识和能力的专业人员作为代理人，授权其经营公司。在此背景下，两权分离滋生了所有者与高管之间的委托代理问题。因而，对高管的监督与订立薪酬契约成为企业所有者抑制其摄取私有收益的重要方式。然而，在现代企业中，信息不对称和道德风险在一定程度上增添了高管薪酬契约的不完备性。为提升高管薪酬契约的有效性，企业所有者会在董事会中选出相关的董事作为其代理人组建薪酬委员会，以保护其利益。因而，薪酬委员会是所有者解决与高管薪酬有关的委托代理问题最直接和最有效的方法，即不仅监督高管的行为，而且会激发其实现所有者的利益（Jensen and Meckling，1990）。

梯若尔（Tirole，1986）提出垂直的"委托人—监督者—代理人"的三层委托代理框架描述企业所有者、薪酬委员会和高管三者之间的关系。薪酬委员会作为企业董事会中监督高管薪酬契约的专门监督部门，借助专有信息优势，实现对高管的监督与评价，以维护所有者的利益。薪酬委员会成员往往具备着与高管薪酬契约决策更为相关的知识与经验。因而，薪酬委员会能够承担制定与执行高管薪酬契约的决策权或建议权的重任，借助与决策相关知识和经验增强高管薪酬契约的有效性，也会促进组织权力的分配和控制问题的解决。因而，薪酬委员会中的董事具备高管薪酬契约制定与执行的相关知识与经验才可显著提升高管薪酬契约的有效性，从而能够缓解高管摄取私有收益的行为。

薪酬委员会有助于抑制高管权力的增加对其薪酬契约的影响。薪酬委员会具备所有者对高管监督所缺乏时间和必要的专业知识，从而会抑制企业高管运用自身的权力与影响，为满足自身的利益而损害所有者的利益，从而会协调所有者与高管之间的利益，降低了企业的委托代理成本（Jensen and Meckling，1976；Jensen and Murphy，1990）。

薪酬委员会有助于改善企业信息环境对高管薪酬契约的影响。由于信息不对称，高管的行为往往无法观察，从而导致薪酬委员会可能会观测不到高管的真实努力。在给定的高管激励水平下，薪酬委员会能够通过观测高管努力行为的信息，有助于改善企业的信息化环境，决定高管的报酬，从而提升其监督的作用。因而，所有者授权薪酬委员会借助与经营业绩指标挂钩的薪酬契约，来激励高管采取企业价值最大化的行动，替代他们对高管的直接监控。

然而，不容忽视的是薪酬委员会也是另一类代理人，因而也可能偏离所有者的利益和目标，可能歪曲和忽视他所观测到的信息，从而也会存在降低高管薪酬契约有效性的情况。因而，在这一分析框架下，薪酬委员会能否发挥对高管的积极治理作用的诱因在于其监督效果以及信息获取。

处于经济转轨阶段的中国，薪酬委员会的设置直接借鉴了英美国家公司治理的成功经验。《上市公司治理准则》规定上市公司应设立薪酬委员会，其成员应全部由董事组成，且独立董事应占多数并担任召集人。中国证监会于 2007 年在《关于开展加强上市公司治理专项活动有关事项的通知》中指出要求查明董事会是否设立了薪酬委员会，并对查找出的问题进行整改。因而，相关监管部门不断强调上市公司应搭建与改善其薪酬委员会，以增强薪酬委员会对高管薪酬契约的治理作用。薪酬委员会的作用表现在对高管薪酬契约能够形成较强的监控，促进高管的薪酬激励效果，即促进高管实现其薪酬契约中所约定的经营业绩指标的实现，以及确保上述经营业绩指标的真实性与完整性，以及抑制高管摄取私有收益的行为。在此背景下，企业高管所面临的监督强度会急剧增加，高管需要付出更多的努力与具备更多的专业知识才可实现其薪酬契约所约定的条件，以降低其因考核不合格而被更迭的风险。

因而，高管所面临的风险会不断加大，他们所期待的薪酬所得也会不断增加。高管薪酬包括短期薪酬和长期薪酬，其中，短期薪酬对高管的风险较小，其具体由工资、奖金和其他货币薪酬构成。由于高管会更倾向于规避风险，而短期薪酬大都与企业经营绩效相挂钩，高管会期望获取更多的短期薪酬，特别是货币薪酬来作为其承担风险的补偿（Fama and Jensen，1983）。尽管相关监管部门规定薪酬委员会成员的选举应遵循一定的法律程序，但在提名和选举过程中，也会出现与高管关系更密切的董事。同时，部分高管也会在薪酬委员会任职，特别是兼任薪酬委员会主任，从而会严重削弱其监督作用，影响高管薪酬制定过程的完整性和独立性。因而，在中国现阶段的制度背景下，判断薪酬委员会对高管薪酬的作用，需要深入解读其对高管权力以及企业信息环境的监督效果。

4.5　本章小结

本章基于委托代理理论、内部资本市场理论、管理层权力理论以及最优薪酬契约理论等相关理论深入分析了民营企业金字塔结构层级对底层企业高管薪酬的影响。本章以委托代理理论以及内部资本市场理论，分别探讨了层级的增加对民营企业集团委托代理问题以及内部资本市场的影响。在此基础上，阐释民营企业金字塔结构层级的增加对底层企业高管薪酬影响因素的作用，并剖析薪酬委员会对高管薪酬的影响。

本章研究认为民营企业金字塔结构层级的增加不仅加剧了最终控制人与底层企业高管之间及其与中小股东的委托代理问题，而且加剧了这两类委托代理问题的相互影响，从而加剧了民营企业集团委托代理问题的复杂性。同时，层级的增加会增加民营企业集团内部资本市场的规模，进而促进其内部资本市场的活跃程度，成为其缓解融资约束的重要方式。在此基础上，基于管理层权力理论以及最优薪酬契约理论，本章研究发现，民营企业金字塔结构层级的增加会对底层企业高管薪酬的诱因产生重要的影响。一方面，民营企业金字塔结构层级的增加，会增加底层企业高管的权力，会为其摄取私有收益提供机会，从而会影响底层企业高管薪酬的制定与执行；另一方面，层级的增加会对企业集团的信息环境产生不利影响，进而增加了底层企业高管薪酬制定与执行的难度。最后，本章探讨了薪酬委员会能够影响高管薪酬契约，认为判断薪酬委员会对企业高管薪酬的作用，应建立在薪酬委员会对高管权力以及企业信息环境的具体影响之上。上述理论分析为本书深入探讨民营企业金字塔结构层级对超额薪酬及其薪酬辩护的影响，剖析薪酬委员会的相关特征为金字塔结构层级的上述影响中的作用奠定了坚实的理论基础。

民营企业金字塔结构层级对底层
企业高管超额薪酬的影响

    基于上文的理论分析内容，本章深入剖析民营企业金字塔结构层级对底层企业高管超额薪酬的影响，并提出相关的研究假设，以及实证检验上述研究假设。具体而言，本章首先探讨在民营企业集团中，民营企业金字塔结构层级的增加是否会加剧底层企业高管摄取超额薪酬的行为；其次，在此基础上，选定底层企业董事长与总经理两职合一为特定的研究情景，进一步理论分析与实证检验两职合一在层级的增加对底层企业高管超额薪酬影响中是否具有显著的正向调节效应，进而能够增强本章研究结论的可靠性；最后，本章借助稳健性检验的内容，来加强本章研究设计的稳健性。

5.1　理论分析与研究假设

    依据管理层权力理论可知，企业高管的权力是其摄取超额薪酬的基础。高管的最优薪酬契约会受到其有限理性、企业外部环境的复杂性，以及企业信息的不对称性和不完全性的冲击，从而其最优薪酬契约必然充斥着不确定性。有鉴于此，企业高管会利用其权力和影响寻租，获得超过公平谈判的收入，从而会破坏其最优薪酬契约，即通过摄取超额薪酬，以满足自身私有收益的目标（Bebchuk and Fried，2003；Core et al.，2008）。

企业高管会运用自身的权力与影响,影响董事会的行为,获取高于公平交易方式下的收益,即形成超额薪酬,实现私有收益的目标。在现代企业两权分离的制度背景下,尽管董事会的治理情况可以限制高管滥用权力谋取私利,但随着高管权力的增加,其治理效果会降低。根据大部分企业的章程内容,董事会是个完全独立的主体,并负责制定与执行高管的薪酬契约。然而,在企业管理控制实践中,显著存在着高管收买与俘获董事的可实现条件。董事的薪酬与高管薪酬存在显著的联系,董事的态度会受到其薪酬的制约(Brick et al.,2006;杨青等,2009;郑志刚等,2012)。因而,相对于企业的最终控制人而言,内部董事与高管的利益目标一致性程度较大,而企业的经营业绩是高管薪酬契约制定与执行的重要内容之一,从而经营业绩的增长也会影响内部董事报酬的情况。对于独立董事而言,其薪酬更多以现金津贴为主,并不会与经营业绩直接挂钩,而且其津贴在一定程度上是由高管自由裁量权决定,因而,此情况也会在某种程度上导致独立董事并不会多过揭露高管摄取私有收益的行为(林乐等,2013)。

同时,高管出于人际关系的考虑,会更倾向将具有好友或者同事等关系的人员引入董事会。尽管上述董事在形式上契合相关制度中的"非关联"的范畴,但其实上述董事已经违背了相关制度的原则(Hwang and Kim,2009)。因而,当高管利用自身权力与影响摄取超额薪酬时,这部分董事会出于与高管关系的考虑,并不会直接质疑其摄取超额薪酬的行为,特别是一些希望再获连任的董事,更不会直接揭露高管的上述行为,从而无法抑制高管摄取超额薪酬的行为。因而,高管权力是影响其超额薪酬的重要因素。

企业最终控制人与高管之间的信息不对称也会为高管摄取超额薪酬提供机会。从企业最终控制人和高管的角度来看,高管直接执行企业的生产经营与管理控制活动,掌握着企业的现金流、控制着费用支出,能够第一时间获取企业的相关信息,从而具有显著的信息优势。相对于高管而言,民营企业集团的最终控制人并非直接参与企业的经营管理活动,导致其所掌握的相关信息比较有限。同时,高管也会向董事会隐瞒企业的生产经营的信息。因此,在此背景下,在信息不对称的环境下,企业高管的薪酬契约很可能成为不完全的契约,高管会利用自身的信息优势,通过其薪酬契约摄取私有收益,即借助薪酬契约,摄取超额薪酬,满足自身的私有收益。因而,底层企业高管权力的增加也会加重企业集团的信息环境的恶化，从而会进一步加剧底层企业摄取超额的行为。

民营企业金字塔结构层级的增加会加剧最终控制人与底层企业高管之间的委托代理问题，从而会加大底层企业高管的权力以及对企业集团信息环境产生不利的影响，进而加剧底层企业高管摄取超额薪酬的行为。中国自改革开放以来，民营企业无论是在债务融资方面还是权益融资方面，都处在尚不完善的各种市场环境之中，均受到更多的体制性歧视（孙铮等，2006），民营企业集团借助增加金字塔结构的层级，来获取活跃的内部资本市场，已成为其缓解融资困难的重要方式（Fan et al.，2013；李增泉等，2008）。然而，随着民营金字塔结构层级的增加，企业集团最终控制人与底层企业高管之间的委托代理问题必然会愈发严重（Fan et al.，2013；刘慧龙，2017）。因而，处于转轨阶段的中国，民营企业金字塔结构层级的增加加剧底层企业高管的权力，以及恶化了企业集团的信息环境，从而会为底层企业高管摄取超额薪酬提供机会。

一方面，金字塔结构层级的增加加剧了民营企业集团中底层企业的两权分离度，会显著加大其高管的权力，从而会加剧底层企业高管摄取超额薪酬。金字塔结构层级的增加不仅会降低企业集团最终控制人对底层企业的持股比例，并且拉长了其监督底层企业高管的距离，加大了底层企业的两权分离度，进而加剧了底层企业高管的权力。随着股权的分散，最终控制人会将更多的权力让渡给企业高管（Shleifer and Vishny，1997）。处于经济转轨阶段的中国，企业的股权较为集中，但随着层级的增加，最终控制人的持股比例逐步降低，削弱了最终控制人对底层企业日常生产经营与管理控制的参与程度，进而会加大底层企业高管对底层企业的生产经营与管理控制的决策权。同时，随着层级的增加，民营企业的规模及其经营业务的复杂程度也会加大，进而会加剧其经营风险。因而，在此背景下，最终控制人对底层企业高管监督与控制的精力也会相应降低，而且会由于企业集团规模的扩大，而聘用更加职业化的高管，并更倚重其对底层企业的经营管理，从而会进一步赋予底层企业高管更多的权力。

此外，现阶段中国高管市场并不完善，民营企业集团中底层企业高管大多因委派或家族关系选任。因而，随着金字塔结构层级的增加，在底层企业高管的权力会显著提升。底层企业高管权力的加大会有助于其俘获董事会以及薪酬委员会，从而能够摄取更多的私有收益，即摄取更多的超额薪酬。同时，董事会与薪酬委员会也会考虑高管与最终控制人之间，及其与高管之间的关系，会对高管摄取超额薪酬的行为持有一定的保留态度。因而，金字塔结构层级的增加会显著诱发底层企业高管摄取超额薪酬。

另一方面，民营企业金字塔结构层级的增加会加剧企业集团最终控制人与底层企业高管之间的信息不对称性，对企业集团的信息环境产生重要的影响，从而会进一步有助于底层企业高管摄取超额薪酬。由上文分析可知，民营企业金字塔结构层级的增加会加剧企业集团信息环境的恶化。在信息不对称的情况下，经营业绩是企业所有者与高管订立与执行薪酬契约的重要基础（Fama and Jensen，1983；Jensen and Murphhy，1990）。金字塔结构层级的增加加剧民营企业集团信息环境恶化的背景下，经营业绩在薪酬契约中衡量高管个人能力与努力程度的效果也会大幅下降。同时，层级的增加会加大底层企业高管的权力，进而其俘获董事会的可能也相应加强，从而也会削弱最终控制人对底层企业高管的监督。具体而言，随着层级的增加，在经营业绩下滑时，底层企业的高管利用信息优势，寻求导致业绩下滑的借口，为其经营决策失误提供借口，撇开其经营决策实务的责任，进而避免保证其薪酬所得。而当业绩上升时，其将会夸大自身的努力程度与个人能力，运用其自身的权力与影响，捏造自身所克服的经营困难，进而获得超出公平市场下的薪酬所得。因而，底层企业的高管可在订立薪酬契约时，凭借其信息优势过度夸大底层企业的经营困境，进而索取更多的超额薪酬。同时，底层企业的董事可能由于高管权力的加大所诱发的信息环境恶化，并不能实施有效的监督。因此，民营企业金字塔结构层级的增加加剧了最终控制人与底层企业高管之间的信息不对称性，会导致企业集团信息环境的恶化，为底层企业高管摄取超额薪酬提供了便利条件。

基于此，本书认为民营企业金字塔结构层级的增加会加大底层企业高管的权力，以及对企业集团信息环境产生的不利影响，从而加剧了底层企业高管摄取超额薪酬行为。据此，本书提出假设 1：

H1：民营企业金字塔结构层级的增加显著增加了底层企业高管的超额薪酬。

5.2　研究设计

本章的研究设计具体包括样本数据、变量定义以及模型设计，奠定了上述假设实证检验的基础。

5.2.1　样本数据

本书以中国 A 股 2004～2015 年的上市公司数据为初始样本，剔除金融、保险类行业，资料不全或缺少相关资料以及非民营上市公司的样本。本书将对所有连续变量进行上下 1% 的缩尾处理。金字塔结构层级数量的数据源自国泰安数据库提供的上市公司股权结构图，本书以手工查询方式获取；其他相关数据也均来自国泰安数据库。本书运用 Stata 13.0 统计软件进行数据处理与分析，采用 OLS 回归（在公司层面进行聚类调整）的方法检验相关的研究假设。下文章节中的样本数据、统计软件以及实证检验方法均与本章保持一致，因而，不再做重复性的描述。

5.2.2　变量定义

5.2.2.1　民营企业金字塔结构层级的度量

本书参考李增泉等（2008）、韩亮亮等（2009）、刘行和李小荣（2012）、苏坤（2016）、周静与辛清泉（2017）等相关文献的研究方法，度量民营企业金字塔结构层级。具体而言，在民营企业集团中，在最终控制人与底层企业之间往往会存在多个控制链条，若存在多个链条控制关系，则选用最长控制链条的层级数作为金字塔结构层级数。在此背景下，当最终控制人只控制一层公司时，层级数为 1；当最终控制人与最底层公司之间存在另一层公司时，层级数为 2，以此类推。

同时，刘慧龙（2017）为避免层级个数的取值对检验模型异方差的影响，将上述方式获取的层级数量取自然对数来降低测定的尺度以及缩小绝对误差，以进一步克服异方差问题。因而，本书在稳健性检验中，将参考刘慧龙（2017）的研究方法，对层级的数量进行自然对数化处理，重新衡量民营企业金字塔结构层级。

5.2.2.2 超额薪酬的度量

首先，高管绝对薪酬的度量。高管薪酬可分为货币薪酬和股权激励薪酬两部分。在中国现阶段的制度背景下，因为无法从公开的数据库中识别高管激励取得的方式，所以通常使用货币薪酬作为高管薪酬所得的替代（李增泉，2000；辛清泉等，2007；方军雄，2009，2012；罗宏等 2014）。因此，本书参考国内已有文献的研究方法，以高管的货币薪酬代替高管的绝对薪酬。具体而言，借鉴方军雄（2012）以及罗宏等（2014）等相关文献的研究方法，本书以底层企业年报中披露的"高管前三名的薪酬总和"作为高管的绝对薪酬，并使用其自然对数作为度量底层企业高管绝对薪酬的变量。

其次，高管超额薪酬的度量。本书参考卡尔等（Core et al., 2008）、辛清泉等（2007）、方军雄（2012）、郑志刚等（2012）、张亮亮和黄国良（2013）、陆智强和李红玉（2014）、谢德仁等（2014）、罗宏等（2014）、罗昆（2015）、叶建宏和汪炜（2015）、程新生等（2015）相关研究的模型，测算高管超额薪酬。首先，使用样本数据对模型（5-1）进行回归，得到各回归系数；其后，用估计的系数乘以相应的决定高管薪酬的因素，从而得到预期的高管薪酬水平；最后，使用模型（5-2），将实际的高管薪酬减去预期的高管薪酬，得到非预期的高管薪酬水平，即得出超额薪酬。具体模型如下：

$$CEOpay_{i,t} = \alpha_0 + \alpha_1 Size_{i,t} + \alpha_2 Roa_{i,t} + \alpha_3 IA_{i,t} + \alpha_4 Zone_{i,t}$$
$$+ \sum Industry + \sum Year + \varepsilon \qquad (5-1)$$
$$Overpay_{i,t} = CEOpay_{i,t} - Expectedpay_{i,t} \qquad (5-2)$$

其中，变量 $CEOpay_{i,t}$ 为 i 公司第 t 年高管绝对薪酬的自然对数，变量 $Size_{i,t}$ 为 i 公司第 t 年总收入的自然对数，变量 $Roa_{i,t}$ 为 i 公司第 t 年的净利润与总资产之比代表的经营业绩，变量 $IA_{i,t}$ 为 i 公司第 t 年的无形资产与总资产之比，变量 $Zone_{i,t}$ 为 i 公司第 t 年的注册地（沿海地区，取值 0；中西部地区，取值 1），变量 $Industry$ 与 $Year$ 分别代表行业与年度，$Expectedpay_{i,t}$ 为 i 公司第 t 年根据模型（5-1）估计的预期高管绝对薪酬。

此外，在稳健性检验中，本书进一步参考郑志刚等（2012）以及张亮亮和黄国良（2013）等相关文献，借助上述方法计算的实际高管绝对薪酬与预期高管绝对薪酬的差额，以虚拟变量（*Over*）度量底层企业高管的超额薪酬，即如果底层企业高管的超额薪酬大于0，则将变量 *Over* 赋值为1，否则赋值为0。

5.2.2.3　控制变量

本书参考罗宏等（2014）和程新生等（2015）相关研究，选取如下变量作为控制变量，具体包括：（1）经营业绩（*Roa*）；（2）公司规模（*Size*）；（3）财务杠杆（*Lev*）；（4）成长性（*Growth*）；（5）无形资产比（*IA*）；（6）两职合一（*Dual*）；（7）董事会规模（*Boardsize*）；（8）独董比例（*Ind_direct*）；（9）赫芬达尔指数（*Herfind*）；（10）股权结构变量（*Top*1）；（11）区域虚拟变量（*Zone*）；（12）行业虚拟变量（*Industry*）；（13）年度虚拟变量（*Year*）。具体如表5-1所示。

表5-1　　　　　　　　　　　　　变量定义

变量类型	变量名称	变量符号	具体定义
被解释变量	高管绝对薪酬	CEOpay	底层企业前三名高管的薪酬总额的自然对数
	高管超额薪酬	Overpay	高管的绝对薪酬与预期薪酬之差
解释变量	金字塔结构层级	Layer	民营企业金字塔结构层级的数量
控制变量	经营业绩	Roa	净利润与总资产之比
	公司规模	Size	上市公司当年总收入的自然对数
	财务杠杆	Lev	负债账面价值与总资产账面价值之比
	成长性	Growth	（本期营业收入-上期营业收入）/上期营业收入
	无形资产比	IA	无形资产与总资产之比
	两职合一	Dual	当董事长与总经理两职合一时取1，否取0
	董事会规模	Boardsize	董事人数
	独董比例	Ind_direct	独立董事占比
	赫芬达尔指数	Herfind	主营业务收入占行业总收入的平方
	股权结构变量	Top1	第一大股东的持股比例
	区域虚拟变量	Zone	按照公司注册地划分为沿海地区，取值0，中西部地区，取值1
	行业虚拟变量	Industry	依据2012年证监会行业分类，制造业细分至二级类，共计21个行业，故设20个虚拟变量
	年度虚拟变量	Year	2004～2015年度，故设11个虚拟变量

5.2.3 模型设计

本章参考卡尔等（Core et al. ，2008）、方军雄（2012）、谢德仁等（2012）、罗宏等（2014）、程新生等（2015）以及吴成颂和周炜（2016）等文献的研究方法涉及检验模型，研究思路如下：

根据模型（5-3），通过考察层级的数量与底层企业高管超额薪酬的关系，验证民营企业金字塔结构层级的增加是否会加剧底层企业高管摄取超额薪酬的行为，即验证假设 1 的内容。模型（5-3）具体如下所示：

$$Overpay_{i,t} = \alpha_0 + \alpha_1 Layer_{i,t} + \alpha_2 \sum Control + \sum Industry + \sum Year + \varepsilon$$

$$(5-3)$$

其中，变量 $Overpay_{i,t}$ 为 i 公司第 t 年的高管超额薪酬；变量 $Layer_{i,t}$ 为 i 公司第 t 年的金字塔结构层级数量；$Control$ 为本书的相关控制变量。同时，本书参考相关研究，进一步将行业变量（$Industry$）和年度变量（$Year$）也加入了上述模型，以控制固定效应。

5.3 实证结果与分析

本节主要分析本章研究假设的研究设计结果，具体包括描述性统计分析、相关性系数以及统计结果分析。

5.3.1 描述性统计分析

本章研究假设变量的统计性描述结果如表 5-2 所示。

由表 5-2 所示，变量 $Overpay$ 的均值与中位数分别为 0.021 与 0.027，但标准差为 0.583，表明底层企业高管超额薪酬的严重性较大；变量 $Layer$ 的均值与中位数分别为 2.281 与 2.000，标准差为 1.048，表明大部分民营企业金字塔结构层级结构集中在 2 层至 3 层。上述变量的统计结果与相关研究基本相符。

表 5 – 2   描述性统计结果

变量	均值	标准差	极小值	中位数	极大值
Overpay	0.021	0.583	− 1.522	0.027	1.414
Layer	2.281	1.048	1.000	2.000	6.000
Roa	0.045	0.060	− 0.309	0.044	0.217
Size	21.411	1.056	18.813	21.299	25.523
Lev	0.392	0.209	0.047	0.382	0.894
Growth	0.197	0.432	− 0.604	0.135	2.632
IA	0.044	0.047	0.000	0.032	0.321
Dual	0.302	0.469	0.000	0.000	1.000
Boardsize	8.522	1.603	3.000	9.000	18.000
Ind_direct	0.371	0.052	0.273	0.333	0.571
Herfind	0.011	0.017	0.000	0.009	0.238
*Top*1	0.337	0.146	0.091	0.312	0.758
Zone	0.284	0.451	0.000	0.000	1.000

5.3.2   相关性系数分析

本章变量 Pearson 相关性检验的结果如表 5 – 3 所示。

由表 5 – 3 所示，变量 *Overpay* 与变量 *Layer* 的相关系数为 0.077，并在 1% 的水平上显著，初步表明民营企业金字塔结构层级增加显著增加底层企业高管的绝对薪酬以及超额薪酬。上述结果初步印证了管理层权力理论的理论分析，即民营企业金字塔结构层级的增加会加剧企业集团委托代理问题的复杂程度，加大底层企业高管的权力及企业集团信息环境的恶化程度，进而加剧底层企业高管的超额薪酬，即初步验证了假设 1 的内容。同时，变量 *Overpay* 与变量 *Roa* 的相关性系数分别为 − 0.009，且在 5% 的水平上显著，表明企业高管的绝对薪酬中确实存在超额薪酬，且超额薪酬与经营业绩出现反向的联动性，初步验证了基于最优薪酬契约理论以及管理层权力理论的视角下，底层企业高管存在摄取私有收益的现象，高管的超额薪酬会破坏其薪酬契约与经营业绩相挂钩的属性。

表 5 - 3

相关性系数分析

变量	Overpay	Layer	Roa	Size	Lev	Growth	IA	Dual	Boardsize	Ind_direct	Herfind	Top1	Zone
Overpay	1												
Layer	0.077***	1											
Roa	-0.009**	-0.043***	1										
Size	0.051***	0.181***	0.082***	1									
Lev	-0.030***	0.065***	-0.114***	0.116***	1								
Growth	-0.029*	-0.020*	0.134***	0.076***	0.051***	1							
IA	0.031***	0.038***	-0.041***	-0.060***	-0.015	-0.040***	1						
Dual	0.071***	-0.107***	0.017	-0.105***	-0.059***	0.006	-0.015	1					
Boardsize	0.079***	0.087***	0.036***	0.106***	0.096***	-0.003	-0.031***	-0.140***	1				
Ind_direct	-0.009	-0.057***	-0.016	-0.030***	-0.052***	0.011	-0.008	0.114***	-0.179***	1			
Herfind	0.024***	0.073***	-0.019	0.071***	0.105***	0.075***	-0.056***	-0.029***	0.045***	0.029***	1		
Top1	-0.056***	0.080***	0.067***	0.155***	-0.001	0.066***	-0.037***	0.031***	-0.082***	0.059***	0.025**	1	
Zone	0.027**	0.131***	-0.042***	-0.033***	0.065***	-0.012	0.115***	-0.083***	-0.006	-0.011	-0.012	-0.086***	1

注：***、** 与 * 分别代表在 1%、5% 与 10% 的水平上显著。

5.3.3 统计结果分析

表5-4报告了对假设1的检验结果,其中,第(1)列与第(2)列的被解释变量为 *Overpay*;第(1)列未控制年度与行业,第(2)列则控制了年度与行业,具体如表5-4所示。

表5-4 模型(5-3)的回归结果

变量	Overpay	
	(1)	(2)
Layer	0.054 *** (3.895)	0.057 *** (4.105)
Roa	-0.104 ** (-2.186)	-0.088 * (-1.875)
Size	0.044 *** (3.057)	0.043 ** (2.324)
Lev	-0.254 *** (-3.515)	-0.256 *** (-3.328)
Growth	-0.029 * (-1.711)	-0.032 * (-1.888)
IA	0.355 (1.349)	0.299 (1.110)
Dual	0.123 *** (4.667)	0.124 *** (4.696)
Boardsize	0.035 *** (3.903)	0.034 *** (3.734)
Ind_direct	0.385 (1.429)	0.425 (1.600)
Herfind	0.636 (1.102)	1.461 (1.545)
Top1	-0.277 *** (-2.887)	-0.285 *** (-2.927)

续表

变量	Overpay	
	(1)	(2)
Zone	0.027 (0.851)	0.028 (0.862)
Year/Industry		Control
常数项	−1.335 *** (−4.372)	−1.174 *** (−3.229)
Adj R^2	0.033	0.040
F 值	6.908	3.254
N	8012	8012

注：*** 、** 、* 分别表示在 1% 、5% 和 10% 的水平上显著；括号内的数据为 t 值，本章的下表同。

由表 5 - 4 所示，民营企业金字塔结构层级的增加显著加剧了底层企业高管的超额薪酬，即验证了假设 1 的内容。表 5 - 4 中，第（1）列与第（2）列变量 Layer 的系数分别为 0.054 与 0.057，且均在 1% 的水平上显著大于零，表明民营企业金字塔结构层级的增加显著加剧了底层企业高管摄取超额薪酬的行为，为管理层权力理论提供了经验证据。上述回归结表明民营企业金字塔结构层级的增加加剧了底层企业的两权分离度，会加重企业集团委托代理问题的复杂程度，以及会分散最终控制人对底层企业高管监督与控制的精力，显著加大了底层企业高管的权力。因而，层级的增加会有助于底层企业高管俘获董事会与薪酬委员会，摄取更多的超额薪酬。同时，层级的增加也会直接拉长最终控制人与底层企业高管之间的距离，加剧企业集团信息环境的恶化。相对于最终控制人而言，随着民营企业金字塔结构层级的增加，底层企业高管的信息优势更加明显，为其在经营业绩下滑时撇开其经营决策失误的责任与寻找借口，当业绩上升时，过分夸大自身的努力程度与个人能力，以及在订立薪酬契约时，过度夸大底层企业的经营困境，从而进一步有助于底层企业高管摄取超额薪酬。因而，上述结果验证了假设 1 的内容。

依据最优薪酬契约理论，在现代企业处于信息不对称的环境中，将高管薪酬与经营业绩相挂钩的薪酬契约，能够缓解企业的委托代理问题，成为有效降低监管成本的核心制度（Fama，1980；Jensen and Murphy，1990）。在处于经济转轨阶段的中国，探讨企业高管薪酬与经营业绩的关系引起相关学者的广泛关注，最初由经营业绩与高管薪酬之间不存在显著相关关系的研究结论（李增泉，2000），转变为两者之间存在显著正向的相关关系（方军雄，2009，2012；罗宏等，2014）。但是相关研究结论却也发现最优薪酬契约理论无法解释的情况，即获取了以管理层权力理论解释企业经营业绩与企业高管薪酬契约并不匹配的经验证据。由于企业高管的有限理性，最终控制人与高管之间的信息不对称与不完全性与外部环境的复杂性等约束条件，企业高管的薪酬契约中存在有无法约束和设定的范围，使得最优薪酬契约成为不完美的契约，从而使得高管薪酬契约中存在与企业经营业绩的增长并不相关的部分。具体而言，受限于企业最终控制人与高管利益目标的差异以及信息不对称对企业信息环境的干扰等问题，企业高管薪酬契约内容中的经营业绩含有噪声，显著降低了薪酬契约缓解监管成本和抑制委托代理问题的效果，使得经营业绩对高管薪酬反映程度是信息与噪声比的增函数。

同时，即使当企业的经营业绩不理想时，企业高管的薪酬水平也不会受到影响。其潜在的原因可能是因为所有权与经营权的分离致使所有者必须依赖高管来提供企业经营管理的信息。这会造成高管可利用自己的权力与影响以及掌握的信息去获得远超出对所有者而言最优水平的报酬（Bebchuk et al.，2002）。因而，从管理层权力理论的研究视角出发，企业高管所摄取的超额薪酬会损害与经营业绩相挂钩的高管薪酬契约。

由表 5-4 所示，第（1）列与第（2）列变量 Roa 的系数分别为 -0.104 与 -0.088，且分别在 5% 与 10% 的水平上显著，表明底层企业的高管超额薪酬与经营业绩存在显著的反向联动性。因而，上述结果为管理层权力理论提供了经验支持，即超额薪酬与经营业绩之间存在着显著的负向联动性则印证了管理层权力理论的存在性。上述回归结果与罗宏等（2014）等相关研究的结论一致，即上述结果在一定程度上，佐证了超额薪酬的显著存在并不意味薪酬激励的有效性就更高，而是底层企业高管满足自身私有收益的结果。

在控制变量方面，表 5-4 的第（1）列与第（2）列中，变量 Size、Dual 以及 Boardsize 的系数均在 1% 和 5% 的水平上显著大于零。上述回归结果表明底层企业的规模越大，董事长与总经理两职合一以及董事会规模越大，底层企业高管越容易摄取超额薪酬，上述回归结果与现有相关结论一致。具体而言，随着底层企业的规模不断扩大，企业成员高管与最终控制人之间的信息对称程度也会相应加大，从而会加剧企业集团信息环境的恶化，进而加剧其摄取超额薪酬的行为。董事长与总经理两职合一也会显著加剧底层企业高管的权力，从而为其摄取超额薪酬提供了机会。底层企业董事会规模的扩大显著加剧底层企业高管摄取超额薪酬，其原因可能是在中国民营企业特有的高管职业市场与关系文化中，随着董事会规模的扩大，董事会成员反而会避免扮演与底层企业高管发生冲突的角色，而对高管摄取超额薪酬的行为不发表否定的意见。

同时，表 5-4 的第（3）列与第（4）列中，变量 Lev 与 Top1 的系数均在 1% 的水平上显著小于零，变量 Growth 的系数在 10% 的水平上显著小于零。上述回归结果表明企业的债务契约、大股东持股以及成长性会显著抑制底层企业高管摄取超额薪酬，进而与现有相关研究结论一致。具体而言，底层企业高管的超额薪酬与资产负债率呈显著的负向相关关系表明，债务契约在一定程度上能够缓解其摄取超额薪酬的行为；第一大股东持股比例与底层企业高管的超额薪酬显著负相关，表明股权比例越集中，最终控制人参与企业日常经营管理的程度越大，底层企业的公司治理效果越好，从而会在一定程度上高管借助自身的权力与影响摄取私有收益（Shleifer and Vishny，1997），进而抑制底层企业高管摄取超额薪酬的行为。

5.4 进一步检验

为进一步检验民营企业金字塔结构对底层企业高管超额薪酬的影响，本节借助模型（5-3），以董事长与总经理两职合一（下称"两职合一"）进行分组检验。沿袭上文的理论分析可知，底层企业高管权力的增加以及企业集团信息环境的恶化是诱发高管摄取超额薪酬的根本原因。现有相关研究发现，两职合一会显著增加高管的权力，同时也会加剧企业信息环境的复杂程度。因而，在民营企业集团中，两职合一会加剧底层企业高管借助层级的增加摄取超额薪酬，即在民营企业金字塔结构对高管超额薪酬的影响中具有显著的正向调节效应。

表 5 – 5 报告了借助模型（5 – 3），以两职合一进行分组检验的回归结果，其中，被解释变量分别为 *Overpay*；第（2）列、第（4）列以及第（6）列则分别在第（1）列、第（3）列与第（5）列的基础上，依次控制了年度与行业，具体如表 5 – 5 所示。

表 5 – 5　　　　　　　　　　进一步检验的回归结果

变量	Overpay					
	全样本		两职合一组		两职未合一组	
	（1）	（2）	（3）	（4）	（5）	（6）
Layer	0.054 *** (3.895)	0.057 *** (4.105)	0.069 *** (3.204)	0.063 *** (3.140)	0.051 ** (2.175)	0.045 * (1.815)
Dual	0.123 *** (4.667)	0.124 *** (4.696)				
Roa	− 0.104 ** (− 2.186)	− 0.088 * (− 1.875)	− 0.122 * (− 1.752)	− 0.129 ** (− 2.155)	− 0.107 ** (− 2.287)	− 0.092 ** (− 2.017)
Size	0.044 *** (3.057)	0.043 ** (2.324)	0.023 (0.909)	0.036 (1.226)	0.050 *** (3.104)	0.044 ** (2.289)
Lev	− 0.254 *** (− 3.515)	− 0.256 *** (− 3.328)	− 0.183 (− 1.568)	− 0.168 (− 1.369)	− 0.291 *** (− 3.373)	− 0.281 *** (− 3.046)
Growth	− 0.029 * (− 1.711)	− 0.032 * (− 1.888)	0.029 (0.873)	0.028 (0.831)	− 0.049 ** (− 2.415)	− 0.053 *** (− 2.747)
IA	0.355 (1.349)	0.299 (1.110)	0.438 (1.024)	0.263 (0.655)	0.304 (1.011)	0.340 (1.100)
Boardsize	0.035 *** (3.903)	0.034 *** (3.734)	0.057 *** (3.597)	0.050 *** (3.081)	0.030 *** (2.992)	0.030 *** (2.902)
Ind_direct	0.385 (1.429)	0.425 (1.600)	0.845 * (1.897)	0.661 (1.519)	0.266 (0.855)	0.332 (1.067)
Herfind	0.636 (1.102)	1.461 (1.545)	2.273 ** (2.116)	4.045 ** (2.002)	− 0.047 (− 0.073)	0.633 (0.579)
*Top*1	− 0.277 *** (− 2.887)	− 0.285 *** (− 2.927)	− 0.440 *** (− 2.986)	− 0.469 *** (− 3.103)	− 0.210 * (− 1.855)	− 0.205 * (− 1.797)
Zone	0.027 (0.851)	0.028 (0.862)	0.035 (0.651)	0.016 (0.286)	0.024 (0.676)	0.027 (0.772)

续表

变量	Overpay					
	全样本		两职合一组		两职未合一组	
	(1)	(2)	(3)	(4)	(5)	(6)
Year/Industry		Control		Control		Control
常数项	−1.335 *** (−4.372)	−1.174 *** (−3.229)	−1.110 ** (−2.053)	−0.780 (−1.336)	−1.379 *** (−4.012)	−1.239 *** (−3.000)
Adj R^2	0.033	0.040	0.038	0.051	0.028	0.037
F 值	6.908	3.254	4.407	3.862	5.253	2.779
N	8012	8012	2420	2420	5592	5592

第 (3) 列与第 (5) 列中变量 Layer 系数的 t 值比较: chi2 (1) =6.35 Prob > chi2 =0.017
第 (4) 列与第 (6) 列中变量 Layer 系数的 t 值比较: chi2 (1) =6.05 Prob > chi2 =0.021

由表 5−5 可知,第 (5) 列与第 (6) 列中,变量 Layer 的系数分别在 5% 和 10% 的水平上显著大于零;其他列变量 Layer 的系数均在 1% 的水平上显著大于零;第 (3) 列与第 (4) 列的 Layer 系数分别为 0.069 与 0.063,分别显著大于第 (5) 列与第 (6) 列的系数。上述回归结果表明两职合一在上述层级的增加对底层企业高管超额薪酬的影响中存在显著的正向调节效应。上述回归结果在一定程度上,进一步印证了底层企业高管会借助金字塔结构层级的增加,借助自身权力的增加与企业集团信息环境的恶化,摄取超额薪酬,从而加强了假设 1 的研究内容。

然而,上述回归表明,在控制变量方面,表 5−5 的第 (3) 列至第 (6) 列中的相关结果与第 (1) 列和第 (2) 列中变量系数并非完全一致的结果,具体表现在抑制底层企业高管摄取超额薪酬影响因素的控制变量方面存在一定的差异。例如,表 5−5 的第 (3) 列与第 (4) 列中,变量 Lev 的系数并不显著,但在第 (5) 列与第 (6) 列中,变量 Lev 的系数均在 1% 的水平上显著小于零。上述结果表明债务契约抑制底层企业高管摄取超额薪酬的情况仅在两职未合一的情况下才显著,这可能是因为相对于两职合一的底层企业而言,两职未合一的企业高管的权力会受到一定的约束,企业集团的信息环境也会较为透明,即在两职未合一的企业中,债务契约能够显著抑制其高管摄取超额薪酬的行为。同时,表 5−5 的变量 Growth 系数也呈现出与变量 Lev 系数相似的变化趋势，产生该趋势潜在的原因可能是由于两职合一，底层企业高管的权力与企业集团信息环境的复杂程度会进一步增强，企业成长性的目标并不约束两职合一的企业高管通过超额薪酬摄取私有收益的行为。

5.5 稳健性检验

为了增强研究设计的严谨性，本书参考现有相关研究，计划从以下方面进行稳健性检验。同时，后文章节的稳健性检验与本章的稳健性检验方法保持一致，因而，后文章节中的稳健性检验不再做过多的重复性说明。

5.5.1 变更超额薪酬的度量方式

为进一步强化对超额薪酬指标的度量，本章进一步参考郑志刚等（2012）、张亮亮和黄国良（2013）等相关文献，以虚拟变量的度量指标（变量 *Over*）来度量底层企业高管的超额薪酬。如果底层企业高管的超额薪酬大于 0，则将变量 *Over* 赋值为 1，否则赋值为 0，并以 Probit 回归的方式，借助模型（5-3）重新检验了假设 1 与进一步讨论的假设内容，相关结果具体如表 5-6 所示。

表 5-6　　　　　　　　　模型（5-3）的 Probit 回归结果

变量	Over					
	全样本		两职合一组		两职未合一组	
	(1)	(2)	(3)	(4)	(5)	(6)
Layer	0.104 ***	0.104 ***	0.116 ***	0.108 ***	0.076 **	0.067 **
	(3.835)	(3.813)	(3.209)	(3.045)	(2.219)	(2.128)
Dual	0.194 ***	0.194 ***				
	(3.595)	(3.575)				
Roa	-0.356 *	-0.356 *	-0.309 *	-0.315 **	-0.167	-0.151 *
	(-1.868)	(-1.847)	(1.730)	(-2.051)	(-1.382)	(-1.773)
Size	0.074 ***	0.079 **	0.034	0.057	0.091 ***	0.091 **
	(2.635)	(2.475)	(0.631)	(0.991)	(2.932)	(2.467)

续表

变量	Over					
	全样本		两职合一组		两职未合一组	
	（1）	（2）	（3）	（4）	（5）	（6）
Lev	−0. 357 **	−0. 360 **	−0. 353	−0. 393	−0. 457 ***	−0. 451 ***
	（−2. 496）	（−2. 434）	（−1. 469）	（−1. 597）	（−2. 823）	（−2. 669）
Growth	−0. 057 *	−0. 066 *	−0. 029	−0. 030	−0. 073 *	−0. 084 **
	（−1. 745）	（−1. 859）	（−0. 412）	（−0. 409）	（−1. 905）	（−2. 125）
IA	−0. 004	0. 017	0. 699	0. 721	−0. 242	−0. 231
	（−0. 008）	（0. 034）	（0. 763）	（0. 788）	（−0. 428）	（−0. 407）
Boardsize	0. 073 ***	0. 072 ***	0. 122 ***	0. 115 ***	0. 062 ***	0. 062 ***
	（4. 094）	（3. 955）	（3. 493）	（3. 220）	（3. 146）	（3. 092）
Ind_direct	0. 687	0. 694	1. 844 **	1. 870 **	0. 373	0. 375
	（1. 307）	（1. 318）	（2. 084）	（2. 117）	（0. 596）	（0. 599）
Herfind	0. 516	0. 485	6. 632 **	6. 382 **	−1. 614	−1. 601
	（0. 411）	（0. 382）	（2. 404）	（2. 341）	（−1. 151）	（−1. 126）
Top1	−0. 507 ***	−0. 515 ***	−0. 873 ***	−0. 899 ***	−0. 371 *	−0. 375 *
	（−2. 660）	（−2. 694）	（−2. 749）	（−2. 820）	（−1. 758）	（−1. 769）
Zone	−0. 001	−0. 002	0. 054	0. 053	−0. 018	−0. 019
	（−0. 016）	（−0. 026）	（0. 505）	（0. 496）	（−0. 252）	（−0. 269）
Year/Industry		Control		Control		Control
常数项	−2. 370 ***	−2. 344 ***	−2. 146 *	−2. 517 **	−2. 491 ***	−2. 348 ***
	（−3. 893）	（−3. 636）	（−1. 841）	（−2. 112）	（−3. 685）	（−3. 245）
Wald chi2	64. 461	78. 655	37. 157	45. 025	51. 358	60. 214
Pseudo R^2	0. 017	0. 018	0. 021	0. 026	0. 019	0. 022
N	8012	8012	2420	2420	5592	5592

第（3）列与第（5）列中变量 *Layer* 系数的 t 值比较：chi2（1）＝8. 51　Prob > chi2 = 0. 004
第（4）列与第（6）列中变量 *Layer* 系数的 t 值比较：chi2（1）＝7. 98　Prob > chi2 = 0. 005

由表 5 − 6 所示，第（1）列与第（2）列中变量 *Layer* 的系数均为 0. 104，且在 1% 的水平上显著大于零，验证了假设 1 的内容；同时，第（3）列与第（4）列中变量 *Layer* 的系数分别为 0. 116 与 0. 108，均在 1% 的水平上显著大于零，且分别显著大于第（5）列与第（6）列中变量 *Layer* 的系数，与上文进一步检验中的回归结果相符。

5.5.2 变换民营企业金字塔结构层级的度量指标

为进一步降低异方差的影响，本章参考刘慧龙（2017）等相关研究，将层级的数量进行自然对数化处理，形成新的变量指标（变量 LnLayer），以避免采用层级的数量度量民营企业金字塔结构，形成较大的度量尺度以及绝对误差对异方差的影响，重新借助模型（5-3）重新检验假设 1 以及进一步讨论中的假设内容，相关结果具体如表 5-7 所示。

表 5-7   模型（5-3）自然对数化后的回归结果

变量	Overpay					
	全样本		两职合一组		两职未合一组	
	（1）	（2）	（3）	（4）	（5）	（6）
LnLayer	0.095 ***	0.102 ***	0.108 ***	0.108 ***	0.079	0.060
	（3.072）	（3.331）	（3.010）	（2.988）	（1.430）	（1.231）
Dual	0.124 ***	0.122 ***				
	（4.616）	（4.584）				
Roa	−0.098 **	−0.086 *	−0.125 *	−0.138 *	−0.106 **	−0.095 *
	（−2.057）	（−1.814）	（−1.758）	（−1.924）	（−2.032）	（−1.832）
Size	0.051 ***	0.044 ***	0.022	0.040	0.051 ***	0.053 ***
	（3.123）	（2.584）	（0.883）	（1.447）	（3.211）	（2.921）
Lev	−0.270 ***	−0.253 ***	−0.170	−0.225	−0.290 ***	−0.297 ***
	（−3.556）	（−3.275）	（−1.457）	（−1.446）	（−3.326）	（−3.285）
Growth	−0.033 *	−0.033 *	0.026	0.028	−0.049 **	−0.053 ***
	（−1.923）	（−1.903）	（0.781）	（0.827）	（−2.406）	（−2.675）
IA	0.380	0.313	0.450	0.458	0.309	0.320
	（1.434）	（1.154）	（1.052）	（1.071）	（1.023）	（1.049）
Boardsize	0.034 ***	0.034 ***	0.057 ***	0.052 ***	0.030 ***	0.029 ***
	（3.649）	（3.692）	（3.585）	（3.164）	（2.926）	（2.831）
Ind_direct	0.395	0.426	0.825 *	0.830 *	0.272	0.278
	（1.467）	（1.604）	（1.848）	（1.891）	（0.878）	（0.893）
Herfind	0.545	1.472	2.313 **	2.031 *	−0.060	−0.104
	（0.930）	（1.532）	（2.157）	（1.885）	（−0.093）	（−0.157）
Top1	−0.284 ***	−0.289 ***	−0.447 ***	−0.450 ***	−0.216 *	−0.219 *
	（−2.948）	（−2.965）	（−3.017）	（−3.040）	（−1.906）	（−1.823）

续表

变量	Overpay					
	全样本		两职合一组		两职未合一组	
	（1）	（2）	（3）	（4）	（5）	（6）
Zone	0.029	0.031	0.038	0.026	0.026	0.025
	（0.895）	（0.947）	（0.704）	（0.733）	（0.733）	（0.699）
Year/Industry		Control		Control		Control
常数项	− 1.322 ***	− 1.137 ***	− 1.034 *	− 1.179 **	− 1.371 ***	− 1.306 ***
	（− 4.002）	（− 3.126）	（− 1.913）	（− 2.180）	（− 3.959）	（− 3.496）
Adj R^2	0.031	0.037	0.036	0.039	0.024	0.025
F 值	4.297	3.079	3.167	2.318	4.826	3.688
N	8012	8012	2420	2420	5592	5592

由表 5 − 7 所示，第（1）列与第（2）列中变量 Ln*Layer* 的系数均在 1%
的水平上显著大于零，验证了假设 1 的内容；第（3）列与第（4）列中变量
Ln*Layer* 的系数均为 0.108，且均在 1% 的水平上显著大于零；但第（5）列与第
（6）列中变量 Ln*Layer* 的系数均不显著。与上文进一步检验中的回归结果相符。

5.5.3 降低内生性问题

民营企业集团的最终控制人增加金字塔结构层级的真正动因并不是针对
底层企业高管薪酬的考虑，因而，反向因果关系所诱发的内生性问题的可能
性较小。在实证检验模型中，可能存在同时未能控制的因素影响，即因为遗
漏变量所导致的内生性问题影响本书基本结论的可靠性。企业所在行业的金
字塔结构层级均值可能与企业自身的层级数量相关（刘慧龙，2017），且其
所在行业的层级数量均值直接影响个体企业高管超额薪酬的可能性也较小。
因此，本书参考刘行和李小荣（2012）、周静和辛清泉（2017）等相关研究，
选取行业平均金字塔层级的数量作为工具变量（变量 *ILayer*），借助两阶段回
归的方法来控制潜在的内生性影响，并进一步重新借助模型（5 − 3）重新检
验假设 1 以及进一步讨论中的假设内容。其中，第一阶段回归中，工具变量
的系数分别显著大于零，t 值均在 21 以上，且其 Adj R^2 也较大，但为了避免
稳健性检验的表格过于繁杂，第一阶段的回归结果不再列示，下文的运用工

具变量采用二阶段回归方法均采用相同的做法处理；第二阶段的相关结果具体如表5-8所示。

表5-8　　　　　　　　　模型（5-3）二阶段回归的结果

变量	Overpay					
	全样本		两职合一组		两职未合一组	
	（1）	（2）	（3）	（4）	（5）	（6）
ILayer	0.070 ** （2.440）	0.056 * （1.748）	0.169 ** （2.124）	0.138 * （1.884）	0.035 （1.554）	0.027 （1.548）
Dual	0.128 *** （7.864）	0.127 *** （7.790）				
Roa	-0.104 *** （-2.749）	-0.099 *** （-2.608）	-0.115 ** （-2.015）	-0.114 ** （-2.189）	-0.106 * （-1.907）	-0.096 ** （-2.058）
Size	0.042 *** （5.459）	0.050 *** （5.491）	0.020 （0.756）	0.033 （1.067）	0.052 *** （3.001）	0.056 *** （2.634）
Lev	-0.271 *** （-5.626）	-0.278 *** （-5.817）	-0.304 * （-1.775）	-0.312 （-1.476）	-0.270 ** （-2.385）	-0.275 ** （-2.447）
Growth	-0.027 （-1.637）	-0.032 * （-1.883）	0.051 （1.332）	0.049 （1.183）	-0.050 ** （-2.494）	-0.056 *** （-2.640）
IA	0.343 ** （2.414）	0.370 ** （2.476）	0.349 （0.802）	0.367 （0.832）	0.319 （1.034）	0.341 （1.084）
Boardsize	0.035 *** （7.296）	0.034 *** （6.918）	0.060 *** （3.704）	0.055 *** （3.207）	0.030 *** （2.985）	0.029 *** （2.856）
Ind_direct	0.398 *** （2.682）	0.397 *** （2.692）	1.087 ** （2.206）	1.039 ** （2.088）	0.263 （0.845）	0.271 （0.871）
Herfind	0.605 * （1.729）	0.531 （1.533）	2.162 * （1.903）	2.033 * （1.867）	-0.001 （-0.002）	-0.049 （-0.074）
Top1	-0.287 *** （-5.697）	-0.282 *** （-5.554）	-0.463 *** （-3.126）	-0.466 *** （-3.149）	-0.193 * （-1.700）	-0.190 * （-1.765）
Zone	0.023 （1.391）	0.025 （1.495）	0.013 （0.224）	0.018 （0.292）	0.029 （0.711）	0.030 （0.722）
Year/Industry		Control		Control		Control
常数项	-1.339 *** （-8.337）	-1.354 *** （-7.693）	-1.325 ** （-2.373）	-1.392 ** （-2.526）	-1.388 *** （-4.015）	-1.360 *** （-3.537）
Wald chi2	219.596	231.191	101.365	112.254	167.012	181.245
Adj R^2	0.033	0.034	0.017	0.021	0.027	0.029
N	8012	8012	2420	2420	5592	5592

由表 5 - 8 所示，第（1）列与第（2）列中变量 *ILayer* 的系数分别在 5% 和 10% 的水平上显著大于零，验证了假设 1 的内容；第（3）列与第（4）列中变量 *ILayer* 的系数分别为 0.169 与 0.138，且分别在 5% 和 10% 的水平上显著大于零；但第（5）列与第（6）列中变量 *ILayer* 的系数均不显著。与上文进一步检验中的回归结果相符。

5.5.4 变更样本量

为进一步提升研究设计的严谨性，本章将进一步剔除超额薪酬指标计算中的小于以及等于零样本，重新借助模型（5 - 3）检验假设 1 以及进一步讨论中的假设内容，相关结果具体如表 5 - 9 所示。

表 5 - 9　　　　　　　　　　模型（5 - 3）变更样本量的结果

变量	*Overpay*					
	全样本		两职合一组		两职未合一组	
	（1）	（2）	（3）	（4）	（5）	（6）
Layer	0.035 ***	0.030 ***	0.043 **	0.033 ***	0.027	0.025
	（3.535）	（2.973）	（2.185）	（2.844）	（1.487）	（1.504）
Dual	0.043 **	0.050 **				
	（2.093）	（2.494）				
Roa	− 0.056 *	− 0.052 *	− 0.119 *	− 0.114 **	− 0.053 *	− 0.041 *
	（− 1.743）	（− 1.806）	（− 1.864）	（− 2.149）	（− 1.683）	（− 1.751）
Size	0.026 ***	0.039 ***	0.031 *	0.053 **	0.025 **	0.032 **
	（2.592）	（3.287）	（1.767）	（2.285）	（2.174）	（2.414）
Lev	− 0.037	− 0.087 *	0.024	− 0.048	− 0.078 *	− 0.105 *
	（− 0.735）	（− 1.748）	（0.279）	（− 0.551）	（− 1.779）	（− 1.748）
Growth	0.004	− 0.003	0.007	0.001	0.003	− 0.006
	（0.310）	（− 0.212）	（0.263）	（0.037）	（0.177）	（− 0.373）
IA	0.167	0.141	0.047	− 0.080	0.160	0.204
	（0.756）	（0.632）	（0.139）	（− 0.252）	（0.611）	（0.769）
Boardsize	0.016 **	0.011 *	0.011	0.001	0.018 **	0.016 **
	（2.489）	（1.806）	（0.951）	（0.046）	（2.434）	（2.205）

续表

变量	Overpay					
	全样本		两职合一组		两职未合一组	
	（1）	（2）	（3）	（4）	（5）	（6）
Ind_direct	0.197 （0.978）	0.168 （0.887）	0.301 （0.790）	0.032 （0.102）	0.154 （0.731）	0.208 （0.977）
Herfind	0.141 （0.299）	0.273 （0.390）	0.439 （0.630）	0.127 （0.098）	−0.051 （−0.084）	0.236 （0.266）
*Top*1	−0.157** （−2.294）	−0.179*** （−2.614）	−0.305*** （−2.668）	−0.312*** （−2.891）	−0.076* （−1.772）	−0.106* （−1.839）
Zone	0.021 （0.925）	0.013 （0.551）	0.083* （1.931）	0.061 （1.458）	−0.003 （−0.107）	−0.006 （−0.263）
Year/Industry		Control		Control		Control
常数项	−0.340 （−1.517）	−0.266 （−1.068）	−0.399 （−0.978）	−0.162 （−0.369）	−0.306 （−1.228）	−0.259 （−0.937）
Adj R^2	0.027	0.058	0.049	0.054	0.022	0.042
F 值	3.331	5.828	3.139	4.069	2.293	3.550
N	4169	4169	1344	1344	2825	2825

由表 5−9 所示，第（1）列与第（2）列中变量 *Layer* 的系数均在 1% 的水平上显著大于零，验证了假设 1 的内容；第（3）列与第（4）列中变量 *Layer* 的系数分别为 0.043 和 0.033，且均分别在 5% 和 1% 的水平上显著大于零，但第（5）列与第（6）列中变量 *Layer* 的系数并不显著。与上文进一步检验中的回归结果相符。

5.6 本章小结

本章聚焦于探索民营企业金字塔结构层级对底层企业高管超额薪酬的影响，并以中国沪深 A 股 2004～2015 年的上市公司为研究样本，实证检验本章的研究假设。本章首先提出民营企业金字塔结构层级对底层企业高管超额薪酬影响的研究假设。其次，本章实证检验上述研究假设的内容。再次，本章选定两职合一为研究背景，进一步剖析与实证检验随着金字塔结构层级的增加对底层企业高管摄取超额薪酬的影响，从而增强了本章研究内容的可靠性。最后，本章以稳健性检验增强研究设计的分析结果。

本章研究结论表明，在民营企业集团中，金字塔结构层级的增加会增强底层企业高管的权力，以及会恶化企业集团的信息环境，进而显著加剧了底层企业高管摄取超额薪酬的行为。在此背景下，若底层企业两职合一，则会加重层级的增加对底层企业高管摄取超额薪酬的影响，进一步印证了本章得出底层企业高管会主动借助层级增加所诱发的权力增加及其与企业集团信息环境的恶化，摄取超额薪酬以满足自身的私有利益的结论，从而初步增强了本章研究结论的可靠性。

| 第 6 章 |

民营企业金字塔结构层级对底层
企业高管薪酬辩护的影响

本章在上文研究的基础上,深入探讨民营企业金字塔结构层级对底层企业高管薪酬辩护的影响,以及实证检验相关的研究假设。具体而言,本章首先探讨民营企业金字塔结构层级对底层企业高管薪酬辩护的影响;并进一步探讨最终控制人与底层企业高管"合谋"以及企业集团"平均主义"问题在层级的增加对底层企业高管超额薪酬影响中的作用。其次,深入剖析层级的增加影响底层企业薪酬辩护的路径。再次,实证检验相关的研究假设。最后,借助稳健性检验,从而增强具体研究设计的严谨性。

6.1 理论分析与研究假设

本节率先探索民营企业金字塔结构对底层企业高管薪酬辩护的影响,以及深入探讨层级的增加对底层企业高管超额薪酬的影响是否为最终控制人与底层企业高管"合谋"以及企业集团"平均主义"问题所引发的后果;其后,围绕底层企业高管权力以及企业集团信息环境的角度,探索底层企业高管借助民营企业金字塔结构层的增加,实施薪酬辩护的路径;最后提出本章的研究假设。

6.1.1 民营企业金字塔结构层级对底层企业高管薪酬辩护影响的理论分析与研究假设

企业会实施薪酬辩护行为，为其所摄取的超额薪酬寻求合理化的理由，从而会损害企业的发展与加剧社会的收入差距（Faulkender and Yang，2010）。处于经济转轨阶段的中国，民营企业金字塔结构层级的增加会加大底层企业高管的权力与企业集团信息环境的恶化，从而为底层企业高管实施"结果正当性"的薪酬辩护提供了机会。

自改革开放以来，中国经济总量迅速扩大，并持续处于高速发展的状态。在市场机制作用下，中国社会的收入差距开始迅速拉大。中共十八大报告提出了八个"必须坚持"，其中，"必须坚持维护社会公平正义"以及"必须坚持走共同富裕道路"对解决中国社会各阶层的收入差距较大问题具有重要的指导意义。

国家统计局发布的数据显示，2015 年中国居民收入基尼系数为 0.462，且自 2003 年以来，中国居民收入基尼系数一直处在全球平均水平之上，其中，2008 年达到最高点 0.491；而居民收入基尼系数超过 0.4，则表示社会收入差距较大，达到了社会难以承受的界线。同时，《中国公司治理分类指数报告 No.15（2016）》显示 2015 年上市公司高管激励过度的情况越严重。在相关薪酬政策的严格约束下，国有企业高管薪酬总额会受到抑制，上述报告显示 2015 年民营上市公司高管薪酬指数的均值远高于国有上市公司。因而，民营上市公司高管超高的薪酬诱发了社会公众与所有者对薪酬是否成为高管谋取私利工具的思考，严重影响了中国分配原则。

在构建和谐社会以及加快收入分配制度改革的时代大背景下，对于已属于相对高收入阶层的民营企业高管而言，一方面，其超额薪酬会加剧社会大众对社会公平正义缺失的感觉，乃至触发仇富心理和行为，加剧社会不和谐。同时，政府监管机构必然也会采取直接的薪酬管制措施或间接的薪酬收入调节措施（如征收更高的薪酬所得税等方式）来解决收入差距之正当性问题。另一方面，其也会觊觎未来能够摄取的超额薪酬提供机会。作为一个理性的经济人，既要为自身已有超额薪酬的正当性，又要为其未来薪酬进一步增长正当性的设想，必然会提供社会公众与企业所有者可接受的辩护理由。因而，若其不能成功辩护其超额薪酬的正当性，从而必然难以持续摄取超额薪酬。

最优薪酬契约能够缓解企业所有者和高管之间利益冲突。此契约旨在实现企业高管能够沿着所有者的利益目标来经营与管理企业的生产经营活动，从而实现所有者与高管的共赢。然而，最优薪酬契约面临严格的约束条件。具体而言，其一，需要满足"激励相容"的约束条件，即所有者必须满足高管的自身利益；其二，需要满足"参与约束"的约束条件，即在同等条件下，高管所获得薪酬应高于其他企业所有者所提供的报酬。在信息不对称的环境中，只有同时满足两个约束条件，最优薪酬契约才会成立。

按照上述分析可知，上述两个约束条件在制定薪酬契约的过程中至关重要。而企业所有者若想同时满足这两个约束条件，必须将经营业绩作为评价高管努力程度及其才能的重要标准，即在信息不确定的环境中，经营业绩能够作为明确相应的责任和衡量相关风险的重要标准，能够改善所有者与高管之间的利益冲突。因而，在信息不对称的情况下，将报酬与企业经营业绩挂钩的最优薪酬契约能有效降低监管成本和缓解委托代理问题（Jensen and Murphhy，1990）。随着中国市场化改革的推进，高管薪酬与经营业绩之间的关联也在不断地加深（方军雄，2009；辛清泉、谭伟强，2009；刘璇、吕长江，2017）。

有鉴于此，为避免超额薪酬所诱发的重大社会舆论与严格的市场监管等公关困境，以及能够持续摄取超额薪酬以满足私有收益的目标，企业高管会选择进行薪酬辩护，以营造其摄取的超额薪酬是与其个人能力与努力程度等相匹配的假象。在信息不对称的背景下，借助超额薪酬与经营业绩敏感性的提高，成为企业高管实施"结果正当性"薪酬辩护的重要方式（Faulkender and Yang，2010；谢德仁等，2012；罗宏等，2014）。因而，依据最优薪酬契约理论的研究视角，企业要进行薪酬辩护，需证明其超额薪酬的"结果正当性"。这主要可以通过把高管的超额薪酬与经营业绩更强地挂钩，即提高超额薪酬 - 业绩敏感性，以表明其摄取的超额薪酬是来自企业经营业绩的增长，即高管获取的超额薪酬是作为其个人努力或者才能驱动企业财富增长而获得的报酬所得，而非掠夺股东财富来满足自身私有收益的结果，以及并非是运气或垄断等其他因素所致而实现的。

按照上述薪酬辩护的逻辑，从超额薪酬 - 业绩敏感性的角度来看，当高管有着较强能力影响企业高管薪酬政策和方案制定时，会加重经营业绩在其薪酬契约中的重要性。在此背景下，企业高管会通过超额薪酬－业绩敏感性的提高，实施"结果正当性"的薪酬辩护。由于提高超额薪酬－业绩敏感性这一薪酬辩护方法符合主流委托代理理论以及最优薪酬契约理论关于高管激励机制设计的理论逻辑和经验常识，非常有助于高管为其所摄取的超额薪酬提供"结果正当性"的辩护理由，令薪酬委员会中的其他非高管委员（主要是独立董事）也难以拒绝。因而，当高管借助"结果正当性"的薪酬辩护为其摄取的超额薪酬寻求合理化的借口，实质上恰恰支持了管理层权力理论。

处于经济转轨阶段的中国，民营企业无论在债务融资还是权益融资方面都受到更多的体制性歧视（孙铮等，2006），民营企业集团会借助金字塔结构层级的增加，活跃其内部资本市场，以缓解融资困难（李增泉等，2008；Fan et al.，2013）。然而，民营企业金字塔结构层级的增加会加大底层企业高管的权力，这恰恰为底层企业高管借助经营业绩实现超额薪酬的辩护提供了便利条件。随着层级的增加，底层企业高管对底层企业日常生产经营与管理控制活动的决策与执行的权力也将相应增强，从而会有利于其实施真实盈余管理粉饰经营业绩。同时，层级的增加也会削弱最终控制人对底层企业高管的监督，也会加剧底层企业高管粉饰经营业绩的隐蔽性。因而，底层企业高管会借助层级的增加加剧其"结果正当性"的薪酬辩护。

同时，由上文分析可知，民营金字塔结构层级的增加加剧了其与企业集团最终控制人之间的信息传递成本，导致信息不对称程度会显著加大，进而恶化企业集团的信息环境。在此背景下，层级的增加会有助于底层企业高管将经营业绩的提升归咎于其个人能力与努力程度，为其摄取超额薪酬提供辩护行为。同时，随着层级的增加，民营企业集团中底层企业高管的权力不断加大。这使得底层企业高管借助自身的权力，改变底层企业的投资行为决策，实现对经营业绩的短期操控，进一步加剧了企业集团信息环境的恶化，从而实现对其超额薪酬的辩护。据此，本章提出假设2a：

H2a：民营企业金字塔结构层级的增加显著加剧了底层企业高管的超额薪酬－业绩敏感性。

尽管基于管理层权力理论以及最优薪酬契约理论视角的理论分析可知，随着民营企业金字塔结构层级的增加，底层企业高管的权力将会加大，以及企业集团的信息环境也会随之恶化，进而会加剧其借助超额薪酬 - 业绩敏感性的提升，实施"结果正当性"的薪酬辩护行为。然而，现有相关研究发现，企业集团的内部资本市场会存在非效率的情况，以及会出现最终控制人与高管"合谋"来盘剥中小股东的利益；而这两种情况的存在会促使最终控制人主动给予底层企业高管更多的薪酬，来弥补上述行为对经营业绩的影响而损害的高管报酬，即会降低底层企业高管超额薪酬 - 业绩敏感性。

近来更多的实证研究证据表明内部资本市场是无效率的，即形成了企业集团内部的"平均主义"行为。相对于外部资本市场而言，由于企业集团的内部资本市场受到外部监管的约束较小（Jensen，1993）。因而，企业集团的最终控制人会出于自身的利益，重新配置内部资本市场的资金，反而会损害企业集团的发展。具体而言，相对于独立的企业而言，企业集团在投资机会不好的行业反而显著会进行更多的投资，而在投资机会好的行业却显著往往出现投资不足的情况，底层企业高管的持股在上述情况中具有显著的影响，表现为当底层企业高管的持股比较较小时，企业集团的内部资本市场无效的可能性越大。因而，随着企业集团规模不断扩大，各分、子公司之间无效的相互补贴现象也会随之增加，即企业集团内部会出现资金从投资机会好的项目转向投资机会次优的项目中。

沿袭此研究思路，沙夫和斯坦（Scharf and Stein，2000）推演了内部资本市场在企业集团资本配置中影响的模型，认为底层企业高管的寻租行为会扭曲企业集团内部资本市场优化资本配置的作用，从而导致企业集团的内部资本市场无效，从而会形成企业集团内部的"平均主义"行为。企业集团通过内部的资金转移，支持业绩差的成员公司，以避免违约问题出现（Gopalan et al.，2014），即企业集团内部的"平均主义"行为。在中国现阶段的制度背景下，企业集团成为企业的主要组织形式，其内部资本市场也得到了国内相关学者研究的广泛关注，相关研究也获取了中国企业集团的内部资本市场存在上述"平均主义"行为的微观经验证据（刘峰等，2004；万良勇、魏明海，2006；辛清泉等，2007）。

在中国资本市场中，最终控制人也会通过利益输送侵害中小股东利益行为的现象，并且最终控制人的性质对其侵害中小股东的行为存在重要的影响

（刘峰等，2004）。因而，内部资本市场优化企业集团资本配置效率的功能被异化了，反而成为最终控制人侵害中小股东的重要工具。邵军和刘志远（2007）对"鸿仪系"内部资本市场的案例研究表明企业集团的内部资本配置确实存在无效的情况，具体而言，在企业集团运用内部资本市场配置资本的过程中，效率的原会让步于企业集团整体的"战略"发展需要。同时，尽管企业集团化有助于底层企业获取贷款，然而，在内部资本市场中却显著存在过度投资的倾向（潘红波、余明桂，2010）。

因而，若企业集团内部资本市场无效的背景下，尽管金字塔结构层级的延长活跃了民营企业集团的内部资本市场，但最终控制人实施企业集团内部的"平均主义"行为却会最终损害具有较高经营业绩底层企业的发展。经营业绩是底层企业高管获取其报酬的重要标准。因而，最终控制人将必须给予其底层企业高管超额薪酬作为补偿企业集团"平均主义"行为损害经营业绩导致高管薪酬所得的损失。在此背景下，最终控制人也会降低其底层企业高管薪酬与经营业绩之间的联动关系，即底层企业高管并不需要对其所摄取的超额薪酬行为进行辩护。

随着层级增加，若最终控制人"掏空"中小股东，也将会侵害成会员企业的经营业绩。同时，随着民营企业金字塔结构层级的增加，底层企业高管的权力将显著增加，其与最终控制人之间信息不对称性程度也会显著加大，进而抵制最终控制人盘剥中小股东利益的能力越强。当最终控制人实施侵害底层企业经营业绩时，最终控制人必须进行与底层企业高管的"合谋"。

为此，最终控制人应付出与底层企业高管的"合谋"行为的成本，即将主动给予底层企业高管的超额薪酬作为其损害底层企业经营业绩的补偿，从而减缓了底层企业高管需要对超额薪酬进行辩护行为的动机。

据此，随着民营企业金字塔结构的层级的增加，若最终控制人实施企业集团内部的"平均主义"行为及其与底层企业"合谋"的情况显著存在的情况下，底层企业高管并不会主动对其超额薪酬寻求"结果正当性"的薪酬辩护行为，因而，本章提出假设2b：

H2b：民营企业金字塔结构层级的增加显著降低了底层企业高管的超额薪酬-业绩敏感性。

6.1.2 真实盈余管理中介效应的理论分析与研究假设

民营企业金字塔结构层级的延长为底层企业高管借助真实盈余管理行为，实施"结果正当性"的薪酬辩护提供了便利条件。基于委托代理理论，在所有权与经营权分离的条件下，企业最终控制人与高管之间的委托代理问题使得高管对盈余信息具有绝对优先知情权。由于企业经营业绩的高低直接影响高管薪酬水平，因而，高管薪酬与经营业绩相挂钩的薪酬契约会促使高管利用信息优势，借助会计手段或交易进行盈余管理，来粉饰经营业绩，从而达成以摄取更高的薪酬来满足自身私有收益的目标。

企业高管会实施盈余管理行为，以最大限度地获取奖金收益（Healy，1985）。国内相关学者的研究结论也获取了企业高管会借助盈余管理行为影响其薪酬的经验证据。中国企业的高管薪酬契约在不断完善的市场经济体制中，已逐步形成了与企业经营业绩相挂钩的特点（方军雄，2009）。同时，在企业外部"愤怒成本"约束下，高管会更倾向于采取一些"伪装"策略，可借助盈余管理行为，操纵绩效薪酬的动机增加（权小锋等，2010）。

应计盈余管理和真实盈余管理的方式均会成为高管所实施盈余管理行为（袁知柱等，2014）。盈余管理隐蔽性的特点，使得盈余管理成为企业高管实施薪酬操纵的重要工具。其中，相对于应计盈余管理而言，真实盈余管理针对经济活动本身而言，改变经济活动的会计确认、计量和列报，从而既不会引起审计师和外部监管者的关注，也不会有违反会计准则的法律风险，从而使得真实盈余管理交易行为更为隐蔽，能够较好地躲避内部控制及外部审计的监管。同时，随着法律法规的健全、市场监管的加强以及投资者识别应计盈余管理能力的不断增强，企业应计盈余管理的空间将被进一步挤压（范经华等，2013）。因而，在此背景下，真实盈余管理会成为企业高管在薪酬操纵中更为青睐的方式。

因而，民营企业金字塔结构层级的增加能够为底层企业高管会通过真实盈余管理行为实施"结果正当性"的薪酬辩护提供更好的机会。一方面，层级的增加会显著加剧底层企业高管的权力，构成了底层企业高管实施真实盈余管理行为的直接条件。随着层级的增加，最终控制人将授予底层企业高管

的权力将会加大。底层企业高管对底层企业日常生产经营与管理控制活动的
决策与执行的权力也将相应增强，其可以借助构造虚拟的交易或者事项的条
件，实施真实盈余管理行为。在中国制度背景下，民营企业集团中底层企业
高管大多因委派或家族关系选任（吴育辉、吴世农，2010），从而会进一步
加大底层企业高管的权力。同时，最终控制人对底层企业高管的监督也会随
着层级的增加而减弱，从而会削弱董事会对底层企业高管薪酬契约制定与执
行的监督。因而，层级的增加会为底层企业高管借助真实盈余管理，进行
"结果正当性"的薪酬辩护行为提供了便利条件。

另一方面，层级的增加会恶化民营企业集团的信息环境，从而会加剧底
层企业高管借助真实盈余管理行为，为其摄取的超额薪酬进行辩护。对于底
层企业高管薪酬的合理性而言，企业集团的信息环境至关重要。由上文分析
可知，民营企业金字塔结构层级的增加会对企业集团的信息环境产生严重的
不良影响。因而，民营企业金字塔结构层级的增加会加剧企业集团信息环境
的恶化，从而加剧最终控制人与底层企业高管之间的信息不对称性程度，也
会有利于底层企业高管借助真实盈余管理行为，实施"结果正当性"的薪酬
辩护提供了便利条件。

由此可知，随着民营企业金字塔结构层级的增加，最终控制人会授予底
层企业高管更多的权力，同时，企业集团的信息环境也会受到严重的冲击；
进而会使得底层企业高管借助真实盈余管理行为，实现"结果正当性"的薪
酬辩护行为提供更加便利的条件。据此，本章提出假设3：

H3：真实盈余管理在民营企业金字塔结构层级对底层企业高管超额薪酬 –
业绩敏感性的影响中存在显著的中介效应。

6.1.3 关联交易中介效应的理论分析与研究假设

民营企业金字塔结构层级的增加能够显著加大企业集团内部资本市场的
规模，进而为底层企业高管借助关联交易实施"结果正当性"的薪酬辩护提
供了基础。在企业集团中，母公司可结合企业集团的整体战略和子公司的业
绩表现，能够借助内部资本市场缓解融资约束，促进企业集团高效率地实现
资金、人员、信息等各种资源的交换与分配（Alchian，1969；周业安、韩

梅，2003）。由上文分析可知，民营企业金字塔结构层级的增加，增进其内部资本市场的活跃程度，会促进民营企业集团资金的分配、流动和运作。然而，层级的增加也会加剧底层企业高管的权力，以及进一步恶化其信息环境，为底层企业获取更多的资源缓解自身的融资约束提供了便利条件。因而，底层企业高管会在民营企业最终控制人增加金字塔结构层级获取活跃的内部资本市场的背景下，借助花样繁多的关联交易，实施"结果正当性"的薪酬辩护。

一方面，随着民营企业金字塔结构层级的增加，底层企业高管权力与影响的增加，会加剧其借助关联交易缓解融资约束，实现"结果正当性"的薪酬辩护。最终控制人通过层级的增加，扩大内部资本市场的规模，促进了内部资本市场的活跃程度。然而，层级的增加也会促进底层企业高管权力与影响的增加。在此背景下，底层企业高管会捏造与企业集团整体战略相关的经营事项，以及俘获董事会的成员，借助关联交易，获取更多的资金，以拉动经营业绩的增长，促进其"结果正当性"的薪酬辩护。

另一方面，民营企业金字塔结构层级的增加会加剧企业集团信息环境的恶化，从而会降低最终控制人发现底层企业高管借助关联交易粉饰经营业绩的可能性，从而会有助于底层企业高管实施"结果正当性"的薪酬辩护。由上文分析可知，层级的增加不仅会恶化民营企业集团的信息环境，而且也会加剧底层企业高管借助权力的增加，通过关联交易实现"结果正当性"的薪酬辩护。具体而言，随着层级的增加对企业集团信息环境恶化的影响，最终控制人可能并不会察觉底层企业经营业绩的提升并非个人能力与努力程度所驱动的结果，而是高管会将其借助关联交易降低融资约束的原因；同时，即使出现经营失败，其也可将经营决策失误归咎于关联交易不公允等因素所致。因而，层级的增加对企业集团信息环境的影响，会有助于底层企业高管借助关联交易粉饰经营业绩，加剧其实施"结果正当性"的薪酬辩护。

有鉴于此，民营企业金字塔结构层级的增加有助于底层企业高管借助自身权力与影响的增加以及企业集团信息环境的恶化，通过关联交易粉饰经营业绩，实施"结果正当性"的薪酬辩护。据此，本章提出假设4：

H4：关联交易在民营企业金字塔结构层级对底层企业高管超额薪酬 – 业绩敏感性的影响中存在显著的中介效应。

6.2 研究设计

本章的研究设计具体包括样本数据、变量定义以及模型设计，来进行验证本章的研究假设。

6.2.1 样本数据

样本数据筛选的方式与第 5 章的样本数据内容一致，因而，不做重复叙述。

6.2.2 变量定义

6.2.2.1 薪酬辩护的度量

本书参考谢德仁等（2012）、罗宏等（2014）、张玮倩和乔明哲（2015）、程新生等（2015）、缪毅和胡奕明（2014，2016）、王东清和刘艳辉（2016）、吉利和吴萌（2016）、刘桂良和徐晓虹（2016）以及孙园园等（2017）等相关研究，以民营企业金字塔结构层级的数量与超额薪酬 – 业绩敏感性之间的关系，来验证民营企业金字塔结构层级的增加是否加剧了底层企业高管实施"结果正当性"薪酬辩护的行为。

6.2.2.2 真实盈余管理的度量

对于真实盈余管理，本书参考现有相关研究方法（如 Roychowdhury，2006），将真实盈余管理分为销售操控、生产操控和费用操控，相应地分别用异常经营活动现金流（Ab_CFO）、异常产品成本（Ab_PROD）和异常费用（Ab_DISEXP）来衡量真实盈余管理，本书构建了真实盈余管理变量的综合指标（REM，$REM = |Ab\_PROD - Ab\_CFO - Ab\_DISEXP|$），该指标越高，意味着底层企业高管实施真实盈余管理行为的程度越大，若该指标越小，则意味着底层企业高管实施真实盈余管理行为的程度越小。

6.2.2.3 关联交易

本书参考刘慧龙（2017）等相关研究的方法，采用底层企业应收关联方资金的总和除以总资产（*ICM*1）及底层企业的应付关联方资金的总和除以总资产（*ICM*2），来衡量关联交易，即上述两个指标代表着底层企业在集团内部资本市场发生资金往来和资产交易的规模。

6.2.2.4 控制变量

控制变量同第 5 章变量定义中的相关内容一致，因而不做重复叙述，本章变量具体如表 6 - 1 所示。

表 6 - 1 变量定义

变量类型	变量名称	变量符号	具体定义
被解释变量	高管超额薪酬	*Overpay*	高管的绝对薪酬与预期薪酬之差
解释变量	金字塔结构层级	*Layer*	民营企业金字塔结构层级的数量
中介变量	关联交易	*ICM*1	应收关联方资金总和/期末总资产
		*ICM*2	应付关联方资金总和/期末总资产
	真实盈余管理	*REM*	底层企业的真实盈余管理
控制变量	经营业绩	*Roa*	净利润与总资产之比
	公司规模	*Size*	上市公司当年总收入的自然对数
	财务杠杆	*Lev*	负债账面价值与总资产账面价值之比
	成长性	*Growth*	（本期营业收入 - 上期营业收入）／上期营业收入
	无形资产比	*IA*	无形资产与总资产之比
	两职合一	*Dual*	当董事长与总经理两职合一时取 1，否取 0
	董事会规模	*Boardsize*	董事人数
	独董比例	*Ind_direct*	独立董事占比
	赫芬达尔指数	*Herfind*	主营业务收入占行业总收入的平方
	股权结构变量	*Top*1	第一大股东的持股比例
	区域虚拟变量	*Zone*	按照公司注册地划分为沿海地区，取值 0，中西部地区，取值 1
	行业虚拟变量	*Industry*	依据 2012 年证监会行业分类，制造业细分至二级类，共计 21 个行业，故设 20 个虚拟变量
	年度虚拟变量	*Year*	2004～2015 年度，故设 11 个虚拟变量

6.2.3 模型设计

本书参考卡尔等（Core et al.，2008）、罗宏等（2014）以及程新生等（2015）相关研究，通过模型（6-1），考察金字塔结构层级与超额薪酬-业绩敏感性的关系，验证假设 2a 与假设 2b。模型（6-1）具体如下：

$$Overpay_{i,t} = \alpha_0 + \alpha_1 Layer_{i,t} + \alpha_2 Roa_{i,t} + \alpha_3 Layer_{i,t} \times Roa_{i,t}$$
$$+ \alpha_4 \sum Control + \sum Industry + \sum Year + \varepsilon \quad (6-1)$$

其中，$Layer_{i,t}$ 为 i 公司第 t 年的金字塔结构层级的数量，$Roa_{i,t}$ 为 i 公司第 t 年的经营业绩，$Layer_{i,t} \times Roa_{i,t}$ 为 i 公司第 t 年的金字塔结构层级数量与当期经营业绩的交乘项。

为了验证上文中，对真实盈余管理在民营企业金字塔结构层级对其薪酬辩护行为影响的中介效应；本书参考刘慧龙（2017）等相关研究，通过模型（6-2）与模型（6-3），检验真实盈余管理在金字塔结构层级对超额薪酬-业绩敏感性影响中的中介效应，以佐证假设 3 的内容。模型（6-2）与模型（6-3）具体如下：

$$REM_{i,t} = \alpha_0 + \alpha_1 Layer_{i,t} + \alpha_2 \sum Control + \sum Industry + \sum Year + \varepsilon$$
$$(6-2)$$

$$Overpay_{i,t} = \alpha_0 + \alpha_1 Layer_{i,t} + \alpha_2 Roa_{i,t} + \alpha_3 Layer + Roa_{i,t} + \alpha_4 REM_{i,t}$$
$$+ \alpha_5 REM_{i,t} \times Roa_{i,t} + \alpha_6 \sum Control + \sum Industry + \sum Year + \varepsilon$$
$$(6-3)$$

其中，$REM_{i,t}$ 为 i 公司第 t 年的真实盈余管理程度，$IREM_{i,t} \times Roa_{i,t}$ 为 i 公司第 t 年的真实盈余管理程度与当期经营业绩的交乘项。

为了验证上文中，对关联交易在民营企业金字塔结构层级对其薪酬辩护行为影响的中介效应；本书参考刘慧龙（2017）等相关研究，通过模型（6-4）与模型（6-5），检验假设 4。模型（6-4）与模型（6-5）具体如下：

$$ICMI_{i,t} = \alpha_0 + \alpha_1 Layer_{i,t} + \alpha_2 \sum Control + \sum Industry + \sum Year + \varepsilon$$
$$(6-4)$$

$$Overpay_{i,t} = \alpha_0 + \alpha_1 Layer_{i,t} + \alpha_2 Roa_{i,t} + \alpha_3 Layer \times Roa_{i,t} + \alpha_4 ICMI_{i,t}$$
$$+ \alpha_5 ICMI_{i,t} \times Roa_{i,t} + \alpha_6 \sum Control + \sum Industry + \sum Year + \varepsilon$$
$$(6-5)$$

其中，$ICMI_{i,t}$ 为 i 公司第 t 年的关联交易，$ICMI_{i,t} \times Roa_{i,t}$ 为 i 公司第 t 年的关联交易与当期经营业绩的交乘项。

同时，在上述模型中，$Control$ 为控制变量，在此基础上，均加入行业变量与年度变量进一步控制固定效应。

6.3　实证结果与分析

本节主要分析本章研究假设的检验结果，包括描述性统计分析、相关性系数与统计结果分析。

6.3.1　描述性统计分析

本章相关变量的统计性描述结果具体如表 6-2 所示。

表 6-2　　　　　　　　　　描述性统计结果

变量	均值	标准差	极小值	中位数	极大值
Overpay	0.021	0.583	-1.522	0.027	1.414
Layer	2.281	1.048	1.000	2.000	6.000
REM	0.144	0.206	0.000	0.076	1.314
ICM1	0.030	0.171	0.000	0.021	0.553
ICM2	0.041	0.198	0.000	0.029	0.602
Roa	0.045	0.060	-0.309	0.044	0.217
Size	21.411	1.056	18.813	21.299	25.523
Lev	0.392	0.209	0.047	0.382	0.894
Growth	0.197	0.432	-0.604	0.135	2.632

续表

变量	均值	标准差	极小值	中位数	极大值
IA	0.044	0.047	0.000	0.032	0.321
Dual	0.302	0.469	0.000	0.000	1.000
Boardsize	8.522	1.603	3.000	9.000	18.000
Ind_direct	0.371	0.052	0.273	0.333	0.571
Herfind	0.011	0.017	0.000	0.009	0.238
*Top*1	0.337	0.146	0.091	0.312	0.758
Zone	0.284	0.451	0.000	0.000	1.000

变量 *Overpay* 以及 *Layer* 的统计特征已在第 5 章中分析，本章不再做重复描述。由表 6 - 2 所示，变量 *REM* 的均值与中位数分别为 0.144 与 0.076，标准差为 0.206，表明底层企业存在一定的真实盈余管理行为，但大部分企业的真实盈余管理程度分布在均值以下；变量 *ICM*1 与 *ICM*2 的均值分别为 0.030 与 0.041，中位数分别为 0.021 与 0.029，标准差分别为 0.171 与 0.198，表明底层企业的关联交易金额较大，但大部分企业的关联交易分布在均值以下。上述变量的统计结果与相关研究基本一致。

6.3.2 相关性系数分析

本章变量 Pearson 相关性检验的结果如表 6 - 3 所示。

变量 *Overpay* 以及 *Layer* 的统计特征已在第 5 章中分析，本章不再做重复描述。由表 6 - 3 所示，变量 *REM* 与变量 *Overpay* 的相关性系数为 0.035，且在 1% 的水平上显著，其与变量 *Layer* 的相关性系数为 0.086，且在 1% 的水平上显著，上述结果初步表明变量 *REM* 与两者存在同向的变动关系；变量 *ICM*1 和变量 *ICM*2 与变量 *Overpay* 的相关性系数分别为 0.016 与 0.015，且在 1% 的水平上显著，两者与变量 *Layer* 的相关性系数分别为 0.180 与 0.197，且在 1% 的水平上显著，上述结果初步表明变量 *ICM*1 和变量 *ICM*2 均与变量 *Overpay* 和变量 *Layer* 存在同向的变动关系。

表 6 - 3

相关性系数分析

变量	Overpay	Layer	REM	ICM1	ICM2	Roa	Size	Lev	Growth	IA	Dual	Boardsize	Ind_direct	Herfind	Top1	Zone
Overpay	1															
Layer	0.077***	1														
REM	0.035***	0.086***	1													
ICM1	0.016	0.180***	0.053***	1												
ICM2	0.015	0.197***	0.072***	0.416***	1											
Roa	-0.009*	-0.043***	0.051***	-0.022*	-0.018	1										
Size	0.051***	0.181***	0.084***	0.029	0.043*	0.082***	1									
Lev	-0.030***	0.065***	0.087***	0.100***	0.182***	-0.114***	0.116***	1								
Growth	-0.029***	-0.020*	0.178***	0.009	0.001	0.134***	0.076***	0.051***	1							
IA	0.031***	0.038***	-0.021*	-0.002	0.011	-0.041***	-0.060***	-0.015	-0.040***	1						
Dual	0.071***	-0.107***	-0.018	-0.066***	-0.068***	0.017	-0.105***	-0.059***	0.006	-0.015	1					
Boardsize	0.079***	0.087***	0.003	0.037***	0.021*	0.036***	0.106***	0.096***	-0.003	-0.031***	-0.140***	1				
Ind_direct	-0.009	-0.057***	0.004	-0.024***	-0.020*	-0.016	-0.030***	-0.052***	0.011	-0.008	0.114***	-0.179***	1			
Herfind	0.024**	0.073***	0.048***	0.025**	0.042***	-0.019	0.071***	0.105***	0.075***	-0.056***	-0.029***	0.045***	0.029***	1		
Top1	-0.056***	0.080***	0.035***	0.032***	0.063***	0.067***	0.155***	-0.001	0.066***	-0.037***	0.031***	-0.082***	0.059***	0.025**	1	
Zone	0.027***	0.131***	0.023**	0.041***	0.081***	-0.042***	-0.033***	0.065***	-0.012	0.115***	-0.083***	-0.006	-0.011	-0.012	-0.086***	1

注: ***、 ** 与 * 分别代表在 1%、 5% 与 10% 的水平上显著。

6.3.3 统计结果分析

表 6-4 报告了对假设 2a、假设 2b 和假设 3 的检验结果，其中，第（1）列与第（2）列的被解释变量为 *Overpay*，用于检验假设 2a 与假设 2b 的内容；第（3）列与第（4）列的被解释变量为 *REM*，第（5）列至第（8）列的被解释变量为 *Overpay*，用于进一步检验假设 3。其中，第（1）列、第（3）列、第（5）列以及第（7）列均未控制年度与行业，第（2）列、第（4）列、第（6）列以及第（8）列则均控制了年度与行业，具体如表 6-4 所示。

表 6-4　模型（6-1）、模型（6-2）与模型（6-3）的回归结果

变量	Overpay		REM		Overpay			
	（1）	（2）	（3）	（4）	（5）	（6）	（7）	（8）
Layer	0.052 *** (3.768)	0.056 *** (4.112)	0.014 *** (3.027)	0.009 ** (2.052)	0.051 *** (3.709)	0.057 *** (4.137)	0.051 *** (3.669)	0.056 *** (4.077)
REM					0.046 ** (2.421)	0.051 *** (2.752)	0.028 (1.451)	0.032 * (1.787)
Layer × Roa	0.275 ** (2.472)	0.336 *** (2.998)			0.318 *** (2.750)	0.320 *** (2.791)	0.192 * (1.837)	0.176 ** (1.999)
REM × Roa							3.747 *** (3.224)	3.715 *** (3.151)
Roa	−0.227 *** (−3.028)	−0.203 *** (−2.878)	0.063 (1.241)	0.059 (1.273)	−0.214 *** (−2.879)	−0.190 *** (−2.745)	−0.223 *** (−2.903)	−0.199 *** (−2.783)
Size	0.036 ** (2.436)	0.035 ** (2.014)	0.006 (1.495)	0.003 (0.591)	0.041 *** (2.732)	0.035 * (1.895)	0.041 *** (2.739)	0.034 * (1.841)
Lev	−0.190 ** (−2.489)	−0.182 ** (−2.252)	0.056 ** (2.441)	0.053 ** (2.196)	−0.175 ** (−2.128)	−0.167 * (−1.912)	−0.173 ** (−2.101)	−0.167 * (−1.914)
Growth	−0.046 *** (−2.606)	−0.047 *** (−2.697)	0.082 *** (8.664)	0.080 *** (8.514)	−0.057 *** (−2.932)	−0.061 *** (−3.138)	−0.058 *** (−2.985)	−0.062 *** (−3.191)
IA	0.378 (1.445)	0.347 (1.296)	−0.060 (−0.780)	0.052 (0.676)	0.529 * (1.906)	0.520 * (1.838)	0.511 * (1.849)	0.510 * (1.813)

续表

变量	Overpay		REM		Overpay			
	(1)	(2)	(3)	(4)	(5)	(6)	(7)	(8)
Dual	0.125 ***	0.125 ***	0.002	0.005	0.128 ***	0.129 ***	0.129 ***	0.130 ***
	(4.805)	(4.773)	(0.214)	(0.593)	(4.462)	(4.496)	(4.501)	(4.524)
Boardsize	0.034 ***	0.034 ***	−0.002	0.001	0.033 ***	0.033 ***	0.032 ***	0.032 ***
	(3.814)	(3.725)	(−0.652)	(0.294)	(3.433)	(3.399)	(3.320)	(3.311)
Ind_direct	0.385	0.433	0.014	−0.022	0.492 *	0.546 *	0.474	0.528 *
	(1.436)	(1.632)	(0.186)	(−0.331)	(1.697)	(1.902)	(1.642)	(1.848)
Herfind	0.533	1.408	0.215	0.066	0.374	1.525	0.327	1.564
	(0.946)	(1.551)	(1.214)	(0.279)	(0.599)	(1.494)	(0.522)	(1.523)
Top1	−0.288 ***	−0.303 ***	0.016	0.029	−0.335 ***	−0.350 ***	−0.334 ***	−0.350 ***
	(−3.034)	(−3.152)	(0.592)	(1.142)	(−3.278)	(−3.404)	(−3.277)	(−3.412)
Zone	0.030	0.030	0.009	0.009	0.052	0.052	0.053	0.054
	(0.940)	(0.951)	(0.993)	(1.130)	(1.530)	(1.522)	(1.571)	(1.564)
Year/Industry		Control		Control		Control		Control
常数项	−1.190 ***	−1.003 ***	−0.043	−0.103	−1.327 ***	−1.063 ***	−1.323 ***	−1.041 ***
	(−3.891)	(−2.741)	(−0.489)	(−0.993)	(−4.093)	(−2.732)	(−4.073)	(−2.667)
Adj R^2	0.039	0.043	0.045	0.107	0.040	0.046	0.044	0.052
F 值	7.030	3.503	12.024	10.912	6.908	3.352	6.672	3.273
N	8012	8012	8012	8012	8012	8012	8012	8012

第（5）列与第（7）列中变量 Layer × Roa 系数的 t 值比较：chi2（1）=17.11 Prob > chi2 = 0.000
第（6）列与第（8）列中变量 Layer × Roa 系数的 t 值比较：chi2（1）=16.02 Prob > chi2 = 0.000

注：*** 、** 、* 分别表示在1%、5%和10%的水平上显著；括号内的数据为 t 值。本章的下表同。

由表6-4可知，民营企业金字塔结构层级的增加显著诱发底层企业高管借助超额薪酬-业绩敏感性实现"结果正当性"的薪酬辩护行为，即验证了进一步检验的假设2a的内容。具体而言，表6-4的第（1）列和第（2）列中，变量 Layer × Roa 的系数分别为0.275与0.336，且分别在5%与1%的水平上显著，回归结果表明民营企业金字塔结构层级的增加显著增加了借助超额薪酬-业绩敏感性实现"结果正当性"的薪酬辩护行为。上述研究结果进一步排除了企业集团"平均主义"以及最终控制人与底层企业高管"合谋"

在民营企业金字塔结构对底层企业高管超额薪酬影响中的替代性解释。企业集团"平均主义"以及最终控制人与底层企业高管"合谋"的存在，会诱发最终控制人主动给予底层企业高管超额薪酬作为底层企业经营业绩降低对其高管报酬的补偿，从而为层级的延长加剧底层企业高管摄取超额薪酬存在替代的解释；然而，上述两类问题的存在却会显著削弱底层企业高管超额薪酬–业绩敏感性，即上文中假设 2b 的内容。然而，上述研究结果却支持了假设 2a 的内容，表明上述两类问题在民营企业金字塔结构对底层企业高管超额薪酬影响中的替代性解释并不显著。上述结果进一步印证了底层企业高管显著存在借助层级的增加主动摄取超额薪酬以及实施"结果正当性"的薪酬辩护行为；而层级的增加加剧底层企业高管摄取超额薪酬的后果并非是由于企业集团"平均主义"以及最终控制人与底层企业高管"合谋"问题的存在，最终控制人主动给予底层企业高管超额薪酬作为底层企业高管因经营业绩损失而丧失的薪酬所得。

在此基础上，表 6-4 的第（3）列与第（4）列中，变量 Layer 系数分别为 0.014 以及 0.009，且分别在 1% 与 5% 的水平上显著。第（5）列与第（6）列中的变量 Layer × Roa 系数分别为 0.318 与 0.320，且均在 1% 的水平上显著。但在第（7）列与第（8）列中的变量 Layer × Roa 系数却分别变为 0.192 与 0.176，且分别在 10% 与 5% 上显著，即第（5）列与第（6）列中的变量 Layer × Roa 系数分别显著大于第（7）列与第（8）列中的系数，同时，第（5）列与第（6）列中的 Adj R^2 也分别由 0.040 与 0.046 变为第（7）列与第（8）列中的 0.044 与 0.052。上述回归结果表明真实盈余管理在民营企业金字塔结构层对底层企业高管超额薪酬–业绩敏感性的影响中显著存在中介效应。

具体而言，表 6-4 的第（3）列与第（4）列中，变量 Layer 系数分别在 1% 与 5% 的水平上显著大于零，表明随着层级的增加，底层企业高管的权力不断加大，企业集团的信息环境恶化，进而加剧其实施真实盈余管理的行为。在第（1）列与第（2）列的基础上，依次加入变量 REM 以及 REM × Roa 后，第（7）列与第（8）列中变量 REM × Roa 的系数分别为 3.747 与 3.715，且均在 1% 的水平上显著，第（5）列与第（6）列中的变量 Layer × Roa 系数分别显著大于第（7）列与第（8）列中的系数，同时，相对于第（5）列与第

（6）列中的 Adj R^2，第（7）列与第（8）列中的 Adj R^2 也有所增加，表明随着层级的增加，底层企业高管借助其自身权力的增加以及企业集团信息环境复杂性的加剧，粉饰经营业绩，加强其通过提升超额薪酬 – 业绩敏感性，实施"结果正当性"的薪酬辩护行为，从而印证了真实盈余管理在民营企业金字塔结构层对底层企业高管薪酬辩护的影响中显著存在中介效应，即上述研究结果验证了假设 3 的内容。

在控制变量方面，表 6 – 4 的第（1）列与第（2）列中，变量 *Dual* 以及 *Boardsize* 的系数均在 1% 的水平上显著大于零，变量 *Size* 的系数均在 5% 的水平上大于零。上述回归结果表明底层企业董事长与总经理两职合一、董事会规模越大以及规模越大，底层企业高管越容易实施"结果正当性"的薪酬辩护，进而与现有相关结论一致。具体而言，董事长与总经理两职合一则显著加剧底层企业高管的权力，从而为其实施"结果正当性"的薪酬辩护提供了机会。底层企业董事会规模的扩大显著加剧底层企业高管实施"结果正当性"的薪酬辩护，则可能是在中国民营企业特有的高管职业市场与关系文化中，在高管薪酬契约制定与执行过程中，董事会成员反而会避免与底层企业高管发生冲突，而对高管实施"结果正当性"的薪酬辩护行为不发表意见。底层企业的规模越大，企业成员高管与最终控制人之间的信息对称程度也会加大，企业集团的信息环境也会更加复杂，进而加剧其实施"结果正当性"的薪酬辩护的行为。

表 6 – 4 的第（1）列与第（2）列中，变量 *Lev*、*Top*1 以及 *Growth* 的系数均在 5% 或 1% 的水平上显著小于零。上述回归结果表明债务契约、大股东持股以及公司的成长性会显著抑制底层企业高管实施"结果正当性"的薪酬辩护行为，进而与现有相关研究结论一致。底层企业高管薪酬辩护行为与资产负债率呈显著的负向相关关系表明，债务契约在一定程度上能够缓解其薪酬辩护的行为；第一大股东持股比例与底层企业高管的超额薪酬 – 业绩敏感性显著负相关，这与现有相关文献的研究结论相符，即股权比例越集中，最终控制人参与企业日常经营管理的程度越大，底层企业的公司治理效果越好，从而高管的权力能够得到有效的限制（Shleifer and Vishny，1997），进而抑制实施"结果正当性"的薪酬辩护的行为。同时，表 6 – 4 的第（5）列至第（8）列中的控制变量呈现与第（1）列与第（2）列中的控制变量类似的结果。

表 6 - 5 与表 6 - 6 报告了对假设 2a、假设 2b 和假设 4 的检验结果。两表中，第（1）列与第（2）列的被解释变量为 Overpay，用于检验假设 2a 与假设 2b 的内容；第（3）列与第（4）列的被解释变量分别为 ICM1 和 ICM2；第（5）列至第（8）列的被解释变量为 Overpay，用于进一步检验假设 4。第（1）列、第（3）列、第（5）列以及第（7）列均未控制年度与行业，第（2）列、第（4）列、第（6）列以及第（8）列则均控制了年度与行业，具体如表 6 - 5 与表 6 - 6 所示。

表 6 - 5 模型（6 - 1）、模型（6 - 4）与模型（6 - 5）的回归结果（1）

变量	Overpay		ICM1		Overpay			
	（1）	（2）	（3）	（4）	（5）	（6）	（7）	（8）
Layer	0.052 ***	0.056 ***	0.008 ***	0.009 ***	0.056 ***	0.059 ***	0.055 ***	0.058 ***
	(3.768)	(4.112)	(5.006)	(5.197)	(8.173)	(8.364)	(3.980)	(4.204)
ICM1					0.260 *	0.284 **	0.240 *	0.263 *
					(1.901)	(2.061)	(1.707)	(1.710)
Layer × Roa	0.275 **	0.336 ***			0.326 ***	0.338 ***	0.134 ***	0.146 ***
	(2.472)	(2.998)			(4.267)	(4.423)	(2.996)	(3.127)
ICM1 × Roa							16.107 **	16.314 **
							(2.190)	(2.219)
Roa	− 0.227 ***	− 0.203 ***	− 0.001	− 0.001	− 0.220 ***	− 0.204 ***	− 0.201 ***	− 0.185 ***
	(− 3.028)	(− 2.878)	(− 0.062)	(− 0.225)	(− 2.983)	(− 2.934)	(− 2.760)	(− 2.648)
Size	0.036 **	0.035 **	− 0.002 *	− 0.002	0.036 ***	0.034 ***	0.035 **	0.033 *
	(2.436)	(2.014)	(− 1.693)	(− 1.228)	(4.739)	(3.904)	(2.443)	(1.918)
Lev	− 0.190 **	− 0.182 **	0.017 ***	0.014 *	− 0.180 ***	− 0.178 ***	− 0.184 **	− 0.182 **
	(− 2.489)	(− 2.252)	(2.859)	(1.843)	(− 4.431)	(− 4.035)	(− 2.402)	(− 2.242)
Growth	− 0.046 ***	− 0.047 ***	0.001	0.001	− 0.044 ***	− 0.047 ***	− 0.043 **	− 0.046 ***
	(− 2.606)	(− 2.697)	(0.674)	(0.659)	(− 2.623)	(− 2.776)	(− 2.432)	(− 2.635)
IA	0.378	0.347	− 0.011	− 0.007	0.395 ***	0.345 **	0.383	0.337
	(1.445)	(1.296)	(− 0.475)	(− 0.296)	(2.808)	(2.362)	(1.471)	(1.270)
Dual	0.125 ***	0.125 ***	− 0.004 *	− 0.004 *	0.124 ***	0.124 ***	0.126 ***	0.126 ***
	(4.805)	(4.773)	(− 1.848)	(− 1.858)	(4.655)	(4.602)	(4.822)	(4.701)
Boardsize	0.034 ***	0.034 ***	0.001	0.001	0.035 ***	0.034 ***	0.036 ***	0.035 ***
	(3.814)	(3.725)	(1.439)	(1.373)	(3.226)	(3.977)	(3.964)	(3.831)

续表

变量	Overpay		ICM1		Overpay			
	(1)	(2)	(3)	(4)	(5)	(6)	(7)	(8)
Ind_direct	0.385	0.433	0.002	0.011	0.396*	0.437**	0.411	0.452*
	(1.436)	(1.632)	(0.070)	(0.402)	(1.710)	(2.001)	(1.534)	(1.709)
Herfind	0.533	1.408	0.023	0.175	0.579	1.458*	0.605	1.460
	(0.946)	(1.551)	(0.267)	(1.076)	(1.499)	(1.693)	(1.085)	(1.631)
Top1	−0.288***	−0.303***	0.011	0.011	−0.292***	−0.300***	−0.289***	−0.296***
	(−3.034)	(−3.152)	(1.361)	(1.277)	(−3.268)	(−3.337)	(−3.039)	(−3.092)
Zone	0.030	0.030	0.002	0.003	0.030	0.031	0.029	0.030
	(0.940)	(0.951)	(0.670)	(0.885)	(1.048)	(1.118)	(0.910)	(0.953)
Year/Industry		Control		Control		Control		Control
常数项	−1.190***	−1.003***	0.012	−0.005	−1.193***	−0.998***	−1.181***	−0.986***
	(−3.891)	(−2.741)	(0.412)	(−0.133)	(−4.287)	(−3.204)	(−3.875)	(−2.708)
Adj R²	0.039	0.043	0.037	0.055	0.037	0.044	0.039	0.046
F值	7.030	3.503	6.503	4.326	10.699	9.573	6.877	3.562
N	8012	8012	8012	8012	8012	8012	8012	8012

第（5）列与第（7）列中变量 Layer×Roa 系数的 t 值比较：chi2（1）=22.61 Prob>chi2=0.000
第（6）列与第（8）列中变量 Layer×Roa 系数的 t 值比较：chi2（1）=23.81 Prob>chi2=0.000

表6-6 模型（6-1）、模型（6-4）与模型（6-5）的回归结果（2）

变量	Overpay		ICM2		Overpay			
	(1)	(2)	(3)	(4)	(5)	(6)	(7)	(8)
Layer	0.052***	0.056***	0.009***	0.010***	0.055***	0.057***	0.054***	0.054***
	(3.768)	(4.112)	(6.116)	(6.001)	(8.079)	(8.230)	(8.036)	(7.834)
ICM2					0.166*	0.156*	0.127*	0.118**
					(1.871)	(1.901)	(1.832)	(2.005)
Layer×Roa	0.275**	0.336***			0.325***	0.337***	0.122***	0.149***
	(2.472)	(2.998)			(4.274)	(4.425)	(4.277)	(4.243)
ICM2×Roa							6.633*	6.396*
							(1.759)	(1.793)
Roa	−0.227***	−0.203***	0.013**	0.012**	−0.217***	−0.201***	−0.205***	−0.196***
	(−3.028)	(−2.878)	(2.517)	(2.406)	(−3.014)	(−2.963)	(−2.984)	(−2.925)

续表

变量	Overpay		ICM2		Overpay			
	(1)	(2)	(3)	(4)	(5)	(6)	(7)	(8)
Size	0.036 ** (2.436)	0.035 ** (2.014)	− 0.004 *** (− 2.963)	− 0.005 *** (− 2.846)	0.036 *** (2.719)	0.034 *** (2.871)	0.036 *** (2.689)	0.040 *** (2.803)
Lev	− 0.190 ** (− 2.489)	− 0.182 ** (− 2.252)	0.048 *** (6.626)	0.052 *** (6.254)	− 0.177 *** (− 3.302)	− 0.174 *** (− 2.896)	− 0.179 ** (− 2.364)	− 0.196 ** (− 2.446)
Growth	− 0.046 *** (− 2.606)	− 0.047 *** (− 2.697)	− 0.001 (− 0.536)	− 0.001 (− 0.473)	− 0.044 *** (− 2.648)	− 0.047 *** (− 2.801)	− 0.045 *** (− 2.666)	− 0.048 *** (− 2.792)
IA	0.378 (1.445)	0.347 (1.296)	0.002 (0.095)	0.004 (0.164)	0.398 *** (2.831)	0.347 ** (2.380)	0.390 *** (2.780)	0.405 *** (2.871)
Dual	0.125 *** (4.805)	0.125 *** (4.773)	− 0.003 (− 1.372)	− 0.003 (− 1.455)	0.124 *** (4.691)	0.125 *** (4.642)	0.125 *** (4.750)	0.128 *** (4.857)
Boardsize	0.034 *** (3.814)	0.034 *** (3.725)	0.001 (0.182)	0.001 (0.232)	0.035 *** (3.183)	0.034 *** (3.926)	0.035 *** (3.213)	0.034 *** (2.927)
Ind_direct	0.385 (1.436)	0.433 (1.632)	− 0.004 (− 0.195)	− 0.002 (− 0.071)	0.395 * (1.696)	0.433 ** (1.994)	0.403 * (1.746)	0.409 * (1.794)
Herfind	0.533 (0.946)	1.408 (1.551)	0.064 (0.663)	0.206 (1.131)	0.584 * (1.717)	1.440 (1.455)	0.568 * (1.682)	1.484 (1.436)
Top1	− 0.288 *** (− 3.034)	− 0.303 *** (− 3.152)	0.027 *** (3.490)	0.028 *** (3.464)	− 0.290 *** (− 3.213)	− 0.299 *** (− 3.286)	− 0.292 *** (− 3.241)	− 0.296 *** (− 3.304)
Zone	0.030 (0.940)	0.030 (0.951)	0.007 ** (2.334)	0.007 ** (2.376)	0.030 ** (2.087)	0.032 ** (2.132)	0.029 ** (1.988)	0.028 * (1.897)
Year/Industry		Control		Control		Control		Control
常数项	− 1.190 *** (− 3.891)	− 1.003 *** (− 2.741)	0.040 (1.425)	0.035 (1.029)	− 1.191 *** (− 7.263)	− 0.994 *** (− 5.168)	− 1.187 *** (− 7.238)	− 1.179 *** (− 6.568)
Adj R^2	0.039	0.043	0.066	0.077	0.040	0.045	0.041	0.046
F 值	7.030	3.503	13.353	6.501	11.650	9.601	12.747	20.524
N	8012	8012	8012	8012	8012	8012	8012	8012

第（5）列与第（7）列中变量 Layer × Roa 系数的 t 值比较：chi2 (1) = 23.61   Prob > chi2 = 0.000
第（6）列与第（8）列中变量 Layer × Roa 系数的 t 值比较：chi2 (1) = 24.08   Prob > chi2 = 0.000

由表 6 – 5 与表 6 – 6 可知，两表的第（3）列与第（4）列中，变量 Layer 系数分别为 0.008 和 0.009 以及 0.009 和 0.010，且分别在 1% 的水平上显著；

两表的第（5）列与第（6）列中，变量 $Layer \times Roa$ 系数分别为 0.326 与 0.338 以及 0.325 和 0.337，且均在 1% 的水平上显著，但在第（7）列与第（8）列中的变量 $Layer \times Roa$ 系数却分别变为 0.134 与 0.146 以及 0.122 与 0.149，且分别在 1% 的水平上显著，即两表中第（5）列与第（6）列中的变量 $Layer \times Roa$ 系数分别显著大于第（7）列与第（8）列中的系数，同时，第（7）列与第（8）列中的 Adj R^2 分别大于第（5）列与第（6）列中的 Adj R^2。上述回归结果表明关联交易在民营企业金字塔结构层对底层企业高管超额薪酬 – 业绩敏感性的影响中显著存在中介效应。具体而言，表 6 – 5 与表 6 – 6 中，第（3）列与第（4）列中，变量 $Layer$ 的系数均在 1% 的水平上显著大于零，表明随着层级的增加，民营企业集团的内部资本市场的规模与活跃程度不断扩大与加强，且在其底层企业高管的权力不断加大以及企业集团信息环境复杂程度也不断加剧的背景下，底层企业高管可借助关联交易降低经营难度。在此基础上，在加入变量 $ICM1$ 和 $ICM1 \times Roa$ 以及 $ICM2$ 与 $ICM2 \times Roa$ 后，两表的第（7）列与第（8）列中，变量 $ICM1 \times Roa$ 的系数分别为 16.107 与 16.314，且均在 5% 的水平上显著，变量 $ICM2 \times Roa$ 的系数分别为 6.633 与 6.396，且均在 10% 的水平上显著；两表的第（5）列与第（6）列中，变量 $Layer \times Roa$ 系数分别显著大于第（7）列与第（8）列中的系数，同时，相对于第（5）列与第（6）列中的 Adj R^2，第（7）列与第（8）列中的 Adj R^2 也有所增加。上述结果表明随着层级的增加，底层企业高管借助企业集团的资本市场与自身权力的增加及其企业集团信息环境的恶化，借助关联交易，粉饰经营业绩，实施"结果正当性"的薪酬辩护行为，从而印证了关联交易在民营企业金字塔结构层对底层企业高管薪酬辩护的影响中显著存在中介效应，即上述研究结果验证了假设 4 的内容。

在控制变量方面，两表中的控制变量系数与表 6 – 4 中的控制变量系数的趋势基本一致，从而不再做重复性的描述。

6.4　稳健性检验

为增强本书研究设计的严谨性，参考现有相关研究，本章从以下方面进行稳健性检验：

6.4.1 变更超额薪酬的度量方式

为强化对超额薪酬指标的度量，本章借助虚拟变量的度量指标（变量
Over），并以 Probit 回归的方式，借助模型（6-1）、模型（6-3）以及模型
（6-5），重新检验本章的研究假设，相关回归结果进一步支持了假设 2a、假
设 2b、假设 3 以及假设 4 的内容相关结果具体如表 6-7 与表 6-8 所示。

表 6-7　　　　模型（6-1）与模型（6-3）的 Probit 回归结果

变量	Overpay					
	(1)	(2)	(3)	(4)	(5)	(6)
Layer	0. 106 ***	0. 106 ***	0. 099 ***	0. 100 ***	0. 098 ***	0. 100 ***
	(3. 956)	(3. 949)	(3. 531)	(3. 549)	(3. 493)	(3. 521)
REM			0. 148 ***	0. 146 ***	0. 099 **	0. 095 **
			(2. 724)	(2. 677)	(2. 091)	(2. 025)
Layer × Roa	0. 823 ***	0. 819 ***	0. 761 ***	0. 756 ***	0. 589 **	0. 551 **
	(3. 238)	(3. 207)	(2. 786)	(2. 759)	(2. 086)	(2. 054)
REM × Roa					7. 829 ***	7. 956 ***
					(3. 608)	(3. 646)
Roa	- 0. 714 **	- 0. 697 **	- 0. 741 *	- 0. 727 *	- 0. 804 **	- 0. 794 *
	(- 2. 105)	(- 2. 047)	(- 1. 946)	(- 1. 921)	(- 2. 068)	(- 1. 907)
Size	0. 066 **	0. 069 **	0. 072 **	0. 073 **	0. 077 **	0. 073 **
	(2. 323)	(2. 160)	(2. 389)	(2. 139)	(2. 391)	(2. 109)
Lev	- 0. 285 *	- 0. 285 *	- 0. 256	- 0. 256	- 0. 252	- 0. 247
	(- 1. 914)	(- 1. 850)	(- 1. 600)	(- 1. 530)	(- 1. 572)	(- 1. 474)
Growth	- 0. 091 **	- 0. 099 ***	- 0. 125 ***	- 0. 134 ***	- 0. 127 ***	- 0. 136 ***
	(- 2. 536)	(- 2. 703)	(- 3. 202)	(- 3. 325)	(- 3. 240)	(- 3. 371)
IA	0. 097	0. 117	0. 231	0. 234	0. 193	0. 190
	(0. 191)	(0. 229)	(0. 429)	(0. 431)	(0. 358)	(0. 351)
Dual	0. 197 ***	0. 197 ***	0. 193 ***	0. 192 ***	0. 194 ***	0. 192 ***
	(3. 652)	(3. 633)	(3. 258)	(3. 223)	(3. 281)	(3. 232)

续表

变量	Overpay					
	(1)	(2)	(3)	(4)	(5)	(6)
Boardsize	0.073 ***	0.071 ***	0.069 ***	0.069 ***	0.068 ***	0.067 ***
	(4.085)	(3.949)	(3.709)	(3.615)	(3.609)	(3.525)
Ind_direct	0.707	0.710	0.856	0.851	0.823	0.813
	(1.345)	(1.349)	(1.514)	(1.503)	(1.455)	(1.435)
Herfind	0.405	0.380	− 0.256	− 0.229	− 0.363	− 0.311
	(0.322)	(0.297)	(− 0.193)	(− 0.170)	(− 0.271)	(− 0.229)
Top1	− 0.561 ***	− 0.569 ***	− 0.604 ***	− 0.610 ***	− 0.601 ***	− 0.606 ***
	(− 2.951)	(− 2.986)	(− 2.969)	(− 2.985)	(− 2.711)	(− 2.965)
Zone	0.007	0.006	0.044	0.044	0.046	0.047
	(0.106)	(0.092)	(0.664)	(0.675)	(0.698)	(0.705)
Year/Industry		Control		Control		Control
常数项	− 2.188 ***	− 2.124 ***	− 2.366 ***	− 2.319 ***	− 2.355 ***	− 2.289 ***
	(− 3.585)	(− 3.277)	(− 3.628)	(− 3.361)	(− 3.598)	(− 3.303)
Wald chi2	80.191	94.617	76.982	92.665	84.701	102.482
Pseudo R²	0.020	0.020	0.021	0.022	0.023	0.025
N	8012	8012	8012	8012	8012	8012

第（3）列与第（5）列中变量 Layer × Roa 系数的 t 值比较：chi2（1）=7.69　Prob > chi2 = 0.006

第（4）列与第（6）列中变量 Layer × Roa 系数的 t 值比较：chi2（1）= 10.95　Prob > chi2 = 0.001

由表 6 - 7 可知，第（1）列和第（2）列中，变量 Layer × Roa 的系数分别为 0.823 与 0.819，且均在 1% 的水平上显著，支持了假设 2a 的内容。表 6 - 7 的第（3）列与第（4）列中，变量 Layer × Roa 的系数分别为 0.761 以及 0.756，且均在 1% 的水平上显著；加入变量 REM × Roa 后，第（5）列与第（6）列中变量 REM × Roa 的系数分别为 7.829 与 7.956，且均在 1% 的水平上显著，第（3）列与第（4）列中的变量 Layer × Roa 系数分别显著大于第（5）列与第（6）列中的系数；同时，第（3）列与第（4）列中的 Pseudo R² 分别小于第（5）列与第（6）列中的 Pseudo R²，支持了假设 3 的内容。

表 6－8　模型（6－1）与模型（6－5）的 Probit 回归结果

Over

变量	(1)	(2)	(3)	(4)	(5)	(6)	(7)	(8)	(9)	(10)
Layer	0.106*** (3.956)	0.106*** (3.949)	0.112*** (7.748)	0.112*** (7.695)	0.110*** (7.659)	0.110*** (7.609)	0.109*** (7.574)	0.109*** (7.525)	0.109*** (7.551)	0.109*** (7.509)
ICM1			0.654** (2.511)	0.627** (2.398)	0.523** (2.367)	0.594** (2.250)				
ICM2							0.362** (2.006)	0.329** (2.072)	0.319** (2.083)	0.286** (2.150)
Layer×Roa	0.823*** (3.238)	0.819*** (3.207)	0.831*** (4.298)	0.825*** (4.247)	0.514*** (4.474)	0.509*** (4.428)	0.841*** (4.113)	0.820*** (4.243)	0.508*** (4.277)	0.495*** (4.237)
ICM1×Roa					27.352*** (2.968)	27.695*** (3.005)				
ICM2×Roa									6.945** (2.129)	6.956** (2.130)
Roa	-0.714** (-2.105)	-0.697** (-2.047)	-0.722** (-2.336)	-0.705** (-2.273)	-0.623** (-2.293)	-0.605** (-2.224)	-0.709** (-2.315)	-0.692** (-2.253)	-0.668** (-2.259)	-0.652** (-2.194)
Size	0.066** (2.323)	0.069** (2.160)	0.064*** (3.960)	0.068*** (3.915)	0.063*** (3.849)	0.066*** (3.783)	0.064*** (3.952)	0.068*** (3.870)	0.064*** (3.932)	0.067*** (3.825)
Lev	-0.285* (-1.914)	-0.285* (-1.850)	-0.273*** (-3.169)	-0.277*** (-3.086)	-0.279*** (-3.236)	-0.282*** (-3.131)	-0.267*** (-3.072)	-0.269*** (-2.971)	-0.269*** (-3.095)	-0.270*** (-2.977)
Growth	-0.091** (-2.536)	-0.099*** (-2.703)	-0.091*** (-2.646)	-0.099*** (-2.842)	-0.090*** (-2.618)	-0.098*** (-2.818)	-0.092*** (-2.683)	-0.100*** (-2.875)	-0.092*** (-2.697)	-0.100*** (-2.886)
IA	0.097 (0.191)	0.117 (0.229)	0.092 (0.307)	0.113 (0.377)	0.074 (0.247)	0.095 (0.315)	0.099 (0.331)	0.119 (0.396)	0.091 (0.304)	0.110 (0.366)

续表

变量	Over									
	(1)	(2)	(3)	(4)	(5)	(6)	(7)	(8)	(9)	(10)
Dual	0.197*** (3.652)	0.197*** (3.633)	0.194*** (6.116)	0.195*** (6.107)	0.197*** (6.206)	0.198*** (6.191)	0.196*** (6.158)	0.196*** (6.134)	0.197*** (6.183)	0.197*** (6.156)
Boardsize	0.073*** (4.085)	0.071*** (3.949)	0.073*** (6.907)	0.372*** (6.722)	0.074*** (6.986)	0.073*** (6.806)	0.073*** (6.857)	0.072*** (6.683)	0.073*** (6.865)	0.072*** (6.696)
Ind_direct	0.707 (1.345)	0.710 (1.349)	0.709** (2.243)	0.714** (2.256)	0.735** (2.320)	0.740** (2.333)	0.705** (2.228)	0.709** (2.238)	0.713** (2.252)	0.716** (2.260)
Herfind	0.405 (0.322)	0.380 (0.297)	0.416 (0.501)	0.379 (0.454)	0.474 (0.569)	0.444 (0.531)	0.426 (0.513)	0.398 (0.478)	0.413 (0.498)	0.390 (0.468)
Top1	-0.561*** (-2.951)	-0.569*** (-2.986)	-0.554*** (-5.454)	-0.562*** (-5.524)	-0.548*** (-5.394)	-0.556*** (-5.464)	-0.551*** (-5.415)	-0.560*** (-5.493)	-0.553*** (-5.429)	-0.562*** (-5.506)
Zone	0.007 (0.106)	0.006 (0.092)	0.008 (0.248)	0.007 (0.214)	0.006 (0.189)	0.005 (0.157)	0.009 (0.286)	0.008 (0.251)	0.008 (0.240)	0.007 (0.206)
Year/Industry		Control		Control		Control		Control		Control
常数项	-2.188*** (-3.585)	-2.124*** (-3.277)	-2.169*** (-6.069)	-2.115*** (-5.534)	-2.150*** (-6.013)	-2.088*** (-5.457)	-2.165*** (-6.053)	-2.104*** (-5.502)	-2.161*** (-6.041)	-2.094*** (-5.474)
Wald chi2	80.191	94.617	221.242	230.899	228.675	238.727	217.771	227.413	218.561	228.147
Pseudo R^2	0.020	0.020	0.020	0.021	0.024	0.028	0.026	0.031	0.027	0.034
N	8012	8012	8012	8012	8012	8012	8012	8012	8012	8012

第（3）列与第（5）列中变量 Layer×Roa 系数的 t 值比较：chi2（1）=11.05 Prob>chi2=0.001
第（4）列与第（6）列中变量 Layer×Roa 系数的 t 值比较：chi2（1）=11.24 Prob>chi2=0.001
第（7）列与第（9）列中变量 Layer×Roa 系数的 t 值比较：chi2（1）=11.15 Prob>chi2=0.001
第（8）列与第（10）列中变量 Layer×Roa 系数的 t 值比较：chi2（1）=13.98 Prob>chi2=0.000

由表6-8可知，第（3）列与第（4）列中，变量 *Layer × Roa* 系数分别为0.831与0.825，且均在1%的水平上显著；第（5）列与第（6）列中，变量 *Layer × Roa* 系数分别为0.514与0.509，且均在1%的水平上显著，分别显著小于第（3）列与第（4）列的变量 *Layer × Roa* 系数；同时，相对于第（3）列与第（4）列中的 Pseudo R^2，第（5）列与第（6）列中的 Pseudo R^2 也有所增加。同时，表6-8中，第（7）列与第（8）列中，变量 *Layer × Roa* 系数分别为0.841与0.820，且均在1%的水平上显著；第（9）列与第（10）列中，变量 *Layer × Roa* 系数分别为0.508与0.495，且均在1%的水平上显著，但分别显著小于第（7）列与第（8）列的变量 *Layer × Roa* 系数；同时，第（9）列与第（10）列中的 Pseudo R^2 也大于第（7）列与第（8）列中的 Pseudo R^2。上述研究结果增加了假设4研究结果的稳健性。

6.4.2 变换民营企业金字塔结构层级的度量指标

为进一步降低异方差的影响，本章运用变量 LnLayer，并借助模型（6-1）至模型（6-5），重新检验本章的研究假设，相关回归结果支持了假设2a、假设2b、假设3以及假设4的内容，相关结果具体如表6-9、表6-10与表6-11所示。

表6-9 模型（6-1）、模型（6-2）与模型（6-3）自然对数化后的回归结果

变量	Overpay		REM		Overpay			
	(1)	(2)	(3)	(4)	(5)	(6)	(7)	(8)
LnLayer	0.094 ***	0.098 ***	0.033 ***	0.023 ***	0.090 ***	0.099 ***	0.089 ***	0.099 ***
	(3.082)	(3.220)	(3.611)	(2.591)	(2.815)	(3.134)	(2.793)	(3.106)
REM					0.048 **	0.053 ***	0.029 *	0.033 *
					(2.453)	(2.849)	(1.796)	(1.854)
LnLayer × Roa	0.828 ***	0.863 ***			0.856 ***	0.860 ***	0.602 *	0.610 *
	(2.587)	(2.707)			(2.588)	(2.610)	(1.825)	(1.861)
REM × Roa							3.839 ***	3.823 ***
							(3.302)	(3.237)
Roa	−0.195 ***	−0.179 ***	0.064	0.059	−0.196 ***	−0.173 ***	−0.212 ***	−0.188 ***
	(−3.020)	(−2.878)	(1.246)	(1.276)	(−2.897)	(−2.714)	(−2.919)	(−2.766)

变量	Overpay		REM		Overpay			
	(1)	(2)	(3)	(4)	(5)	(6)	(7)	(8)
Size	0.039 ***	0.037 **	0.006	0.003	0.043 ***	0.037 **	0.043 ***	0.036 *
	(2.692)	(2.147)	(1.511)	(0.551)	(2.865)	(2.024)	(2.854)	(1.947)
Lev	−0.194 **	−0.195 **	0.053 **	0.051 **	−0.182 **	−0.178 **	−0.175 **	−0.174 **
	(−2.455)	(−2.428)	(2.282)	(2.115)	(−2.208)	(−2.042)	(−2.129)	(−1.997)
Growth	−0.041 **	−0.045 ***	0.083 ***	0.080 ***	−0.055 ***	−0.059 ***	−0.057 ***	−0.061 ***
	(−2.360)	(−2.579)	(8.692)	(8.542)	(−2.872)	(−3.084)	(−2.970)	(−3.177)
IA	0.394	0.351	−0.061	0.050	0.530 *	0.527 *	0.515 *	0.521 *
	(1.498)	(1.302)	(−0.792)	(0.657)	(1.897)	(1.847)	(1.850)	(1.832)
Dual	0.122 ***	0.123 ***	0.002	0.005	0.125 ***	0.127 ***	0.126 ***	0.127 ***
	(4.634)	(4.655)	(0.267)	(0.633)	(4.328)	(4.378)	(4.372)	(4.409)
Boardsize	0.035 ***	0.034 ***	−0.002	0.001	0.033 ***	0.033 ***	0.032 ***	0.032 ***
	(3.834)	(3.682)	(−0.688)	(0.289)	(3.406)	(3.368)	(3.289)	(3.279)
Ind_direct	0.394	0.432	0.018	−0.019	0.489 *	0.544 *	0.471	0.526 *
	(1.463)	(1.626)	(0.240)	(−0.283)	(1.686)	(1.896)	(1.632)	(1.841)
Herfind	0.603	1.438	0.209	0.075	0.394	1.543	0.341	1.577
	(1.050)	(1.553)	(1.183)	(0.315)	(0.622)	(1.484)	(0.537)	(1.510)
Top1	−0.298 ***	−0.306 ***	0.012	0.025	−0.336 ***	−0.351 ***	−0.335 ***	−0.351 ***
	(−3.113)	(−3.165)	(0.428)	(0.998)	(−3.275)	(−3.401)	(−3.121)	(−3.414)
Zone	0.031	0.033	0.008	0.009	0.054	0.055	0.056	0.056
	(0.993)	(1.017)	(0.962)	(1.103)	(1.589)	(1.580)	(1.640)	(1.632)
Year/Industry		Control		Control		Control		Control
常数项	−1.183 ***	−0.989 ***	−0.034	−0.094	−1.313 ***	−1.053 ***	−1.305 ***	−1.023 ***
	(−3.869)	(−2.709)	(−0.379)	(−0.897)	(−4.056)	(−2.715)	(−4.023)	(−2.630)
Adj R^2	0.033	0.039	0.046	0.108	0.037	0.043	0.041	0.047
F 值	6.315	3.231	12.486	10.081	6.277	3.129	6.170	3.084
N	8012	8012	8012	8012	8012	8012	8012	8012

第 (5) 列与第 (7) 列中变量 LnLayer × Roa 系数的 t 值比较: chi2 (1) = 7.85　Prob > chi2 = 0.005

第 (6) 列与第 (8) 列中变量 LnLayer × Roa 系数的 t 值比较: chi2 (1) = 7.16　Prob > chi2 = 0.008

表 6-10　模型（6-1）、模型（6-4）与模型（6-5）自然对数化后的回归结果（1）

变量	Overpay		ICM1		Overpay			
	（1）	（2）	（3）	（4）	（5）	（6）	（7）	（8）
LnLayer	0.094 ***	0.098 ***	0.017 ***	0.018 ***	0.098 ***	0.095 ***	0.096 ***	0.100 ***
	(3.082)	(3.220)	(5.386)	(5.516)	(2.983)	(2.911)	(3.187)	(3.067)
ICM1					0.221 **	0.223 **	0.202 *	0.221 *
					(1.996)	(2.115)	(1.709)	(1.716)
LnLayer × Roa	0.828 ***	0.863 ***			0.805 ***	0.818 ***	0.452 ***	0.413 ***
	(2.587)	(2.707)			(3.958)	(3.917)	(3.991)	(4.139)
ICM1 × Roa							15.595 ***	15.837 ***
							(3.251)	(3.324)
Roa	-0.195 ***	-0.179 ***	-0.001	-0.001	-0.196 ***	-0.188 ***	-0.175 ***	-0.159 ***
	(-3.020)	(-2.878)	(-0.032)	(-0.180)	(-3.159)	(-3.086)	(-2.947)	(-2.821)
Size	0.039 ***	0.037 **	-0.002	-0.002	0.038 ***	0.044 ***	0.037 ***	0.036 ***
	(2.692)	(2.147)	(-1.623)	(-1.227)	(3.014)	(3.301)	(2.913)	(3.086)
Lev	-0.194 **	-0.195 **	0.017 ***	0.014 *	-0.190 ***	-0.210 ***	-0.196 ***	-0.196 ***
	(-2.455)	(-2.428)	(2.744)	(1.869)	(-2.733)	(-2.976)	(-2.878)	(-2.897)
Growth	-0.041 **	-0.045 ***	0.001	0.001	-0.041 **	-0.044 ***	-0.040 **	-0.043 **
	(-2.360)	(-2.579)	(0.683)	(0.662)	(-2.468)	(-2.621)	(-2.387)	(-2.370)
IA	0.394	0.351	-0.010	-0.006	0.392 ***	0.409 ***	0.380 ***	0.341 **
	(1.498)	(1.302)	(-0.459)	(-0.266)	(2.785)	(2.889)	(2.704)	(2.339)
Dual	0.122 ***	0.123 ***	-0.004 *	-0.004 *	0.121 ***	0.124 ***	0.123 ***	0.123 ***
	(4.634)	(4.655)	(-1.897)	(-1.918)	(4.443)	(4.584)	(4.565)	(4.533)
Boardsize	0.035 ***	0.034 ***	0.001	0.001	0.035 ***	0.033 ***	0.035 ***	0.034 ***
	(3.834)	(3.682)	(1.347)	(1.314)	(4.148)	(3.834)	(4.262)	(4.023)
Ind_direct	0.394	0.432	0.003	0.012	0.394 *	0.402 *	0.408 *	0.449 **
	(1.463)	(1.626)	(0.110)	(0.445)	(1.697)	(1.755)	(1.787)	(2.084)
Herfind	0.603	1.438	0.023	0.179	0.607 *	1.511	0.634 *	1.484 **
	(1.050)	(1.553)	(0.254)	(1.076)	(1.769)	(1.492)	(1.857)	(2.431)
Top1	-0.298 ***	-0.306 ***	0.010	0.009	-0.296 ***	-0.299 ***	-0.292 ***	-0.299 ***
	(-3.113)	(-3.165)	(1.166)	(1.059)	(-3.331)	(-3.380)	(-3.244)	(-3.298)
Zone	0.031	0.033	0.002	0.003	0.032 **	0.031 **	0.031 **	0.033 **
	(0.993)	(1.017)	(0.714)	(0.932)	(2.201)	(2.109)	(2.123)	(2.209)

续表

变量	Overpay		ICM1		Overpay			
	(1)	(2)	(3)	(4)	(5)	(6)	(7)	(8)
Year/Industry		Control		Control		Control		Control
常数项	−1.183***	−0.989***	0.035	0.021	−1.174***	−1.178***	−1.167***	−0.976***
	(−3.869)	(−2.709)	(1.214)	(0.602)	(−7.164)	(−6.572)	(−7.119)	(−5.099)
Adj R²	0.033	0.039	0.034	0.052	0.033	0.033	0.035	0.042
F 值	6.315	3.231	7.196	4.409	19.732	11.964	19.230	8.977
N	8012	8012	8012	8012	8012	8012	8012	8012

第（5）列与第（7）列中变量 $LnLayer \times Roa$ 系数的 t 值比较：chi2（1）= 17.71　Prob > chi2 = 0.000
第（6）列与第（8）列中变量 $LnLayer \times Roa$ 系数的 t 值比较：chi2（1）= 19.04　Prob > chi2 = 0.000

表 6−11　模型（6−1）、模型（6−4）与模型（6−5）自然对数化后的回归结果（2）

变量	Overpay		ICM2		Overpay			
	(1)	(2)	(3)	(4)	(5)	(6)	(7)	(8)
LnLayer	0.094***	0.098***	0.018***	0.019***	0.097***	0.100***	0.096***	0.100***
	(3.082)	(3.220)	(6.991)	(6.773)	(3.010)	(2.937)	(3.467)	(3.110)
ICM2					0.136*	0.123*	0.099*	0.089*
					(1.818)	(1.721)	(1.803)	(1.727)
LnLayer × Roa	0.828***	0.863***			0.792***	0.806***	0.408***	0.395***
	(2.587)	(2.707)			(3.949)	(4.093)	(3.860)	(4.016)
ICM2 × Roa							6.192**	5.668**
							(2.044)	(2.113)
Roa	−0.195***	−0.179***	0.013**	0.012**	−0.194***	−0.177***	−0.180***	−0.165***
	(−3.020)	(−2.878)	(2.467)	(2.462)	(−3.193)	(−3.105)	(−3.148)	(−3.047)
Size	0.039***	0.037**	−0.004***	−0.005***	0.038***	0.036***	0.038***	0.036***
	(2.692)	(2.147)	(−2.920)	(−2.877)	(2.999)	(3.156)	(2.985)	(3.114)
Lev	−0.194**	−0.195**	0.047***	0.051***	−0.188***	−0.188***	−0.191***	−0.190***
	(−2.455)	(−2.428)	(6.465)	(6.158)	(−2.622)	(−3.280)	(−2.697)	(−3.320)
Growth	−0.041**	−0.045***	−0.001	−0.001	−0.042**	−0.045***	−0.042**	−0.045***
	(−2.360)	(−2.579)	(−0.500)	(−0.444)	(−2.488)	(−2.663)	(−2.494)	(−2.670)
IA	0.394	0.351	0.002	0.004	0.395***	0.352**	0.387***	0.344**
	(1.498)	(1.302)	(0.098)	(0.173)	(2.803)	(2.402)	(2.752)	(2.356)

续表

变量	*Overpay*		*ICM2*		*Overpay*			
	(1)	(2)	(3)	(4)	(5)	(6)	(7)	(8)
Dual	0.122 ***	0.123 ***	−0.003	−0.003	0.122 ***	0.122 ***	0.123 ***	0.123 ***
	(4.634)	(4.655)	(−1.357)	(−1.473)	(4.476)	(4.453)	(4.528)	(4.494)
Boardsize	0.035 ***	0.034 ***	0.001	0.001	0.035 ***	0.034 ***	0.035 ***	0.034 ***
	(3.834)	(3.682)	(0.101)	(0.193)	(4.113)	(3.851)	(4.143)	(3.887)
Ind_direct	0.394	0.432	−0.003	0.001	0.393 *	0.432 **	0.400 *	0.437 **
	(1.463)	(1.626)	(−0.122)	(0.004)	(1.685)	(2.163)	(1.730)	(2.000)
Herfind	0.603	1.438	0.062	0.211	0.611 *	1.464 **	0.597 *	1.444 **
	(1.050)	(1.553)	(0.634)	(1.138)	(1.783)	(2.486)	(1.754)	(2.469)
*Top*1	−0.298 ***	−0.306 ***	0.025 ***	0.026 ***	−0.294 ***	−0.303 ***	−0.295 ***	−0.303 ***
	(−3.113)	(−3.165)	(3.216)	(3.180)	(−3.283)	(−3.351)	(−3.300)	(−3.358)
Zone	0.031	0.033	0.007 **	0.007 **	0.032 **	0.034 **	0.031 **	0.032 **
	(0.993)	(1.017)	(2.521)	(2.385)	(2.228)	(2.271)	(2.135)	(2.192)
Year/Industry		Control		Control		Control		Control
常数项	−1.183 ***	−0.989 ***	0.066 **	0.063 *	−1.173 ***	−0.981 ***	−1.172 ***	−0.978 ***
	(−3.869)	(−2.709)	(2.357)	(1.851)	(−7.151)	(−5.108)	(−7.142)	(−5.093)
Adj R^2	0.033	0.039	0.065	0.075	0.033	0.039	0.033	0.040
F 值	6.315	3.231	14.863	6.668	19.693	8.899	18.608	8.770
N	8012	8012	8012	8012	8012	8012	8012	8012

第 (5) 列与第 (7) 列中变量 Ln*Layer* × *Roa* 系数的 t 值比较：chi2 (1) =21.09 Prob > chi2 =0.000
第 (6) 列与第 (8) 列中变量 Ln*Layer* × *Roa* 系数的 t 值比较：chi2 (1) =23.71 Prob > chi2 =0.000

由表 6－9 可知，第 (1) 列和第 (2) 列中，变量 Ln*Layer* × *Roa* 的系数分别为 0.828 与 0.863，且均在 1% 的水平上显著，回归结果支持了假设 2a 的内容。表 6－9 的第 (3) 列与第 (4) 列中，变量 Ln*Layer* 的系数分别为 0.033 以及 0.023，且均在 1% 的水平上显著；第 (7) 列与第 (8) 列中变量 *REM* × *Roa* 的系数分别为 3.839 与 3.823，且均在 1% 的水平上显著，第 (5) 列与第 (6) 列中的变量 Ln*Layer* × *Roa* 系数分别显著大于第 (7) 列与第 (8) 列中的系数，同时，相对于第 (5) 列与第 (6) 列中的 Adj R^2，第 (7) 列与第 (8) 列中的 Adj R^2 也分别增加，支持了假设 3 的内容。

由表 6－10 和表 6－11 可知，两表的第 (3) 列与第 (4) 列中，变量 Ln*Layer* 系数分别为 0.017 和 0.018 以及 0.018 和 0.019，且分别在 1% 的水平

上显著；两表的第（5）列与第（6）列中，变量 LnLayer × Roa 系数分别为 0.805 与 0.818 以及 0.792 和 0.806，且均在 1% 的水平上显著，但在第（7）列与第（8）列中的变量 LnLayer × Roa 系数却分别变为 0.452 与 0.413 以及 0.408 与 0.395，且分别在 1% 的水平上显著，第（5）列与第（6）列中的变量 LnLayer × Roa 系数分别显著大于第（7）列与第（8）列中的系数。两表的第（7）列与第（8）列中，变量 ICM1 × Roa 的系数分别为 15.595 与 15.837，均在 1% 的水平上显著，变量 ICM2 × Roa 的系数分别为 6.192 与 5.668，且均在 5% 的水平上显著；同时，相对于第（5）列与第（6）列中的 Adj R^2，第（7）列与第（8）列中的 Adj R^2 也有所增加，上述研究结果验证了假设 4 的内容。

6.4.3　降低内生性问题

参考上文降低内生性问题的研究方法，本章选取行业平均金字塔层级的数量作为工具变量（变量 ILayer）使用两阶段回归来控制潜在的内生性影响，并借助模型（6-1）至模型（6-5），重新检验本章的研究假设。其中，第一阶段回归中，工具变量的系数分别显著大于零，t 值均在 15 以上，且其 Adj R^2 也较大，但为了避免稳健性检验的表格过于繁杂，第一阶段的回归结果不再列示，第二阶段回归的相关结果具体如表 6-12、表 6-13 与表 6-14 所示。

表 6-12　模型（6-1）、模型（6-2）与模型（6-3）的二阶段回归结果

变量	Overpay		REM		Overpay			
	(1)	(2)	(3)	(4)	(5)	(6)	(7)	(8)
ILayer	0.053 ***	0.052 ***	0.086 ***	0.121 ***	0.052 ***	0.051 ***	0.052 ***	0.051 ***
	(3.882)	(3.809)	(4.215)	(4.555)	(3.193)	(3.101)	(3.573)	(3.450)
REM					0.082 *	0.088 *	0.038 *	0.045 *
					(1.773)	(1.766)	(1.750)	(1.758)
ILayer × Roa	0.385 ***	0.383 ***			0.359 ***	0.354 ***	0.208 **	0.203 **
	(2.868)	(2.843)			(2.691)	(2.642)	(2.320)	(2.266)
REM × Roa							2.874 ***	2.817 ***
							(3.863)	(3.794)

续表

变量	Overpay		REM		Overpay			
	（1）	（2）	（3）	（4）	（5）	（6）	（7）	（8）
Roa	−0.241***	−0.231***	0.062	0.058	−0.237***	−0.226***	−0.204***	−0.195***
	（−2.799）	（−2.743）	（1.187）	（1.062）	（−2.773）	（−2.709）	（−3.101）	（−3.045）
Size	0.035**	0.040**	0.001	−0.010	0.035**	0.041**	0.038***	0.043***
	（2.462）	（2.440）	（0.196）	（−1.316）	（2.465）	（2.471）	（2.932）	（3.166）
Lev	−0.172**	−0.189**	−0.019	−0.023	−0.182**	−0.201**	−0.207***	−0.226***
	（−2.224）	（−2.339）	（−0.609）	（−0.668）	（−2.362）	（−2.495）	（−2.976）	（−3.136）
Growth	−0.047***	−0.050***	0.090***	0.097***	−0.053***	−0.056***	−0.046***	−0.050***
	（−2.637）	（−2.750）	（8.504）	（8.398）	（−2.906）	（−3.040）	（−2.690）	（−2.879）
IA	0.405	0.420	−0.114	−0.178*	0.407	0.424	0.372***	0.390***
	（1.553）	（1.602）	（−1.274）	（−1.787）	（1.561）	（1.621）	（2.650）	（2.763）
Dual	0.125***	0.128***	0.022**	0.026**	0.125***	0.128***	0.125***	0.127***
	（4.795）	（4.840）	（2.173）	（2.387）	（4.793）	（4.847）	（4.733）	（4.850）
Boardsize	0.035***	0.034***	−0.001	0.001	0.035***	0.034***	0.035***	0.033***
	（3.869）	（3.686）	（−0.391）	（0.449）	（3.888）	（3.693）	（4.105）	（3.798）
Ind_direct	0.398	0.405	0.074	0.075	0.396	0.404	0.382***	0.391***
	（1.482）	（1.506）	（0.925）	（0.857）	（1.479）	（1.508）	（2.616）	（2.679）
Herfind	0.562	0.475	0.069	0.155	0.549	0.454	0.541	0.451
	（0.999）	（0.842）	（0.305）	（0.615）	（0.975）	（0.804）	（1.586）	（1.327）
Top1	−0.298***	−0.302***	−0.030	−0.045	−0.298***	−0.302***	−0.285***	−0.290***
	（−3.124）	（−3.158）	（−0.938）	（−1.243）	（−3.129）	（−3.168）	（−3.107）	（−3.191）
Zone	0.030	0.028	−0.010	−0.017	0.029	0.027	0.029**	0.027*
	（0.941）	（0.898）	（−0.947）	（−1.332）	（0.913）	（0.865）	（2.086）	（1.890）
Year/Industry		Control		Control		Control		Control
常数项	−1.176***	−1.167***	−0.061	−0.055	−1.184***	−1.175***	−1.218***	−1.214***
	（−3.827）	（−3.500）	（−0.632）	（−0.241）	（−3.861）	（−3.538）	（−7.380）	（−6.725）
Wald chi2	143.932	182.027	123.647	246.461	178.205	215.407	170.681	234.479
Adj R²	0.037	0.039	0.039	0.041	0.037	0.042	0.047	0.051
N	8012	8012	8012	8012	8012	8012	8012	8012

第（5）列与第（7）列中变量 $ILayer \times Roa$ 系数的 t 值比较：chi2（1）=10.96　Prob > chi2 = 0.001
第（6）列与第（8）列中变量 $ILayer \times Roa$ 系数的 t 值比较：chi2（1）=11.13　Prob > chi2 = 0.001

表6-13　模型（6-1）、模型（6-4）与模型（6-5）的二阶段回归结果（1）

变量	Overpay		ICM1		Overpay			
	（1）	（2）	（3）	（4）	（5）	（6）	（7）	（8）
ILayer	0.053 ***	0.052 ***	0.007 **	0.008 ***	0.055 ***	0.054 ***	0.055 ***	0.054 ***
	（3.882）	（3.809）	（2.135）	（2.741）	（3.152）	（2.967）	（3.037）	（2.859）
ICM1					0.262 *	0.263 *	0.243 *	0.243 *
					（1.914）	（1.907）	（1.783）	（1.772）
ILayer × Roa	0.385 ***	0.383 ***			0.346 ***	0.353 ***	0.215 ***	0.214 ***
	（2.868）	（2.843）			（4.225）	（4.196）	（4.552）	（4.533）
ICM1 × Roa							16.263 ***	16.268 ***
							（3.364）	（3.370）
Roa	−0.241 ***	−0.231 ***	−0.001	−0.002	−0.241 ***	−0.232 ***	−0.230 ***	−0.221 ***
	（−2.799）	（−2.743）	（−0.048）	（−0.226）	（−2.778）	（−2.732）	（−2.634）	（−2.586）
Size	0.035 **	0.040 **	−0.002 **	0.001	0.035 ***	0.040 ***	0.033 ***	0.038 ***
	（2.462）	（2.440）	（−2.199）	（0.843）	（3.047）	（2.791）	（3.355）	（3.270）
Lev	−0.172 **	−0.189 **	0.026 ***	0.026 ***	−0.167 **	−0.185 ***	−0.167 ***	−0.184 ***
	（−2.224）	（−2.339）	（5.834）	（4.728）	（−2.032）	（−3.245）	（−3.033）	（−3.215）
Growth	−0.047 ***	−0.050 ***	0.001	−0.001	−0.047 ***	−0.050 ***	−0.047 ***	−0.050 ***
	（−2.637）	（−2.750）	（0.334）	（−0.403）	（−2.773）	（−2.902）	（−2.771）	（−2.903）
IA	0.405	0.420	−0.005	0.006	0.403 *	0.418 *	0.394 ***	0.409 ***
	（1.553）	（1.602）	（−0.355）	（0.455）	（1.865）	（1.901）	（2.809）	（2.902）
Dual	0.125 ***	0.128 ***	−0.006 ***	−0.007 ***	0.124 ***	0.127 ***	0.126 ***	0.129 ***
	（4.795）	（4.840）	（−3.672）	（−4.318）	（4.688）	（4.821）	（4.829）	（4.950）
Boardsize	0.035 ***	0.034 ***	0.001 *	0.001	0.035 ***	0.034 ***	0.036 ***	0.034 ***
	（3.869）	（3.686）	（1.898）	（1.175）	（3.209）	（3.918）	（3.314）	（4.033）
Ind_direct	0.398	0.405	−0.005	−0.008	0.398 ***	0.406 ***	0.414 ***	0.421 ***
	（1.482）	（1.506）	（−0.340）	（−0.511）	（2.725）	（2.780）	（2.826）	（2.879）
Herfind	0.562	0.475	0.040	0.026	0.568 *	0.476	0.590 *	0.502
	（0.999）	（0.842）	（1.076）	（0.503）	（1.769）	（1.406）	（1.744）	（1.491）
Top1	−0.298 ***	−0.302 ***	0.016 ***	0.022 ***	−0.295 ***	−0.299 ***	−0.293 ***	−0.297 ***
	（−3.124）	（−3.158）	（3.448）	（4.287）	（−3.327）	（−3.391）	（−3.280）	（−3.346）
Zone	0.030	0.028	0.004 ***	0.006 ***	0.030 **	0.029 **	0.029 **	0.028 *
	（0.941）	（0.898）	（2.642）	（3.256）	（2.076）	（2.081）	（2.007）	（1.916）

续表

变量	Overpay		ICM1		Overpay			
	（1）	（2）	（3）	（4）	（5）	（6）	（7）	（8）
Year/Industry	Control		Control		Control		Control	
常数项	− 1. 176 ***	− 1. 167 ***	0. 032 **	0. 009	− 1. 168 ***	− 1. 162 ***	− 1. 147 ***	− 1. 136 ***
	（ − 3. 827）	（ − 3. 500）	（2. 068）	（0. 480）	（ − 7. 099）	（ − 6. 455）	（ − 6. 973）	（ − 6. 301）
Wald chi2	143. 932	182. 027	131. 736	176. 534	302. 391	314. 378	315. 602	327. 129
Adj R^2	0. 037	0. 039	0. 018	0. 019	0. 038	0. 040	0. 040	0. 044
N	8012	8012	8012	8012	8012	8012	8012	8012

第（5）列与第（7）列中变量 $ILayer \times Roa$ 系数的 t 值比较：chi2（1）= 11. 27　Prob > chi2 = 0. 001
第（6）列与第（8）列中变量 $ILayer \times Roa$ 系数的 t 值比较：chi2（1）= 11. 06　Prob > chi2 = 0. 001

表 6 − 14　模型（6 −1）、模型（6 −4）与模型（6 −5）的二阶段回归结果（2）

变量	Overpay		CIM2		Overpay			
	（1）	（2）	（3）	（4）	（5）	（6）	（7）	（8）
ILayer	0. 053 ***	0. 052 ***	0. 006 **	0. 008 **	0. 055 ***	0. 054 ***	0. 054 ***	0. 053 ***
	（3. 882）	（3. 809）	（2. 166）	（2. 075）	（3. 055）	（3. 852）	（3. 006）	（2. 821）
ICM2					0. 168 *	0. 158 *	0. 130 *	0. 121 *
					（1. 787）	（1. 797）	（1. 754）	（1. 777）
ILayer × Roa	0. 385 ***	0. 383 ***			0. 321 ***	0. 307 ***	0. 174 ***	0. 168 ***
	（2. 868）	（2. 843）			（4. 249）	（4. 225）	（4. 397）	（4. 384）
ICM2 × Roa							6. 526 *	6. 316 *
							（1. 723）	（1. 765）
Roa	− 0. 241 ***	− 0. 231 ***	0. 013 ***	0. 012 ***	− 0. 239 ***	− 0. 230 ***	− 0. 231 ***	− 0. 222 ***
	（ − 2. 799）	（ − 2. 743）	（2. 935）	（2. 926）	（ − 2. 800）	（ − 2. 754）	（ − 2. 755）	（ − 2. 708）
Size	0. 035 **	0. 040 **	− 0. 004 ***	− 0. 003 ***	0. 035 ***	0. 039 ***	0. 034 ***	0. 039 ***
	（2. 462）	（2. 440）	（ − 4. 290）	（ − 3. 028）	（3. 524）	（3. 729）	（3. 463）	（3. 621）
Lev	− 0. 172 **	− 0. 189 **	0. 051 ***	0. 052 ***	− 0. 164 *	− 0. 181 **	− 0. 164 ***	− 0. 179 ***
	（ − 2. 224）	（ − 2. 339）	（8. 366）	（8. 427）	（ − 1. 907）	（ − 2. 097）	（ − 2. 911）	（ − 3. 068）
Growth	− 0. 047 ***	− 0. 050 ***	− 0. 001	− 0. 002	− 0. 047 ***	− 0. 050 ***	− 0. 048 ***	− 0. 051 ***
	（ − 2. 637）	（ − 2. 750）	（ − 0. 671）	（ − 0. 915）	（ − 2. 800）	（ − 2. 926）	（ − 2. 849）	（ − 2. 969）
IA	0. 405	0. 420	0. 004	0. 009	0. 406 ***	0. 421 ***	0. 399 ***	0. 414 ***
	（1. 553）	（1. 602）	（0. 264）	（0. 550）	（2. 889）	（2. 981）	（2. 849）	（2. 938）

续表

变量	Overpay		CIM2		Overpay			
	（1）	（2）	（3）	（4）	（5）	（6）	（7）	（8）
Dual	0.125 ***	0.128 ***	− 0.003 **	− 0.004 **	0.125 ***	0.127 ***	0.126 ***	0.128 ***
	(4.795)	(4.840)	(−2.104)	(−2.453)	(4.725)	(4.842)	(4.787)	(4.893)
Boardsize	0.035 ***	0.034 ***	0.001	0.001	0.035 ***	0.034 ***	0.035 ***	0.034 ***
	(3.869)	(3.686)	(0.229)	(0.239)	(4.166)	(3.881)	(4.191)	(3.918)
Ind_direct	0.398	0.405	− 0.006	− 0.008	0.397 ***	0.404 ***	0.405 ***	0.411 ***
	(1.482)	(1.506)	(−0.425)	(−0.551)	(2.711)	(2.763)	(2.762)	(2.809)
Herfind	0.562	0.475	0.069	0.070	0.572 *	0.485	0.555 *	0.473
	(0.999)	(0.842)	(1.284)	(1.297)	(1.687)	(1.435)	(1.746)	(1.407)
Top1	− 0.298 ***	− 0.302 ***	0.029 ***	0.033 ***	− 0.294 ***	− 0.298 ***	− 0.296 ***	− 0.300 ***
	(−3.124)	(−3.158)	(5.652)	(6.141)	(−3.272)	(−3.342)	(−3.316)	(−3.386)
Zone	0.030	0.028	0.008 ***	0.008 ***	0.031 **	0.029 **	0.029 **	0.028 *
	(0.941)	(0.898)	(4.299)	(4.665)	(2.116)	(2.020)	(2.024)	(1.915)
Year/Industry		Control		Control		Control		Control
常数项	− 1.176 ***	− 1.167 ***	0.061 ***	0.054 **	− 1.165 ***	− 1.157 ***	− 1.157 ***	− 1.143 ***
	(−3.827)	(−3.500)	(3.276)	(2.501)	(−7.073)	(−6.412)	(−7.021)	(−6.332)
Wald chi2	143.932	182.027	345.051	365.420	302.021	313.957	308.252	319.595
Adj R^2	0.037	0.039	0.061	0.066	0.034	0.041	0.039	0.043
N	8012	8012	8012	8012	8012	8012	8012	8012

第（5）列与第（7）列中变量 $ILayer \times Roa$ 系数的 t 值比较：chi2（1）=15.77　Prob > chi2 = 0.000
第（6）列与第（8）列中变量 $ILayer \times Roa$ 系数的 t 值比较：chi2（1）=16.32　Prob > chi2 = 0.000

由表6–12可知，第（1）列和第（2）列中，变量 $ILayer \times Roa$ 的系数分别为0.385与0.383，且均在1%的水平上显著，支持了假设2a的内容。表6–9的第（3）列与第（4）列中，变量 $ILayer$ 的系数分别为0.086以及0.121，且均在1%的水平上显著；加入变量 $REM \times Roa$ 后，第（7）列与第（8）列中变量 $REM \times Roa$ 的系数分别为2.874与2.817，且均在1%的水平上显著，第（7）列与第（8）列中的变量 $ILayer \times Roa$ 系数分别显著小于第（5）列与第（6）列中的系数，相对于第（5）列与第（6）列的 Adj R^2，第（7）列与第（8）列中的 Adj R^2 也分别增加，支持了假设3的内容。

由表6–13和表6–14可知，两表的第（3）列与第（4）列中，变量

ILayer 系数分别为 0.007 和 0.008 以及 0.006 和 0.008，且除了表 6 - 13 中的第（4）列系数在 1% 的水平上显著，其他的系数均在 5% 的水平上显著；两表的第（5）列与第（6）列中，变量 ILayer × Roa 系数分别为 0.346 与 0.353 以及 0.321 和 0.307，且均在 1% 的水平上显著，但在第（7）列与第（8）列中的变量 ILayer × Roa 系数却分别变为 0.215 与 0.214 以及 0.174 与 0.168，且分别在 1% 的水平上显著，即第（5）列与第（6）列中的变量 ILayer × Roa 系数分别显著大于第（7）列与第（8）列中的系数。两表的第（7）列与第（8）列中，变量 ICM1 × Roa 的系数分别为 16.263 与 16.268，且均在 1% 的水平上显著，变量 ICM2 × Roa 的系数分别为 6.526 与 6.316，且均在 10% 的水平上显著；同时，相对于第（5）列与第（6）列中的 Adj R^2，第（7）列与第（8）列中的 Adj R^2 也有所增加，上述研究结果验证了假设 4 的内容。

6.4.4　变更样本量

为进一步提升研究设计的严谨性，本书将进一步剔除超额薪酬指标计算中的小于以及等于零样本，重新借助模型（6 - 1）至模型（6 - 5）重新检验本章假设内容，相关结果具体如表 6 - 15、表 6 - 16 与表 6 - 17 所示。

表 6 - 15　模型（6 - 1）、模型（6 - 2）与模型（6 - 3）变更样本量的回归结果

变量	Overpay		REM		Overpay			
	(1)	(2)	(3)	(4)	(5)	(6)	(7)	(8)
Layer	0.034 ***	0.029 ***	0.015 **	0.011 **	0.028 ***	0.023 **	0.024 **	0.019 *
	(3.425)	(2.922)	(2.466)	(2.073)	(2.729)	(2.262)	(2.076)	(1.903)
REM					0.028 ***	0.023 **	0.019 **	0.017 *
					(2.760)	(2.274)	(2.362)	(1.784)
Layer × Roa	0.202 **	0.192 **			0.193 **	0.198 **	0.110 **	0.107 *
	(2.314)	(2.185)			(2.203)	(2.013)	(2.010)	(1.830)
REM × Roa							2.103 ***	2.059 ***
							(2.945)	(2.794)
Roa	- 0.082 *	- 0.065 *	0.033	0.035	- 0.087 *	- 0.063 *	- 0.096 **	- 0.072 *
	(- 1.894)	(- 1.908)	(0.841)	(1.003)	(- 1.917)	(- 1.781)	(2.097)	(1.818)

续表

变量	Overpay		REM		Overpay			
	（1）	（2）	（3）	（4）	（5）	（6）	（7）	（8）
Size	0.023 **	0.037 ***	0.010 *	0.007	0.023 **	0.036 ***	0.024 **	0.036 ***
	(2.226)	(3.031)	(1.837)	(0.944)	(2.167)	(2.808)	(2.231)	(2.778)
Lev	-0.010	-0.073	0.026	0.027	-0.008	-0.060	-0.008	-0.060
	(-0.184)	(-1.305)	(0.860)	(0.825)	(-0.138)	(-0.990)	(-0.138)	(-0.996)
Growth	-0.002	-0.006	0.089 ***	0.083 ***	-0.004	-0.010	-0.006	-0.012
	(-0.158)	(-0.448)	(6.279)	(6.011)	(-0.304)	(-0.714)	(-0.419)	(-0.829)
IA	0.179	0.147	-0.011	0.165	0.300	0.219	0.293	0.218
	(0.814)	(0.661)	(-0.098)	(1.495)	(1.304)	(0.934)	(1.276)	(0.928)
Dual	0.043 **	0.050 **	0.003	0.007	0.042 *	0.051 **	0.043 *	0.052 **
	(2.100)	(2.487)	(0.301)	(0.705)	(1.848)	(2.320)	(1.908)	(2.360)
Boardsize	0.015 **	0.011 *	-0.003	-0.001	0.015 **	0.011 *	0.015 **	0.011 *
	(2.467)	(1.804)	(-0.984)	(-0.318)	(2.287)	(1.762)	(2.201)	(1.728)
Ind_direct	0.206	0.172	-0.005	-0.058	0.290	0.285	0.280	0.278
	(1.025)	(0.910)	(-0.048)	(-0.595)	(1.375)	(1.438)	(1.334)	(1.403)
Herfind	0.124	0.268	0.060	0.019	0.168	0.253	0.141	0.292
	(0.266)	(0.386)	(0.253)	(0.057)	(0.316)	(0.321)	(0.262)	(0.364)
Top1	-0.164 **	-0.183 ***	0.014	0.021	-0.155 **	-0.173 **	-0.156 **	-0.175 **
	(-2.393)	(-2.671)	(0.381)	(0.633)	(-2.090)	(-2.349)	(-2.111)	(-2.382)
Zone	0.022	0.013	0.003	-0.003	0.032	0.021	0.034	0.022
	(0.966)	(0.570)	(0.265)	(-0.319)	(1.350)	(0.885)	(1.409)	(0.931)
Year/Industry		Control		Control		Control		Control
常数项	-0.279	-0.230	-0.088	-0.135	-0.317	-0.224	-0.328	-0.216
	(-1.227)	(-0.903)	(-0.717)	(-0.991)	(-1.313)	(-0.830)	(-1.363)	(-0.801)
Adj R^2	0.028	0.058	0.038	0.114	0.027	0.060	0.031	0.067
F 值	6.085	3.208	5.796	4.241	6.704	3.547	7.819	5.012
N	4169	4169	4169	4169	4169	4169	4169	4169

第（5）列与第（7）列中变量 Layer×Roa 系数的 t 值比较：chi2（1）=17.02 Prob > chi2 = 0.000
第（6）列与第（8）列中变量 Layer×Roa 系数的 t 值比较：chi2（1）=18.31 Prob > chi2 = 0.000

表 6 – 16 模型（6 – 1）、模型（6 – 4）与模型（6 – 5）变更样本量的回归结果（1）

变量	Overpay		ICM1		Overpay			
	（1）	（2）	（3）	（4）	（5）	（6）	（7）	（8）
Layer	0.034***	0.029***	0.007***	0.008***	0.032***	0.027***	0.031***	0.027***
	(3.425)	(2.922)	(3.671)	(3.796)	(3.155)	(2.657)	(3.143)	(2.638)
ICM1					0.301*	0.317*	0.294*	0.264*
					(1.814)	(1.807)	(1.830)	(1.759)
Layer × Roa	0.202**	0.192**			0.197**	0.201**	0.104*	0.095*
	(2.314)	(2.185)			(2.402)	(2.315)	(1.692)	(1.860)
ICM1 × Roa							12.257**	11.681**
							(2.341)	(2.325)
Roa	−0.082*	−0.065*	−0.001	−0.001	−0.082*	−0.064	−0.071*	−0.054
	(−1.894)	(−1.908)	(−0.092)	(−0.221)	(−1.902)	(−1.524)	(−1.692)	(−1.269)
Size	0.023**	0.037***	−0.003*	−0.003	0.024**	0.038***	0.023**	0.037***
	(2.226)	(3.031)	(−1.908)	(−1.605)	(2.327)	(3.119)	(2.246)	(3.063)
Lev	−0.010	−0.073	0.012	0.015*	−0.015	−0.078	−0.016	−0.079
	(−0.184)	(−1.305)	(1.582)	(1.690)	(−0.274)	(−1.394)	(−0.294)	(−1.413)
Growth	−0.002	−0.006	−0.001	−0.001	−0.002	−0.006	−0.001	−0.005
	(−0.158)	(−0.448)	(−0.086)	(−0.100)	(−0.141)	(−0.433)	(−0.082)	(−0.382)
IA	0.179	0.147	0.013	0.015	0.175	0.142	0.168	0.137
	(0.814)	(0.661)	(0.373)	(0.381)	(0.795)	(0.641)	(0.773)	(0.627)
Dual	0.043**	0.050**	−0.005**	−0.005**	0.045**	0.051**	0.045**	0.052***
	(2.100)	(2.487)	(−2.112)	(−2.237)	(2.184)	(2.470)	(2.231)	(2.613)
Boardsize	0.015**	0.011*	0.001	0.000	0.015**	0.011*	0.016**	0.012*
	(2.467)	(1.804)	(0.785)	(0.306)	(2.432)	(1.791)	(2.325)	(1.899)
Ind_direct	0.206	0.172	−0.034	−0.027	0.217	0.180	0.236	0.197
	(1.025)	(0.910)	(−1.147)	(−0.925)	(1.083)	(0.955)	(1.178)	(1.050)
Herfind	0.124	0.268	0.090	0.333	0.094	0.168	0.095	0.136
	(0.266)	(0.386)	(0.684)	(1.410)	(0.211)	(0.251)	(0.216)	(0.208)
Top1	−0.164**	−0.183***	0.012	0.013	−0.168**	−0.187***	−0.166**	−0.184***
	(−2.393)	(−2.671)	(1.086)	(1.188)	(−2.468)	(−2.743)	(−2.462)	(−2.722)
Zone	0.022	0.013	0.001	0.002	0.022	0.013	0.020	0.011
	(0.966)	(0.570)	(0.104)	(0.444)	(0.961)	(0.549)	(0.883)	(0.484)

续表

变量	Overpay		ICM1		Overpay			
	（1）	（2）	（3）	（4）	（5）	（6）	（7）	（8）
Year/Industry		Control		Control		Control		Control
常数项	− 0. 279	− 0. 230	0. 063 **	0. 053	− 0. 302	− 0. 247	− 0. 294	− 0. 240
	（ − 1. 227）	（ − 0. 903）	（2. 134）	（1. 539）	（ − 1. 329）	（ − 0. 975）	（ − 1. 298）	（ − 0. 949）
Adj R²	0. 028	0. 058	0. 036	0. 057	0. 031	0. 051	0. 034	0. 054
F 值	6. 085	3. 208	3. 704	2. 542	6. 318	3. 223	7. 547	4. 097
N	4169	4169	4169	4169	4169	4169	4169	4169

第（5）列与第（7）列中变量 Layer × Roa 系数的 t 值比较：chi2（1）=21. 11　Prob > chi2 = 0. 000
第（6）列与第（8）列中变量 Layer × Roa 系数的 t 值比较：chi2（1）=24. 24　Prob > chi2 = 0. 000

表 6 – 17　模型（6 – 1）、模型（6 – 4）与模型（6 – 5）变更样本量的回归结果（2）

变量	Overpay		ICM2		Overpay			
	（1）	（2）	（3）	（4）	（5）	（6）	（7）	（8）
Layer	0. 034 ***	0. 029 ***	0. 007 ***	0. 007 ***	0. 034 ***	0. 029 ***	0. 034 ***	0. 029 ***
	（3. 425）	（2. 922）	（3. 499）	（3. 807）	（3. 375）	（2. 873）	（3. 355）	（2. 865）
ICM2					0. 102 **	0. 097 **	0. 098 **	0. 101 **
					（2. 201）	（2. 237）	（2. 014）	（2. 067）
Layer × Roa	0. 202 **	0. 192 **			0. 221 **	0. 217 **	0. 101	0. 091
	（2. 314）	（2. 185）			（2. 307）	（2. 374）	（1. 479）	（1. 458）
ICM2 × Roa							6. 432 *	4. 542 **
							（1. 797）	（2. 043）
Roa	− 0. 082 *	− 0. 065 *	0. 012 **	0. 013 **	− 0. 082 *	− 0. 065 *	− 0. 073 *	− 0. 058
	（ − 1. 894）	（ − 1. 908）	（2. 422）	（2. 260）	（ − 1. 885）	（ − 1. 702）	（ − 1. 745）	（ − 1. 409）
Size	0. 023 **	0. 037 ***	− 0. 004 **	− 0. 006 ***	0. 021 **	0. 036 ***	0. 022 **	0. 036 ***
	（2. 226）	（3. 031）	（ − 2. 463）	（ − 2. 699）	（2. 070）	（2. 853）	（2. 011）	（2. 854）
Lev	− 0. 010	− 0. 073	0. 047 ***	0. 057 ***	− 0. 010	− 0. 074	− 0. 010	− 0. 073
	（ − 0. 184）	（ − 1. 305）	（4. 743）	（5. 169）	（ − 0. 192）	（ − 1. 326）	（ − 0. 195）	（ − 1. 298）
Growth	− 0. 002	− 0. 006	− 0. 001	− 0. 001	− 0. 002	− 0. 005	− 0. 002	− 0. 005
	（ − 0. 158）	（ − 0. 448）	（ − 0. 015）	（ − 0. 122）	（ − 0. 127）	（ − 0. 413）	（ − 0. 131）	（ − 0. 419）
IA	0. 179	0. 147	0. 013	0. 009	0. 183	0. 149	0. 172	0. 140
	（0. 814）	（0. 661）	（0. 350）	（0. 236）	（0. 832）	（0. 673）	（0. 794）	（0. 639）

续表

变量	Overpay		ICM2		Overpay			
	（1）	（2）	（3）	（4）	（5）	（6）	（7）	（8）
Dual	0.043 **	0.050 **	−0.003	−0.004	0.043 **	0.050 **	0.044 **	0.050 **
	(2.100)	(2.487)	(−1.406)	(−1.483)	(2.113)	(2.496)	(2.135)	(2.511)
Boardsize	0.015 **	0.011 *	−0.001	−0.001	0.015 **	0.011 *	0.015 **	0.011 *
	(2.467)	(1.804)	(−0.467)	(−0.731)	(2.481)	(1.818)	(2.469)	(1.821)
Ind_direct	0.206	0.172	−0.016	−0.014	0.208	0.174	0.212	0.176
	(1.025)	(0.910)	(−0.567)	(−0.504)	(1.036)	(0.919)	(1.054)	(0.934)
Herfind	0.124	0.268	0.062	0.314	0.098	0.212	0.066	0.184
	(0.266)	(0.386)	(0.420)	(1.136)	(0.214)	(0.306)	(0.148)	(0.269)
Top1	−0.164 **	−0.183 ***	0.021 **	0.023 **	−0.166 **	−0.184 ***	−0.167 **	−0.184 ***
	(−2.393)	(−2.671)	(2.374)	(2.503)	(−2.413)	(−2.684)	(−2.432)	(−2.682)
Zone	0.022	0.013	0.009 **	0.008 **	0.021	0.012	0.020	0.012
	(0.966)	(0.570)	(2.125)	(2.098)	(0.935)	(0.544)	(0.882)	(0.507)
Year/Industry		Control		Control		Control		Control
常数项	−0.279	−0.230	0.075 **	0.082 *	−0.247	−0.205	−0.253	−0.208
	(−1.227)	(−0.903)	(2.125)	(1.834)	(−1.027)	(−0.775)	(−1.052)	(−0.786)
Adj R²	0.028	0.058	0.060	0.079	0.028	0.058	0.029	0.059
F 值	6.085	3.208	6.415	3.535	4.779	3.987	6.779	4.012
N	4169	4169	4169	4169	4169	4169	4169	4169

由表 6 − 15 可知，第（1）列和第（2）列中，变量 $Layer \times Roa$ 的系数分别为 0.202 与 0.192，且均在 5% 的水平上显著，支持了假设 2a 的内容。表 6 − 15 的第（3）列与第（4）列中，变量 $Layer$ 的系数分别为 0.015 以及 0.011，且均在 5% 的水平上显著；加入变量 $REM \times Roa$ 后，第（7）列与第（8）列中变量 $REM \times Roa$ 的系数分别为 2.103 与 2.059，且均在 1% 的水平上显著，第（7）列与第（8）列中的变量 $Layer \times Roa$ 系数分别显著小于第（5）列与第（6）列中的系数，相对于第（5）列与第（6）列的 Adj R²，第（7）列与第（8）列中的 Adj R² 也分别增加，支持了假设 3 的内容。

由表 6 − 16 和表 6 − 17 可知，两表的第（3）列与第（4）列中，变量 $Layer$ 系数分别为 0.007 和 0.008 以及 0.007 和 0.007，且均在 1% 的水平上显著；两表的第（5）列与第（6）列中，变量 $Layer \times Roa$ 系数分别为 0.197 与

0.201 以及 0.221 和 0.217，且均在 5% 的水平上显著，但在表 6 − 16 中，第
（7）列与第（8）列中的变量 $Layer \times Roa$ 系数却分别变为 0.104 与 0.095，均
在 10% 的水平上显著，显著小于第（7）列与第（8）列中的系数，且在
表 6 − 17 中，第（7）列与第（8）列中的变量 $Layer \times Roa$ 系数均不显著。两
表的第（7）列与第（8）列中，变量 $ICM1 \times Roa$ 的系数分别为 12.257 与
11.681，且均在 5% 的水平上显著，变量 $ICM2 \times Roa$ 的系数分别为 6.432 与
4.542，且分别在 10% 与 5% 的水平上显著；同时，相对于第（5）列与第
（6）列中的 Adj R^2，第（7）列与第（8）列中的 Adj R^2 也有所增加，上述研
究结果验证了假设 4 的内容。

6.5　本章小结

　　本章深入探讨民营企业金字塔结构层级对底层企业高管薪酬辩护的影响，
并借助中国沪深 A 股 2004 ~ 2015 年的上市公司数据，实证检验本章的研究假
设。本章首先探讨民营企业金字塔结构层级对底层企业高管薪酬辩护的影响，
剖析层级的增加对底层企业超额薪酬的影响若是最终控制人与底层企业高管
"合谋"与企业集团"平均主义"问题所诱发的经济后果；其次，本章进一
步深入讨论真实盈余管理以及关联交易在底层企业高管借助层级的增加实现
"结果正当性"薪酬辩护中的中介效应；再次，实证检验本章的研究假设；
最后，本章通过稳健性检验增强本章研究设计的分析结果。

　　本章研究结论表明，民营企业金字塔结构层级的增加，显著加剧了底层
企业高管借助超额薪酬 – 业绩敏感性实施"结果正当性"的薪酬辩护行为。
上述研究结果也进一步排除了随着民营企业金字塔结构的层级的增加，最终控
制人实施企业集团内部的"平均主义"行为及其与底层企业高管"合谋"的情
况对底层企业高管摄取超额薪酬影响的替代性解释；即印证了随着民营企业金
字塔结构层级的增加，底层企业高管超额薪酬的增加是层级的增加加剧其自身
的权力与加重企业集团信息环境恶化的结果。在此基础上，本章进一步深入探
讨了底层企业高管借助层级的增加实施薪酬辩护的路径，研究发现，真实盈余
管理以及关联交易在民营企业金字塔结构层级对薪酬辩护影响中的中介效应。

第7章

薪酬委员会在民营企业金字塔结构层级对超额薪酬与薪酬辩护影响中的调节效应

本章将探讨薪酬委员会在民营企业金字塔结构层级对超额薪酬与薪酬辩护影响中的作用，并实证检验相关的研究假设内容。本章首先围绕薪酬委员会独立性以及薪酬委员会与审计委员会交叠的两个特点，理论分析底层企业薪酬委员会在民营企业金字塔结构层级的增加对底层企业高管超额薪酬与薪酬辩护影响中的调节作用，提出研究假设；其次，实证检验研究假设，即以分组检验的研究方法，检验薪酬委员会上述两个特征的调节效应；最后，借助相关的稳健性检验，增强本章研究结论的稳健性。

7.1　理论分析与研究假设

《上市公司治理准则》提出上市公司应建立薪酬委员会，但并未十分详尽地规定其成员的具体任职条件，也未明确薪酬委员会与董事会其他部门人员的交叠程度。现有部分相关学者认为这一制度背景在中国并不具备。中国部分上市公司的董事长或总经理在薪酬委员会兼职，甚至成为该委员会主任；同时，也出现薪酬委员会与董事会其他部门成员交叠的情形。在此背景下，薪酬委员会独立性以及薪酬委员会与其他部门成员的交叠能否有效发挥高管薪酬的治理作用引起相关学者的广泛关注。有鉴于此，本节主要从民营企业薪酬委员会独立性及其与审计委员会的交叠两个特征为研究视角，探讨薪酬委员会在民营企业金字塔结构对超额薪酬及薪酬辩护影响中的作用。

7.1.1 薪酬委员会独立性调节效应的理论分析与研究假设

薪酬委员会独立性可抑制底层企业借助层级的增加摄取超额薪酬，以及缓解其实施薪酬辩护的行为。随着民营企业金字塔结构层级增加，底层企业薪酬委员会独立性的增强不仅能够缓解底层企业高管借助权力与影响的增加来俘获董事会，而且能够改善企业集团的信息环境，从而降低底层企业高管借助层级的增加摄取私有收益的行为。

在金字塔结构的民营企业集团中，底层企业高管摄取超额薪酬与实施薪酬辩护的根本原因在于其能够干预自身薪酬契约的制定与执行。随着民营企业金字塔结构层级的增加，底层企业高管的权力不断加大，企业集团的信息环境所承受的不利影响也逐步增加，从而为底层企业高管摄取超额收益以及实施薪酬辩护的行为提供了机会。

薪酬委员会在设计高管人员的薪酬合约时充当监督人角色，从而能够比所有者更有效地约束高管摄取私有收益的行为（Tirole，1986）。薪酬委员会作为董事会按照股东大会决议而常设的专门委员会，其成员往往由独立董事兼任，负责公司董事及高管人员的考核并制定薪酬方案，从薪酬委员会行为可以分析出高管超额薪酬以及薪酬辩护的形成路径。因而，在现代企业制度下，董事会在平衡最终控制人与企业高管的利益方面扮演着至关重要的决策，薪酬委员会作为董事会中制定与执行企业高管薪酬契约的部门，对抑制企业高管摄取私有收益的行为发挥着关键作用。

在委托人—监督者—代理人的三层次代理模型中，独立董事的增加能够有效提升薪酬委员会的独立性，从而有助于薪酬委员会抑制民营企业金字塔结构的上述作用。保持薪酬董事会的独立性有利于抑制高管摄取私有收益，改善高管薪酬契约的制定与执行（Bebchuk et al.，2002）。相对于底层企业的内部董事而言，独立董事为了在职业市场上的声誉及其未来的报酬收入，即使缺乏显性激励，但其也仍然会积极努力地工作（Fama，1980；Fama and Jensen，1983）。在中国制度背景下，唐清泉和罗党论（2006）认为中国上市公司的独立董事大部分为社会知名人士，在职业市场中会十分注重个人的声誉，会出于对个人声誉的考虑，借助其在公司治理的作用传达他们是具有专业的决策控制专家的动机更强。同时，相对于独立董事而言，内部董事的选人直接受制于企业最终控制人，也会受到企业高管较大的影响。

有鉴于此，独立董事能更客观地监督底层企业高管的行为，以及向最终控制人传递更多的信息改善企业集团的信息环境；从而使底层企业高管薪酬契约的设计更公正，以缓解底层企业高管借助层级的增加，摄取超额薪酬及实施薪酬辩护的行为。在此背景下，相对于内部董事而言，薪酬委员会中的独立董事能够在一定程度上制衡企业内部董事会对高管薪酬的影响。因而，独立董事在薪酬委员会中占据重要的地位，独立董事的数量的增加会加强薪酬委员会职责履行越客观、控制能力越强；从而独立董事的增加会提升薪酬委员会独立性。

由上文分析可知，层级的增加所诱发的底层企业高管权力增加，以及企业集团信息环境恶化的加剧，成为加重底层企业高管摄取超额薪酬与薪酬辩护的直接诱因。底层企业薪酬委员会独立性的加强会强化对高管的监督，维护最终控制人的利益目标，从而会抑制高管借助层级的增加，利用自身权力的增加来摄取超额薪酬。底层企业薪酬委员会独立性的加强也会有助于改善企业集团的信息环境，缓解高管借助层级的增加，倚靠自身的信息优势过分夸大经营困难与为其经营决策失败寻求借口来摄取超额薪酬。

同时，底层企业薪酬委员会独立性在层级的增加对高管权力与企业集团信息环境影响中的作用，也会限制高管借助层级的增加，通过真实盈余管理与关联交易实现"结果正当性"的薪酬辩护。随着层级的增加，底层企业高管会借助权力的增加以及企业集团环境的恶化为其超额薪酬实施薪酬辩护。底层企业薪酬委员会独立性的提升有助于揭开底层企业经营业绩增长的动因，防止高管利用真实盈余管理与关联交易，粉饰短期经营业绩来为其摄取的超额薪酬提供合理化理由。

因而，薪酬委员会独立性能够抑制民营企业集团中底层企业高管借助金字塔结构层级的增加摄取超额薪酬与实施薪酬辩护来满足私有收益的行为。据此，本章提出假设 5 与假设 6：

H5：薪酬委员会独立性在民营企业金字塔结构层级对底层企业高管超额薪酬的影响中存在显著的负向调节效应。

H6：薪酬委员会独立性在民营企业金字塔结构层级对底层企业高管超额薪酬－业绩敏感性的影响中存在显著的负向调节效应。

7.1.2 薪酬委员会与审计委员会的交叠调节效应的理论分析与研究假设

底层企业薪酬委员会与审计委员会的交叠会降低高管运用自身的权力干预其薪酬契约订立与执行中的难度。在民营企业集团中，金字塔结构层级的增加会加大底层企业高管的权力以及企业集团信息环境的恶化，从而加剧其摄取超额薪酬与实施"结果正当性"的薪酬辩护。然而，薪酬委员会与审计委员会的交叠在一定程度上也可能会促进两个专业委员会的协调与专业性的提升，从而会有助于对底层高管薪酬契约制定与执行的监督。

企业高管借助自身的权力俘获董事会成为其摄取超额薪酬与实施"结果正当性"薪酬辩护的重要方式。随着民营企业金字塔结构层级的增加，底层企业高管的权力也会相应加大。底层企业的审计委员会则在一定程度上能够补充薪酬委员会对其高管监督的失效之处，从而会增强对其高管摄取超额薪酬的制衡。然而，若上述两个委员会交叠的程度较大，则降低了底层企业高管通过俘获董事会以及薪酬委员会的难度。因而，两个委员会的交叠会加剧底层企业高管借助层级的增加摄取超额薪酬与实施薪酬辩护。

同时，底层企业薪酬委员会与审计委员会的交叠也会加剧企业集团信息环境的恶化，从而加剧底层企业高管借助层级的增加摄取超额薪酬与实施薪酬辩护。在信息不对称的情况下，企业高管为借助盈余管理行为，是操控薪酬契约的重要方式（Balsam，1998；李延喜等，2007）。因而，若经营业绩成为高管薪酬的重要标准，则高管会设法借助盈余管理粉饰经营业绩，来摄取超额薪酬以及进行"结果正当性"的薪酬辩护。然而，薪酬委员会必然会深入判断企业的经营业绩，权衡操纵性盈余与非操纵性盈余对其经营业绩产生的影响。薪酬委员会意识到自愿离职的高管更可能在离职前从事以薪酬为目的的盈余操纵，基于这一判断，他们在高管离任前一年采取了相应的对策，导致现金薪酬与操纵性应计利润的正向关系显著降低（Huson et al.，2012）。

有鉴于此，尽管底层企业高管会借助层级的增加所增加的权力与影响以及企业集团信息环境的恶化实现上述结果，仍然需要在薪酬委员会中推出一个利己的薪酬方案，并且需要审计委员会对其盈余管理行为不能持有否定的态度。而对于企业的审计委员会而言，即使在形式上的独立也并非能够代表着其实质上的独立性，高管仍能够借助其自身的权力与影响干预审计委员会的监督活动（王守海、李云，2012）。当高管权力的增加时，其更倾向于利用盈余操纵获取绩效薪酬（权小锋等，2010；谢德仁等，2012），这表明薪酬委员会畏惧高管的权力，在谈判中表现为弱势。在此背景下，对于底层企业高管而言，若其能够同时获得薪酬委员会与审计委员会的董事的认可，则其摄取私有收益的行为则会更加容易。

审计委员会与薪酬委员会的交叠则恰好给底层企业高管营造了摄取超额薪酬与实施薪酬辩护的良好机会。高管在向董事会施加影响的过程中，在委员会间交叉任职的董事可能是他们重点拉拢的对象。黄炳贤和金书英（Hwang and Kim，2009）就指出网络当中的成员可能会彼此偏爱甚至"合谋"。无论从经济利益还是社会关系的角度来看，这些董事都具有被俘获的可能。以盈余管理为手段的薪酬操纵第一环节是需要高管通过与交叉任职的董事形成合谋能够更多地从事盈余操纵。相比在激励与监督两边分别施加影响，高管对交叠任职的董事进行收买与俘获显然是一种低成本的策略，能达到"一石二鸟"的效果。

在这一情形下，交叉任职的董事的态度至关重要。从专业知识的角度，他们更有能力识别盈余成分的差异，但如果这些董事采取了迎合的态度，高管将能更轻易地实现薪酬操纵。同时，两个委员会的交叠会进一步恶化民营企业集团的信息环境。两个委员会的交叠也会进一步阻碍薪酬委员会对底层企业高管薪酬契约有效性的提升，并不会抑制民营企业金字塔结构层级的增加加剧底层企业高管摄取超额薪酬，以及进行"结果正当性"的薪酬辩护的作用。

然而，底层企业薪酬委员会与审计委员会的交叠在也可能会存在提升两个专业委员会的协调与专业性的情况。上述两个委员会的交叠可能会促进彼此之间的信息的沟通，以及对底层企业经营管理更加深入的了解，从而可能会提升两个专业委员会的协调与专业性。尽管底层企业高管随着金字塔结构层级的增加会获取更多的权力，以及借助企业集团信息环境的恶化，加重其摄取超额薪酬与实施薪酬辩护行为。在此背景下，薪酬委员会与审计委员会的交叠则将会增进对底层企业高管薪酬契约的治理效果，即能够显著缓解层级的增加对底层企业高管超额薪酬与薪酬辩护的影响。

因而，基于上述分析，薪酬委员会与审计委员会的交叠对薪酬委员会在底层企业高管薪酬契约中的治理作用既有可能降低也有可能会加强。据此，本章提出假设 7a 与假设 7b 以及假设 8a 与假设 8b：

H7a：薪酬委员会与审计委员会的交叠在民营企业金字塔结构层级对底层企业高管超额薪酬的影响中存在显著的正向调节效应。

H7b：薪酬委员会与审计委员会的交叠在民营企业金字塔结构层级对底层企业高管超额薪酬的影响中存在显著的负向调节效应。

H8a：薪酬委员会与审计委员会的交叠在民营企业金字塔结构对底层企业高管超额薪酬 - 业绩敏感性的影响中存在显著的正向调节效应。

H8b：薪酬委员会与审计委员会的交叠在民营企业金字塔结构对底层企业高管超额薪酬 - 业绩敏感性的影响中存在显著的负向调节效应。

7.2 研究设计

本章的研究设计具体包括样本数据、变量定义以及模型设计，形成上述研究假设实证检验的基础。

7.2.1 样本数据

样本数据筛选的方式与第 5 章的样本数据内容一致，不再做重复性的叙述。

7.2.2 变量定义

7.2.2.1 薪酬委员会独立性

本章参考谢德仁等（2012）、江伟等（2013）与叶建宏和汪炜（2015）等相关文献的研究方法，以薪酬委员会中独立董事比例（$CCIn$），度量薪酬委员会独立性。

7.2.2.2 薪酬委员会与审计委员会的交叠

本章参考邓晓岚等（2014）等相关文献的研究方法，以在薪酬委员会与审计委员会交叉任职的董事人数占两个委员会总人数的比例（Olvp），度量薪酬委员会与审计委员会的交叠。

7.2.2.3 控制变量

控制变量同第 5 章变量定义中的相关内容一致，因而，不再做重复性的叙述，具体如表 7 – 1 所示。

表 7 – 1　　　　　　　　　　　　　　变量定义

变量类型	变量名称	变量符号	具体定义
被解释变量	高管绝对薪酬	CEOpay	底层企业前三名高管的薪酬总额的自然对数
	高管超额薪酬	Overpay	高管的绝对薪酬与预期薪酬之差
解释变量	金字塔结构层级	Layer	民营企业金字塔结构层级的数量
调节变量	薪酬委员会独立性	CCIn	薪酬委员会中独立董事人数/薪酬委员会总人数
	审计委员会与薪酬委员会的交叠	Olvp	在薪酬委员会与审计委员会交叉任职的董事人数（不包含交叉任职的 CEO）/薪酬委员会与审计委员会的总人数
控制变量	经营业绩	Roa	净利润与总资产之比
	公司规模	Size	上市公司当年总收入的自然对数
	财务杠杆	Lev	负债账面价值与总资产账面价值之比
	成长性	Growth	（本期营业收入 – 上期营业收入）/上期营业收入
	无形资产比	IA	无形资产与总资产之比
	两职合一	Dual	当董事长与总经理两职合一时取 1，否取 0
	董事会规模	Boardsize	董事人数
	独董比例	Ind_direct	独立董事占比
	赫芬达尔指数	Herfind	主营业务收入占行业总收入的平方
	股权结构变量	Top1	第一大股东的持股比例
	区域虚拟变量	Zone	按照公司注册地划分为沿海地区，取值 0，中西部地区，取值 1
	行业虚拟变量	Industry	依据 2012 年证监会行业分类，制造业细分至二级类，共计 21 个行业，故设 20 个虚拟变量
	年度虚拟变量	Year	2004～2015 年度，故设 11 个虚拟变量

7.2.3　模型设计

本章参考现有相关文献的研究方法，借助模型（5-3）与模型（6-1），分别按照薪酬委员会独立性以及薪酬委员会与审计委员会的交叠的"年度-行业"的中位数进行分析，在此基础上，以分组检验的方法验证本章假设。

7.3　实证结果与分析

本节主要分析本章研究假设的研究设计结果，具体包括描述性统计分析、相关性系数以及统计结果分析。

7.3.1　描述性统计分析

本章相关变量的统计性描述结果如表7-2所示。

表7-2　　　　　　　　　　　描述性统计结果

变量	均值	标准差	极小值	中位数	极大值
Overpay	0.021	0.583	-1.522	0.027	1.414
Layer	2.281	1.048	1.000	2.000	6.000
CCIn	0.558	0.197	0.000	0.600	1.000
Olvp	0.240	0.224	0.000	0.270	1.000
Roa	0.045	0.060	-0.309	0.044	0.217
Size	21.411	1.056	18.813	21.299	25.523
Lev	0.392	0.209	0.047	0.382	0.894
Growth	0.197	0.432	-0.604	0.135	2.632
IA	0.044	0.047	0.000	0.032	0.321
Dual	0.302	0.469	0.000	0.000	1.000
Boardsize	8.522	1.603	3.000	9.000	18.000

续表

变量	均值	标准差	极小值	中位数	极大值
Ind_direct	0.371	0.052	0.273	0.333	0.571
$Herfind$	0.011	0.017	0.000	0.009	0.238
$Top1$	0.337	0.146	0.091	0.312	0.758
$Zone$	0.284	0.451	0.000	0.000	1.000

变量的 $Overpay$ 以及 $Layer$ 的描述性统计结果已在第 5 章分析,进而不再重复。由表 7 – 2 可知,变量 $CCIn$ 的均值与中位数分别为 0.558 与 0.600,且标准差为 0.197,表明底层企业薪酬委员会的独立董事较多,且其分布情况比较平缓;同时,变量 $Olvp$ 的均值与中位数分别为 0.240 与 0.270,标准差为 0.224,表明大部分底层企业的薪酬委员会与审计委员会存在一定程度上的交叠。上述变量的统计结果与相关研究基本一致。

7.3.2　相关性系数分析

本章相关变量 Pearson 相关性检验的结果如表 7 – 3 所示。

由表 7 – 3 所示,变量 $Overpay$ 与变量 $CCIn$ 的相关性系数为 – 0.485,且在 1% 的水平上显著,初步表明薪酬委员会的独立性能够抑制底层企业高管的超额薪酬;而变量 $Overpay$ 与变量 $Olvp$ 的相关性系数却为 0.381,且在 1% 的水平上显著,初步验证了薪酬委员会与审计委员会的交叠程度会增加底层企业高管的超额薪酬。

7.3.3　统计结果分析

7.3.3.1　薪酬委员会的独立性在民营企业金字塔结构对超额薪酬及薪酬辩护影响中的作用

表 7 – 4 报告了借助模型(5 – 3),分组检验假设 5 的回归结果,其中,被解释变量分别为 $Overpay$;第(1)列、第(3)列与第(5)列未加入控制变量的基础上,第(2)列、第(4)列与第(6)列则依次控制了年度与行业变量。

表 7 – 3

相关性系数分析表

变量	Overpay	Layer	CCIn	Otup	Roa	Size	Lev	Growth	IA	Dual	Boardsize	Ind_direct	Herfind	Top1	Zone
Overpay	1														
Layer	0.077***	1													
CCIn	-0.485***	-0.018	1												
Otup	0.381***	0.048***	-0.278***	1											
Roa	-0.009**	-0.043***	-0.003	-0.005	1										
Size	0.051***	0.181***	-0.013	0.032***	0.082***	1									
Lev	-0.030***	0.065***	0.011	-0.007	-0.114***	0.116***	1								
Growth	-0.029***	-0.020*	0.009	-0.011	0.134***	0.076***	0.051***	1							
IA	0.031***	0.038***	0.007	0.021*	-0.041***	-0.060***	-0.015	-0.040***	1						
Dual	0.071***	-0.107***	-0.053***	0.031***	0.017	-0.105***	-0.059***	0.006	-0.015	1					
Boardsize	0.079***	0.087***	-0.064***	-0.043***	0.036***	0.106***	0.096***	-0.003	-0.031***	-0.140***	1				
Ind_direct	-0.009	-0.057***	0.017	-0.004	-0.016	-0.030***	-0.052***	0.011	-0.008	0.114***	-0.179***	1			
Herfind	0.024**	0.073***	-0.016	0.001	-0.019	0.071***	0.105***	0.075***	-0.056***	-0.029***	0.045***	0.029***	1		
Top1	-0.056***	0.080***	0.041***	0.001	0.067***	0.155***	-0.001	0.066***	-0.037***	0.031***	-0.082***	0.059***	0.025**	1	
Zone	0.027**	0.131***	-0.029***	0.009	-0.042***	-0.033***	0.065***	-0.012	0.115***	-0.083***	-0.006	-0.011	-0.012	-0.086***	1

注：***、**与*分别代表在1%、5%与10%的水平上显著。

表 7 - 4 模型 (5-3) 的分组回归结果 (1)

变量	Overpay					
	全样本		独立性较高组		独立性较低组	
	(1)	(2)	(3)	(4)	(5)	(6)
Layer	0.047 ***	0.050 ***	0.040 ***	0.041 ***	0.065 ***	0.066 ***
	(4.000)	(4.229)	(2.983)	(3.592)	(4.520)	(4.139)
CCIn	-0.070 ***	-0.062 ***				
	(-3.187)	(-3.163)				
Roa	-0.101 **	-0.089 **	-0.206	-0.172	-0.055 *	-0.036 *
	(-2.324)	(-2.094)	(-1.618)	(-1.242)	(-1.765)	(-1.703)
Size	0.039 ***	0.036 ***	0.037 **	0.017	0.034 ***	0.052 ***
	(3.310)	(2.613)	(2.362)	(0.929)	(2.614)	(-3.390)
Lev	-0.217 ***	-0.215 ***	-0.225 ***	-0.145 *	-0.175 ***	-0.248 ***
	(-3.696)	(-3.399)	(-2.847)	(-1.741)	(-2.630)	(-3.452)
Growth	-0.024	-0.028 *	-0.035 *	-0.035 *	-0.007	-0.014
	(-1.622)	(-1.867)	(-1.713)	(-1.716)	(-0.290)	(-0.606)
IA	0.402 *	0.356	0.442 *	0.324	0.364	0.327
	(1.897)	(1.641)	(1.826)	(1.343)	(1.295)	(1.177)
Dual	0.082 ***	0.083 ***	0.084 ***	0.073 ***	0.054 **	0.066 **
	(3.860)	(3.908)	(3.196)	(2.804)	(2.048)	(2.501)
Boardsize	0.022 ***	0.022 ***	0.017	0.020 *	0.027 ***	0.020 ***
	(2.853)	(2.805)	(1.571)	(1.858)	(3.745)	(2.792)
Ind_direct	0.303	0.329	0.086	0.027	0.510 **	0.519 **
	(1.396)	(1.525)	(0.301)	(0.093)	(2.041)	(2.232)
Herfind	0.407	1.185	0.282	0.673	0.593	1.698 **
	(0.861)	(1.608)	(0.460)	(0.688)	(0.955)	(2.018)
Top1	-0.199 **	-0.203 **	-0.241 **	-0.222 **	-0.202 **	-0.207 **
	(-2.407)	(-2.354)	(-2.415)	(-2.204)	(-2.406)	(-2.470)
Zone	0.008	0.009	0.018	0.035	0.007	0.001
	(0.312)	(0.358)	(0.581)	(1.079)	(0.251)	(0.004)

续表

变量	Overpay					
	全样本		独立性较高组		独立性较低组	
	（1）	（2）	（3）	（4）	（5）	（6）
Year/Industry		Control		Control		Control
常数项	−0.274 （−1.048）	−0.113 （−0.367）	−1.191 *** （−3.529）	−0.951 ** （−2.373）	−0.858 *** （−3.120）	−0.697 ** （−2.233）
Adj R²	0.074	0.080	0.034	0.039	0.033	0.041
F 值	11.113	10.215	3.682	2.717	5.387	4.506
N	8012	8012	4075	4075	3937	3937

第（3）列与第（5）列中变量 Layer 系数的 t 值比较：chi2（1）=7.23　Prob > chi2 = 0.007
第（4）列与第（6）列中变量 Layer 系数的 t 值比较：chi2（1）=6.89　Prob > chi2 = 0.009

注：***、**、*分别表示在1%、5%和10%的水平上显著；括号内的数据为 t 值。本章的下表同。

由表 7-4 可知，民营企业薪酬委员会独立性的增强显著抑制了金字塔结构层级的增加所诱发的底层企业高管超额薪酬，验证了假设 5 的内容。表 7-4 中，第（1）列与第（2）列中，变量 Layer 的系数分别为 0.047 与 0.050，且均在 1% 的水平上显著；第（3）列与第（4）列的变量 Layer 的系数分别为 0.040 与 0.041，且均在 1% 的水平上显著；第（5）列与第（6）列中，变量 Layer 的系数分别为 0.065 与 0.066，且均在 1% 的水平上显著；同时，第（3）列与第（4）列的 Layer 系数分别显著小于第（5）列与第（6）列中变量 Layer 的系数。上述结果表明民营企业薪酬委员会独立性的增强，独立董事对底层企业高管的薪酬契约的治理作用越强，从而有助于抑制底层企业高管利用金字塔结构层级的增加摄取超额薪酬的行为，验证了假设 5 的内容。

表 7-5 报告了借助模型（6-1），分组检验假设 6 的回归结果，其中，被解释变量分别为 Overpay；第（1）列、第（3）列与第（5）列未加入控制变量的基础上，第（2）列、第（4）列与第（6）列则依次控制了年度与行业变量。

表 7 - 5　　　　　　　　模型（6 - 1）的分组回归结果（1）

变量	Overpay					
	全样本		独立性较高组		独立性较低组	
	（1）	（2）	（3）	（4）	（5）	（6）
Layer	0.046 ***	0.049 ***	0.042 ***	0.043 ***	0.053 ***	0.057 ***
	(3.974)	(4.213)	(3.072)	(3.716)	(4.389)	(4.039)
CCln	- 0.166 ***	- 0.157 ***				
	(- 2.756)	(- 2.890)				
Roa	- 0.189 ***	- 0.178 ***	- 0.454 ***	- 0.449 ***	- 0.107 ***	- 0.079 ***
	(- 2.788)	(- 2.729)	(- 3.758)	(- 3.573)	(- 2.769)	(- 2.781)
Layer × Roa	0.247 **	0.259 ***	0.205 **	0.177 *	0.363 **	0.414 ***
	(2.422)	(2.636)	(2.073)	(1.869)	(2.485)	(2.790)
CCln × Roa	- 0.122 *	- 0.108 *				
	(- 1.825)	(- 1.877)				
Size	0.033 ***	0.030 **	0.033 **	0.010	0.028 **	0.046 ***
	(2.847)	(2.129)	(2.102)	(0.568)	(2.132)	(2.968)
Lev	- 0.165 ***	- 0.158 **	- 0.176 **	- 0.086	- 0.121 *	- 0.201 ***
	(- 2.657)	(- 2.381)	(- 2.159)	(- 1.018)	(- 1.724)	(- 2.656)
Growth	- 0.036 **	- 0.040 **	- 0.047 **	- 0.049 **	- 0.018	- 0.023
	(- 2.292)	(- 2.360)	(- 2.266)	(- 2.380)	(- 0.755)	(- 0.981)
IA	0.434 **	0.393 *	0.486 **	0.387	0.388	0.348
	(2.058)	(1.822)	(2.012)	(1.602)	(1.389)	(1.263)
Dual	0.083 ***	0.084 ***	0.086 ***	0.074 ***	0.055 **	0.066 **
	(3.952)	(3.977)	(3.266)	(2.862)	(2.093)	(2.462)
Boardsize	0.021 ***	0.019 ***	0.019	0.021 *	0.028 ***	0.023 ***
	(2.833)	(2.817)	(1.553)	(1.871)	(3.719)	(2.783)
Ind_direct	0.312	0.335	0.086	0.027	0.525 **	0.529 **
	(1.438)	(1.558)	(0.300)	(0.093)	(2.112)	(2.288)
Herfind	0.360	1.145	0.240	0.685	0.550	1.664 **
	(0.777)	(1.605)	(0.400)	(0.717)	(0.899)	(2.028)
Top1	- 0.213 ***	- 0.217 ***	- 0.255 **	- 0.238 **	- 0.216 **	- 0.219 ***
	(- 2.752)	(- 2.764)	(- 2.366)	(- 2.381)	(- 2.373)	(- 2.623)

续表

变量	Overpay					
	全样本		独立性较高组		独立性较低组	
	（1）	（2）	（3）	（4）	（5）	（6）
Zone	0.010 （0.379）	0.011 （0.441）	0.021 （0.668）	0.039 （1.208）	0.009 （0.299）	0.001 （0.046）
Year/Industry		Control		Control		Control
常数项	−0.175 （−0.670）	0.016 （0.053）	−1.102*** （−3.306）	−0.814** （−2.036）	−0.747*** （−2.684）	−0.584* （−1.852）
Adj R²	0.056	0.059	0.027	0.033	0.026	0.031
F 值	9.901	7.480	4.457	3.007	5.475	4.572
N	8012	8012	4075	4075	3937	3937

第（3）列与第（5）列中变量 Layer×Roa 系数的t值比较：chi2（1）=13.68 Prob>chi2=0.000
第（4）列与第（6）列中变量 Layer×Roa 系数的t值比较：chi2（1）=19.28 Prob>chi2=0.000

由表7-5可知，民营企业薪酬委员会独立性的增强显著缓解金字塔结构层级的增加对底层企业高管实施"结果正当性"的薪酬辩护，验证了假设6的内容。表7-5中，第（1）列与第（2）列中，变量 Layer×Roa 的系数分别为0.247与0.259，且分别在5%与1%的水平上显著；第（3）列与第（4）列中，变量 Layer×Roa 的系数分别为0.205与0.177，且分别在5%与10%的水平上显著；第（5）列与第（6）列中，变量 Layer×Roa 的系数分别为0.363与0.414，且分别在5%与1%的水平上显著；同时，第（3）列与第（4）列的变量 Layer×Roa 系数显著分别小于第（5）列与第（6）列中变量 Layer×Roa 的系数。上述结果表明，民营企业薪酬委员会独立性的增强，能够发挥独立董事对企业高管薪酬契约的治理作用，从而显著缓解底层企业高管利用金字塔结构层级的增加实施"结果正当性"的薪酬辩护行为，即验证了假设6的内容。

7.3.3.2　薪酬委员会与审计委员会的重叠在民营企业金字塔结构对超额薪酬及薪酬辩护影响中的作用

表7-6报告了借助模型（5-3），分组检验假设7a与假设7b的回归结果，其中，被解释变量分别为 Overpay；第（1）列、第（3）列与第（5）列未加入控制变量的基础上，第（2）列、第（4）列与第（6）列则依次控制

了年度与行业变量。

表 7 - 6 模型（5 - 3）的分组回归结果（2）

变量	Overpay					
	全样本		交叠程度高组		交叠程度低组	
	（1）	（2）	（3）	（4）	（5）	（6）
Layer	0.043 *** (3.519)	0.045 *** (3.768)	0.049 *** (3.790)	0.046 *** (3.722)	0.011 (0.776)	0.020 (1.347)
Olvp	0.097 *** (3.050)	0.101 *** (3.205)				
Roa	− 0.087 * (− 1.855)	− 0.077 ** (− 2.080)	− 0.079 ** (− 2.284)	− 0.060 * (− 1.779)	− 0.151 (− 1.042)	− 0.131 (− 0.852)
Size	0.032 ** (2.246)	0.037 ** (2.475)	0.041 *** (3.056)	0.061 *** (3.831)	0.018 (1.335)	0.001 (0.010)
Lev	− 0.218 *** (− 3.436)	− 0.230 *** (− 3.436)	− 0.174 *** (− 2.589)	− 0.229 *** (− 3.243)	− 0.247 *** (− 3.305)	− 0.203 ** (− 2.486)
Growth	− 0.024 (− 1.467)	− 0.028 * (− 1.691)	− 0.034 (− 1.369)	− 0.041 (− 1.619)	0.014 (0.674)	0.010 (0.457)
IA	0.273 (1.193)	0.237 (1.015)	0.138 (0.473)	0.124 (0.443)	0.585 ** (2.447)	0.538 ** (2.331)
Dual	0.106 *** (4.548)	0.108 *** (4.667)	0.086 *** (3.347)	0.094 *** (3.756)	0.108 *** (4.288)	0.093 *** (3.729)
Boardsize	0.044 *** (5.907)	0.042 *** (5.592)	0.048 *** (6.364)	0.040 *** (5.201)	0.020 ** (2.030)	0.023 ** (2.459)
Ind_direct	0.539 ** (2.293)	0.591 ** (2.408)	0.492 * (1.927)	0.487 ** (2.020)	0.312 (1.187)	0.293 (1.128)
Herfind	0.639 (1.299)	1.219 (1.467)	0.476 (0.880)	0.588 (0.712)	0.610 (1.021)	1.429 (1.416)
*Top*1	− 0.255 *** (− 3.066)	− 0.268 *** (− 3.181)	− 0.274 *** (− 3.036)	− 0.267 *** (− 2.941)	− 0.144 (− 1.546)	− 0.147 (− 1.561)
Zone	0.025 (0.917)	0.025 (0.898)	0.023 (0.772)	0.015 (0.514)	0.016 (0.548)	0.028 (0.931)
Year/Industry		Control		Control		Control
常数项	− 1.444 *** (− 5.514)	− 1.329 *** (− 4.309)	− 1.134 *** (− 4.037)	− 0.941 *** (− 2.929)	− 0.911 *** (− 3.070)	− 0.754 ** (− 2.150)

续表

变量	Overpay					
	全样本		交叠程度高组		交叠程度低组	
	（1）	（2）	（3）	（4）	（5）	（6）
Adj R²	0.062	0.068	0.044	0.048	0.027	0.033
F 值	11.083	7.390	8.302	5.427	4.071	3.064
N	8012	8012	4182	4182	3830	3830

由表 7-6 可知，民营企业薪酬委员会与审计委员会的交叠加剧了金字塔结构层级的增加所诱发的底层企业高管超额薪酬，验证了假设 7a 的内容。表7-6 中，第（1）列与第（2）列中，变量 Layer 的系数分别为 0.043 与0.045，且均在 1% 的水平上显著；第（3）列与第（4）列中，变量 Layer 的系数分别为 0.049 与 0.046，且均在 1% 的水平上显著；第（5）列与第（6）列中，变量 Layer 的系数分别为 0.011 与 0.020，但均不显著。上述结果表明，民营企业薪酬委员会与审计委员会的交叠显著降低了薪酬委员会对高管薪酬的治理作用，从而显著加剧了底层企业高管利用金字塔结构层级的增加摄取超额薪酬的行为，进而验证了假设 7a 的内容。

表 7-7 报告了借助模型（6-1），分组检验假设 8a 与假设 8b 的回归结果，其中，被解释变量分别为 Overpay；第（1）列、第（3）列与第（5）列未加入控制变量的基础上，第（2）列、第（4）列与第（6）列则依次控制了年度与行业变量，具体如表 7-7 所示。

表 7-7   模型（6-1）的分组回归结果（2）

变量	Overpay					
	全样本		交叠程度高组		交叠程度低组	
	（1）	（2）	（3）	（4）	（5）	（6）
Layer	0.042 ***	0.045 ***	0.048 ***	0.045 ***	0.012	0.021
	(3.491)	(3.762)	(3.706)	(5.995)	(0.856)	(1.454)
Olvp	0.093 ***	0.097 ***				
	(3.048)	(3.204)				
Roa	-0.214 ***	-0.192 ***	-0.123 ***	-0.097 **	-0.400 ***	-0.406 ***
	(-2.917)	(-2.716)	(-2.664)	(-2.404)	(-3.643)	(-3.487)

续表

变量	Overpay					
	全样本		交叠程度高组		交叠程度低组	
	（1）	（2）	（3）	（4）	（5）	（6）
Layer × Roa	0.382 ***	0.392 ***	0.395 ***	0.441 ***	0.163 *	0.144 *
	(2.851)	(2.984)	(2.901)	(3.244)	(1.708)	(1.871)
Olvp × Roa	0.782 **	0.836 **				
	(2.092)	(2.101)				
Size	0.025 **	0.029 *	0.036 ***	0.056 ***	0.014	− 0.006
	(2.027)	(1.937)	(2.644)	(5.284)	(1.024)	(− 0.386)
Lev	− 0.157 **	− 0.165 **	− 0.131 *	− 0.190 ***	− 0.192 **	− 0.140 *
	(− 2.350)	(− 2.344)	(− 1.832)	(− 3.507)	(− 2.510)	(− 1.761)
Growth	− 0.037 **	− 0.041 **	− 0.043 *	− 0.048 **	0.001	− 0.005
	(− 2.181)	(− 2.423)	(− 1.775)	(− 2.102)	(0.017)	(− 0.253)
IA	0.310	0.277	0.150	0.134	0.652 ***	0.627 ***
	(1.358)	(1.194)	(0.516)	(0.782)	(2.831)	(2.701)
Dual	0.107 ***	0.109 ***	0.086 ***	0.094 ***	0.111 ***	0.096 ***
	(4.641)	(4.733)	(3.367)	(5.530)	(4.435)	(3.869)
Boardsize	0.044 ***	0.042 ***	0.047 ***	0.039 ***	0.020 **	0.024 **
	(5.858)	(5.562)	(6.330)	(7.716)	(2.052)	(2.522)
Ind_direct	0.548 **	0.598 **	0.503 **	0.495 ***	0.317	0.298
	(2.340)	(2.593)	(2.074)	(2.932)	(1.200)	(1.148)
Herfind	0.589	1.184	0.437	0.569	0.574	1.412
	(1.229)	(1.487)	(0.823)	(0.876)	(0.978)	(1.442)
Top1	− 0.272 ***	− 0.285 ***	− 0.285 ***	− 0.277 ***	− 0.159 *	− 0.163 *
	(− 3.292)	(− 3.422)	(− 3.160)	(− 4.969)	(− 1.716)	(− 1.751)
Zone	0.027	0.027	0.024	0.016	0.019	0.032
	(0.987)	(0.984)	(0.809)	(0.926)	(0.648)	(1.073)
Year/Industry		Control		Control		Control
常数项	− 1.322 ***	− 1.171 ***	− 1.039 ***	− 0.842 ***	− 0.833 ***	− 0.633 *
	(− 5.038)	(− 3.764)	(− 3.640)	(− 3.853)	(− 2.851)	(− 1.830)
Adj R²	0.056	0.061	0.045	0.049	0.027	0.031
F 值	6.942	4.771	7.767	6.677	4.677	3.208
N	8012	8012	4182	4182	3830	3830

第 （3） 列与第 （5） 列中变量 Layer × Roa 系数的 t 值比较：chi2 (1) = 22.03 Prob > chi2 = 0.000
第 （4） 列与第 （6） 列中变量 Layer × Roa 系数的 t 值比较：chi2 (1) = 21.37 Prob > chi2 = 0.000

由表7-7可知，民营企业薪酬委员会与审计委员会的交叠显著加剧了金字塔结构层级的增加对底层企业高管实施"结果正当性"的薪酬辩护，验证了假设8a的内容。具体而言，表7-7中，第（1）列与第（2）列中，变量 *Layer × Roa* 的系数分别为0.382与0.392，且均在1%的水平上显著；第（3）列与第（4）列中，变量 *Layer × Roa* 的系数分别为0.395与0.441，且均在1%的水平上显著；第（5）列与第（6）列中，变量 *Layer × Roa* 的系数分别为0.163与0.144，且均在10%的水平上显著；同时，第（3）列与第（4）列变量 *Layer × Roa* 的系数分别显著大于第（5）列与第（6）列中变量 *Layer × Roa* 的系数。上述结果表明，民营企业薪酬委员会与审计委员会的交叠显著降低了薪酬委员会对高管薪酬的治理作用，从而显著加剧了底层企业高管利用金字塔结构层级的增加实施"结果正当性"的薪酬辩护行为，进而验证了假设8a的内容。

7.4 稳健性检验

7.4.1 变更超额薪酬的度量方式

为了进一步强化对超额薪酬指标度量，本章借助虚拟变量的度量指标（变量 *Over*），并以 Probit 回归的方式，重新检验了本章的研究假设，回归结果进一步支持了本章的研究假设。

借助模型（5-3）重新检验假设5，相关结果具体如表7-8所示。

表7-8　　　　　　**模型（5-3）的分组 Probit 回归结果（1）**

变量	Over					
	全样本		独立性较高组		独立性较低组	
	（1）	（2）	（3）	（4）	（5）	（6）
Layer	0.124 ***	0.125 ***	0.103 ***	0.101 ***	0.140 ***	0.143 ***
	（4.616）	（4.626）	（4.378）	（4.127）	（4.333）	（4.706）
CCIn	-0.075 ***	-0.071 ***				
	（-3.228）	（-3.341）				

续表

变量	Over					
	全样本		独立性较高组		独立性较低组	
	(1)	(2)	(3)	(4)	(5)	(6)
Roa	-0.145 *	-0.154 *	-0.131	-0.153	-0.107 **	-0.093 *
	(-1.783)	(-1.852)	(-0.492)	(-0.538)	(-2.067)	(-1.834)
Size	0.088 ***	0.083 ***	0.083 **	0.048	0.071 **	0.115 ***
	(3.115)	(2.620)	(2.443)	(1.295)	(2.098)	(3.095)
Lev	-0.438 ***	-0.429 ***	-0.272	-0.157	-0.447 ***	-0.588 ***
	(-3.268)	(-3.045)	(-1.614)	(-0.898)	(-2.713)	(-3.456)
Growth	-0.080 **	-0.087 **	-0.091 *	-0.098 *	-0.034	-0.036
	(-2.000)	(-2.155)	(-1.816)	(-1.923)	(-0.548)	(-0.572)
IA	0.216	0.188	0.074	-0.112	0.374	0.488
	(0.440)	(0.381)	(0.125)	(-0.187)	(0.613)	(0.793)
Dual	0.108 **	0.105 **	0.075	0.057	0.047	0.067
	(2.013)	(2.009)	(1.161)	(0.892)	(0.717)	(1.021)
Boardsize	0.053 ***	0.054 ***	0.045 **	0.051 **	0.062 ***	0.051 **
	(2.758)	(2.770)	(2.070)	(2.312)	(2.928)	(2.394)
Ind_direct	0.640	0.621	-0.361	-0.467	1.745 ***	1.836 ***
	(1.213)	(1.175)	(-0.578)	(-0.739)	(2.686)	(2.820)
Herfind	0.046	0.093	-0.725	-0.138	0.743	0.023
	(0.033)	(0.066)	(-0.480)	(-0.091)	(0.421)	(0.013)
Top1	-0.435 **	-0.431 **	-0.642 ***	-0.622 ***	-0.387 *	-0.396 *
	(-2.343)	(-2.316)	(-2.873)	(-2.784)	(-1.818)	(-1.871)
Zone	-0.079	-0.078	-0.043	-0.030	-0.064	-0.066
	(-1.311)	(-1.300)	(-0.617)	(-0.431)	(-0.881)	(-0.909)
Year/Industry		(-0.937)	Control		Control	
常数项	0.217	0.470	-2.717 ***	-2.132 ***	-1.767 **	-1.759 **
	(0.346)	(0.712)	(-3.701)	(-2.755)	(-2.395)	(-2.182)
Wald chi2	69.981	85.432	47.575	53.527	42.552	48.434
Pseudo R^2	0.030	0.034	0.021	0.022	0.020	0.024
N	8012	8012	4075	4075	3937	3937

第 (3) 列与第 (5) 列中变量 Layer 系数的 t 值比较：chi2 (1) = 5.82 Prob > chi2 = 0.016

第 (4) 列与第 (6) 列中变量 Layer 系数的 t 值比较：chi2 (1) = 6.83 Prob > chi2 = 0.009

由表 7 - 8 可知，第（1）列与第（2）列的变量 *Layer* 的系数分别为
0.124 与 0.125，且均在 1% 的水平上显著；第（3）列与第（4）列中，变量
Layer 的系数分别为 0.103 与 0.101，且均在 1% 的水平上显著；第（5）列与
第（6）列中，变量 *Layer* 的系数分别为 0.140 与 0.143，且均在 1% 的水平上
显著；同时，第（3）列与第（4）列变量 *Layer* 的系数分别显著小于第（5）
列与第（6）列中变量 *Layer* 的系数。进而上述结果增强了假设 5 研究结果的
稳健性。

借助模型（6-1）重新检验假设 6，相关结果具体如表 7-9 所示。

表 7 - 9　　　　　　模型（6-1）的分组 Probit 回归结果（1）

变量	Over					
	全样本		独立性较高组		独立性较低组	
	（1）	（2）	（3）	（4）	（5）	（6）
Layer	0.124 *** (4.622)	0.125 *** (4.656)	0.104 *** (4.447)	0.105 *** (4.823)	0.151 *** (4.333)	0.149 *** (4.052)
CCIn	−0.302 *** (−3.634)	−0.313 *** (−3.647)				
Roa	−0.790 ** (−2.148)	−0.807 ** (−2.232)	−0.692 ** (−2.009)	−0.777 ** (−2.376)	−0.805 * (−1.767)	−0.737 ** (−2.253)
Layer × Roa	0.813 *** (3.043)	0.831 *** (3.116)	0.610 ** (2.098)	0.605 ** (2.167)	0.831 ** (2.443)	0.898 *** (2.750)
CCIn × Roa	−0.465 ** (−2.189)	−0.388 ** (−2.158)				
Size	0.076 *** (2.675)	0.068 ** (2.141)	0.072 ** (2.147)	0.033 (0.891)	0.059 * (1.708)	0.103 *** (2.681)
Lev	−0.322 ** (−2.241)	−0.301 ** (−2.109)	−0.160 (−0.913)	−0.017 (−0.091)	−0.341 * (−1.898)	−0.483 *** (−2.614)
Growth	−0.106 ** (−2.403)	−0.113 *** (−2.712)	−0.119 ** (−2.307)	−0.129 ** (−2.450)	−0.057 (−0.904)	−0.056 (−0.888)
IA	0.299 (0.610)	0.269 (0.545)	0.174 (0.293)	−0.009 (−0.015)	0.424 (0.697)	0.536 (0.871)

续表

变量	Over					
	全样本		独立性较高组		独立性较低组	
	（1）	（2）	（3）	（4）	（5）	（6）
Dual	0.110 **	0.107 **	0.077	0.058	0.050	0.069
	(2.071)	(2.008)	(1.202)	(0.909)	(0.757)	(1.054)
Boardsize	0.052 ***	0.054 ***	0.045 **	0.051 **	0.061 ***	0.051 **
	(2.759)	(2.790)	(2.064)	(2.329)	(2.904)	(2.385)
Ind_direct	0.658	0.636	− 0.352	− 0.459	1.764 ***	1.854 ***
	(1.248)	(1.204)	(− 0.562)	(− 0.723)	(2.720)	(2.852)
Herfind	− 0.049	0.026	− 0.816	− 0.203	0.637	− 0.031
	(− 0.035)	(0.019)	(− 0.540)	(− 0.134)	(0.359)	(− 0.018)
Top1	− 0.472 **	− 0.469 **	− 0.675 ***	− 0.662 ***	− 0.425 **	− 0.432 **
	(− 2.453)	(− 2.503)	(− 3.027)	(− 2.966)	(− 1.996)	(− 2.039)
Zone	− 0.077	− 0.074	− 0.037	− 0.023	− 0.061	− 0.064
	(− 1.012)	(− 0.918)	(− 0.534)	(− 0.332)	(− 0.846)	(− 0.887)
Year/Industry		Control		Control		Control
常数项	0.457	0.767	− 2.509 ***	− 1.830 **	− 1.514 **	− 1.492 *
	(0.729)	(1.154)	(− 3.431)	(− 2.366)	(− 2.014)	(− 1.803)
Wald chi2	86.352	99.465	54.329	70.702	48.341	55.067
Pseudo R^2	0.045	0.051	0.022	0.031	0.018	0.023
N	8012	8012	4075	4075	3937	3937

第（3）列与第（5）列中变量 Layer × Roa 系数的 t 值比较：chi2（1）= 5.71　Prob > chi2 = 0.017
第（4）列与第（6）列中变量 Layer × Roa 系数的 t 值比较：chi2（1）= 7.35　Prob > chi2 = 0.007

由表 7 - 9 可知，第（1）列与第（2）列中，变量 Layer × Roa 的系数分别为 0.813 与 0.831，且均在 1% 的水平上显著；第（3）列与第（4）列中，变量 Layer × Roa 的系数分别为 0.610 与 0.605，且均在 5% 的水平上显著；第（5）列与第（6）列中，变量 Layer × Roa 的系数分别为 0.831 与 0.898，且分别在 5% 与 1% 的水平上显著；同时，第（3）列与第（4）列变量 Layer × Roa 的系数分别显著小于第（5）列与第（6）列中变量 Layer × Roa 的系数。上述结果增强了假设 6 研究结果的稳健性。

借助模型（5 - 3）重新检验假设 7a 与假设 7b，相关结果具体如表 7 - 10 所示。

表 7 - 10   模型（5 - 3）的分组 Probit 回归结果（2）

| 变量 | Over | | | | | |
| | 全样本 | | 交叠程度高组 | | 交叠程度低组 | |
	（1）	（2）	（3）	（4）	（5）	（6）
Layer	0.094 ***	0.091 ***	0.100 ***	0.093 ***	0.069 **	0.063 **
	(3.524)	(3.377)	(2.957)	(2.757)	(2.173)	(2.264)
Olvp	0.287 ***	0.203 ***				
	(2.959)	(2.887)				
Roa	-0.096 *	-0.079 *	-0.198 *	-0.140 **	-0.033	-0.094
	(-1.714)	(-1.860)	(-1.887)	(-2.179)	(-1.100)	(-1.277)
Size	0.060 **	0.077 **	0.087 **	0.124 ***	0.045	0.020
	(2.207)	(2.503)	(2.475)	(3.149)	(1.337)	(0.554)
Lev	-0.383 ***	-0.432 ***	-0.420 **	-0.554 ***	-0.440 **	-0.351 **
	(-2.828)	(-3.073)	(-2.472)	(-3.312)	(-2.470)	(-2.078)
Growth	-0.059	-0.069 *	-0.090	-0.105 *	0.042	0.026
	(-1.550)	(-1.798)	(-1.487)	(-1.703)	(0.814)	(0.494)
IA	-0.186	-0.103	-0.050	0.163	-0.060	-0.223
	(-0.378)	(-0.209)	(-0.079)	(0.258)	(-0.106)	(-0.385)
Dual	0.174 ***	0.181 ***	0.177 ***	0.194 ***	0.184 ***	0.165 **
	(3.284)	(3.388)	(2.807)	(3.060)	(2.835)	(2.503)
Boardsize	0.111 ***	0.107 ***	0.145 ***	0.134 ***	0.081 ***	0.083 ***
	(6.585)	(6.247)	(6.657)	(5.945)	(4.121)	(4.134)
Ind_direct	1.204 **	1.237 **	1.811 ***	1.840 ***	0.649	0.495
	(2.356)	(2.424)	(2.775)	(2.812)	(1.032)	(0.779)
Herfind	0.614	0.380	1.443	0.857	-0.909	-0.413
	(0.503)	(0.308)	(0.791)	(0.473)	(-0.562)	(-0.254)
Top1	-0.534 ***	-0.545 ***	-0.606 ***	-0.602 ***	-0.446 *	-0.436 *
	(-2.873)	(-2.931)	(-2.764)	(-2.760)	(-1.856)	(-1.915)
Zone	-0.002	-0.006	-0.019	-0.022	-0.026	-0.008
	(-0.041)	(-0.100)	(-0.264)	(-0.307)	(-0.366)	(-0.117)
Year/Industry		Control		Control		Control
常数项	-3.165 ***	-3.194 ***	-2.753 ***	-2.090 **	-2.580 ***	-2.241 ***
	(-5.423)	(-5.188)	(-3.693)	(-2.353)	(-3.495)	(-2.848)

续表

变量	Over					
	全样本		交叠程度高组		交叠程度低组	
	（1）	（2）	（3）	（4）	（5）	（6）
Wald chi2	89.419	108.364	66.342	75.922	59.594	70.748
Pseudo R^2	0.078	0.089	0.033	0.034	0.014	0.020
N	8012	8012	4182	4182	3830	3830

第（3）列与第（5）列中变量 Layer 系数的 t 值比较：chi2（1）= 7.21　Prob > chi2 = 0.001
第（4）列与第（6）列中变量 Layer 系数的 t 值比较：chi2（1）= 7.37　Prob > chi2 = 0.001

由表 7 - 10 可知，第（1）列与第（2）列的变量 Layer 的系数分别为 0.094 与 0.091，且均在 1% 的水平上显著；第（3）列与第（4）列中，变量 Layer 的系数分别为 0.100 与 0.093，且均在 1% 的水平上显著；第（5）列与第（6）列中，变量 Layer 的系数分别为 0.069 与 0.063，且均在 5% 的水平上显著；同时，第（3）列与第（4）列的 Layer 系数分别显著大于第（5）列与第（6）列中 Layer 的系数。进而上述结果增强了假设 7a 研究结果的稳健性。

借助模型（6 - 1）重新检验假设 8a 与假设 8b，相关结果具体如表 7 - 11 所示。

表 7 - 11　　　　　模型（6 - 1）的分组 Probit 回归结果（2）

变量	Over					
	全样本		交叠程度高组		交叠程度低组	
	（1）	（2）	（3）	（4）	（5）	（6）
Layer	0.093 ***	0.090 ***	0.099 ***	0.092 ***	0.063 **	0.076 **
	（3.510）	（3.388）	（2.913）	（2.728）	（2.101）	（2.402）
Olvp	0.083 ***	0.070 ***				
	（2.957）	（3.086）				
Roa	− 0.736 **	− 0.691 **	− 1.421 **	− 1.299 *	− 0.600 **	− 0.676 ***
	（− 2.494）	（− 2.358）	（− 1.996）	（− 1.739）	（− 2.293）	（− 2.619）
Layer × Roa	0.826 ***	0.813 ***	0.924 **	0.889 **	0.648 ***	0.674 ***
	（3.513）	（3.455）	（2.267）	（2.322）	（2.787）	（2.852）

变量	Over					
	全样本		交叠程度高组		交叠程度低组	
	(1)	(2)	(3)	(4)	(5)	(6)
$Olvp \times Roa$	0.310 ** (2.118)	0.176 ** (2.056)				
$Size$	0.047 * (1.720)	0.062 ** (2.207)	0.077 ** (2.147)	0.112 *** (2.783)	0.033 (0.991)	0.005 (0.137)
Lev	−0.257 * (−1.766)	−0.298 ** (−2.176)	−0.343 ** (−2.060)	−0.471 *** (−2.617)	−0.297 * (−1.683)	−0.193 (−1.056)
$Growth$	−0.086 ** (−2.211)	−0.096 ** (−2.417)	−0.106 * (−1.723)	−0.120 * (−1.899)	0.008 (0.144)	−0.007 (−0.134)
IA	−0.102 (−0.207)	−0.024 (−0.049)	−0.049 (−0.077)	0.170 (0.268)	0.130 (0.225)	−0.041 (−0.070)
$Dual$	0.178 *** (3.362)	0.184 *** (3.450)	0.176 *** (2.797)	0.192 *** (3.046)	0.191 *** (2.952)	0.171 *** (2.624)
$Boardsize$	0.110 *** (6.564)	0.106 *** (6.245)	0.143 *** (6.597)	0.133 *** (5.897)	0.082 *** (4.201)	0.084 *** (4.238)
Ind_direct	1.218 ** (2.385)	1.246 ** (2.440)	1.826 *** (2.788)	1.853 *** (2.822)	0.667 (1.059)	0.514 (0.808)
$Herfind$	0.488 (0.399)	0.287 (0.231)	1.324 (0.723)	0.775 (0.427)	−0.974 (−0.606)	−0.470 (−0.290)
$Top1$	−0.575 *** (−3.108)	−0.587 *** (−3.167)	−0.641 *** (−2.916)	−0.637 *** (−2.914)	−0.485 ** (−2.141)	−0.477 ** (−2.105)
$Zone$	−0.072 (−0.657)	−0.081 (−0.430)	−0.016 (−0.226)	−0.020 (−0.278)	−0.018 (−0.265)	−0.001 (−0.005)
$Year/Industry$		Control		Control		Control
常数项	−2.903 *** (−4.933)	−2.882 *** (−4.625)	−2.498 *** (−3.297)	−1.820 ** (−2.005)	−2.370 *** (−3.233)	−1.952 ** (−2.495)
Wald chi2	97.133	112.272	59.357	63.572	46.696	52.421
Pseudo R²	0.040	0.045	0.035	0.036	0.017	0.020
N	8012	8012	4182	4182	3830	3830

第（3）列与第（5）列中变量 $Layer \times Roa$ 系数的 t 值比较：chi2 (1) = 10.95　Prob > chi2 = 0.001

第（4）列与第（6）列中变量 $Layer \times Roa$ 系数的 t 值比较：chi2 (1) = 10.37　Prob > chi2 = 0.001

由表 7 - 11 可知，第（1）列与第（2）列中，变量 $Layer \times Roa$ 的系数分别为 0.826 与 0.813，且均在 1% 的水平上显著；第（3）列与第（4）列中，变量 $Layer \times Roa$ 的系数分别为 0.924 与 0.889，且均在 5% 的水平上显著；第（5）列与第（6）列中，变量 $Layer \times Roa$ 的系数分别为 0.648 与 0.674，且均 1% 的水平上显著；同时，第（3）列与第（4）列变量 $Layer \times Roa$ 的系数分别显著大于第（5）列与第（6）列中变量 $Layer \times Roa$ 的系数。上述结果增强了假设 8a 研究结果的稳健性。

7.4.2 变换民营企业金字塔结构层级的度量指标

为进一步降低异方差的影响，本章运用变量 LnLayer，重新检验了本章的研究假设，回归结果进一步支持了本章的研究假设。

借助模型（5 - 3）重新检验假设 5，相关结果具体如表 7 - 12 所示。

表 7 - 12   模型（5 - 3）自然对数处理后的分组回归结果（1）

变量	Overpay					
	全样本		独立性较高组		独立性较低组	
	（1）	（2）	（3）	（4）	（5）	（6）
LnLayer	0.086 ***	0.092 ***	0.074 **	0.097 ***	0.112 ***	0.139 ***
	（3.460）	（3.666）	（2.303）	（2.993）	（4.020）	（3.655）
CCIn	− 0.100 **	− 0.088 **				
	（− 2.267）	（− 2.028）				
Roa	− 0.127 ***	− 0.101 ***	− 0.211	− 0.176	− 0.052 ***	− 0.033 **
	（− 3.038）	（− 3.001）	（− 1.636）	（− 1.256）	（− 2.656）	（− 2.082）
Size	0.040 ***	0.037 ***	0.039 **	0.019	0.034 ***	0.051 ***
	（3.389）	（2.668）	（2.501）	（1.047）	（2.617）	（3.357）
Lev	− 0.214 ***	− 0.213 ***	− 0.219 ***	− 0.144 *	− 0.176 ***	− 0.248 ***
	（− 3.609）	（− 3.358）	（− 2.751）	（− 1.715）	（− 2.616）	（− 3.441）
Growth	− 0.025 *	− 0.029 *	− 0.036 *	− 0.036 *	− 0.006	− 0.014
	（− 1.758）	（− 1.911）	（− 1.764）	（− 1.762）	（− 0.276）	（− 0.608）

续表

变量	Overpay					
	全样本		独立性较高组		独立性较低组	
	（1）	（2）	（3）	（4）	（5）	（6）
IA	0.408 *	0.367 *	0.443 *	0.329	0.374	0.341
	（1.921）	（1.685）	（1.827）	（1.354）	（1.333）	（1.226）
Dual	0.080 ***	0.081 ***	0.081 ***	0.070 ***	0.053 **	0.065 **
	（3.750）	（3.804）	（3.035）	（2.661）	（2.018）	（2.500）
Boardsize	0.022 ***	0.022 ***	0.017	0.020 *	0.027 ***	0.020 ***
	（2.810）	（2.770）	（1.526）	（1.815）	（3.707）	（2.770）
Ind_direct	0.304	0.331	0.083	0.026	0.522 **	0.526 **
	（1.406）	（1.536）	（0.291）	（0.091）	（2.093）	（2.272）
Herfind	0.413	1.197	0.293	0.619	0.604	1.759 **
	（0.862）	（1.601）	（0.477）	（0.637）	（0.947）	（2.023）
Top1	− 0.204 ***	− 0.208 ***	− 0.239 **	− 0.223 **	− 0.213 **	− 0.216 **
	（− 2.602）	（− 2.606）	（− 2.386）	（− 2.206）	（− 2.301）	（− 2.471）
Zone	0.010	0.011	0.022	0.038	0.008	0.001
	（0.396）	（0.441）	（0.693）	（1.174）	（0.283）	（0.041）
Year/Industry		Control		Control		Control
常数项	− 0.244	− 0.077	− 1.178 ***	− 0.933 **	− 0.814 ***	− 0.648 **
	（− 0.935）	（− 0.250）	（− 3.512）	（− 2.339）	（− 2.947）	（− 2.068）
Adj R^2	0.042	0.049	0.020	0.021	0.024	0.041
F 值	8.408	7.623	3.274	2.628	4.953	4.325
N	8012	8012	4075	4075	3937	3937

第（3）列与第（5）列中变量 LnLayer 系数的 t 值比较：chi2（1）= 10.73　Prob > chi2 = 0.001
第（4）列与第（6）列中变量 LnLayer 系数的 t 值比较：chi2（1）= 11.58　Prob > chi2 = 0.001

　　由表 7 - 12 可知，第（1）列与第（2）列的变量 LnLayer 的系数分别为 0.086 与 0.092，且均在 1% 的水平上显著；第（3）列与第（4）列中，变量 Layer 的系数分别为 0.074 与 0.097，且分别在 5% 与 1% 的水平上显著；第（5）列与第（6）列中，变量 LnLayer 的系数分别为 0.112 与 0.139，且均在 1% 的水平上显著；同时，第（3）列与第（4）列变量 LnLayer 的系数分别显著小于第（5）列与第（6）列中变量 LnLayer 的系数。进而上述结果增强了假设 5 研究结果的稳健性。

同时，借助模型（6－1）重新检验假设6，相关结果具体如表7－13所示。

表 7－13　　　　　　模型（6－1）自然对数处理后的分组回归结果（1）

变量	Overpay					
	全样本		独立性较高组		独立性较低组	
	（1）	（2）	（3）	（4）	（5）	（6）
LnLayer	0.084 ***	0.090 ***	0.074 **	0.098 ***	0.108 ***	0.126 ***
	（3.404）	（3.628）	（2.332）	（3.054）	（3.892）	（3.556）
CCIn	− 0.169 ***	− 0.160 ***				
	（− 3.108）	（− 3.948）				
Roa	− 0.188 ***	− 0.177 ***	− 0.451 ***	− 0.446 ***	− 0.106 ***	− 0.078 ***
	（− 2.742）	（− 2.673）	（− 3.728）	（− 3.526）	（− 2.694）	（− 2.681）
LnLayer × Roa	0.635 ***	0.711 ***	0.211 **	0.184 *	0.352 **	0.403 ***
	（2.616）	（2.602）	（2.123）	（1.908）	（2.302）	（2.692）
CCIn × Roa	− 0.152 **	− 0.137 **				
	（− 2.058）	（− 2.155）				
Size	0.034 ***	0.030 **	0.035 **	0.013	0.028 **	0.046 ***
	（2.923）	（2.179）	（2.248）	（0.697）	（2.127）	（2.926）
Lev	− 0.161 ***	− 0.156 **	− 0.170 **	− 0.086	− 0.121 *	− 0.199 ***
	（− 2.683）	（− 2.345）	（− 2.085）	（− 1.015）	（− 1.698）	（− 2.622）
Growth	− 0.036 **	− 0.040 ***	− 0.047 **	− 0.049 **	− 0.018	− 0.024
	（− 2.335）	（− 2.613）	（− 2.308）	（− 2.416）	（− 0.755）	（− 0.997）
IA	0.440 **	0.404 *	0.487 **	0.390	0.399	0.363
	（2.083）	（1.867）	（2.009）	（1.606）	（1.429）	（1.315）
Dual	0.081 ***	0.082 ***	0.082 ***	0.071 ***	0.054 **	0.065 **
	（3.840）	（3.872）	（3.095）	（2.711）	（2.066）	（2.025）
Boardsize	0.022 ***	0.022 ***	0.017	0.020 *	0.026 ***	0.020 ***
	（2.791）	（2.769）	（1.508）	（1.826）	（3.680）	（2.761）
Ind_direct	0.313	0.337	0.083	0.026	0.537 **	0.537 **
	（1.445）	（1.567）	（0.289）	（0.090）	（2.165）	（2.329）
Herfind	0.367	1.155	0.253	0.629	0.558	1.721 **
	（0.781）	（1.600）	（0.421）	（0.661）	（0.892）	（2.038）
Top1	− 0.217 ***	− 0.222 ***	− 0.253 **	− 0.239 **	− 0.226 ***	− 0.228 ***
	（− 2.794）	（− 2.814）	（− 2.429）	（− 2.375）	（− 2.700）	（− 2.729）

续表

变量	Overpay					
	全样本		独立性较高组		独立性较低组	
	(1)	(2)	(3)	(4)	(5)	(6)
Zone	0.012 (0.466)	0.014 (0.526)	0.025 (0.782)	0.042 (1.302)	0.010 (0.332)	0.002 (0.083)
Year/Industry		Control		Control		Control
常数项	−0.145 (−0.558)	0.052 (0.169)	−1.092*** (−3.291)	−0.799** (−2.007)	−0.702** (−2.512)	−0.532* (−1.682)
Adj R²	0.054	0.057	0.023	0.023	0.026	0.029
F 值	7.759	6.097	3.929	2.866	5.124	4.406
N	8012	8012	4075	4075	3937	3937

第(3)列与第(5)列中变量 LnLayer×Roa 系数的 t 值比较：chi2(1) = 11.68　Prob > chi2 = 0.001
第(4)列与第(6)列中变量 LnLayer×Roa 系数的 t 值比较：chi2(1) = 13.35　Prob > chi2 = 0.000

由表 7 – 13 可知，第(1)列与第(2)列中，变量 LnLayer×Roa 的系数分别为 0.635 与 0.711，且均在 1% 的水平上显著；第(3)列与第(4)列中，变量 LnLayer×Roa 的系数分别为 0.211 与 0.184，且分别在 5% 与 10% 的水平上显著；第(5)列与第(6)列中，变量 LnLayer×Roa 的系数分别为 0.352 与 0.403，且分别在 5% 与 1% 的水平上显著；第(3)列与第(4)列变量 LnLayer×Roa 的系数分别显著小于第(5)列与第(6)列中变量 LnLayer×Roa 的系数。上述结果增强了假设 6 研究结果的稳健性。

借助模型(5–3)重新检验假设 7a 与假设 7b，相关结果具体如表 7–14 所示。

表 7 – 14　　模型（5 – 3）自然对数处理后的分组回归结果（2）

变量	Overpay					
	全样本		交叠程度高组		交叠程度低组	
	(1)	(2)	(3)	(4)	(5)	(6)
LnLayer	0.081*** (3.010)	0.084*** (3.155)	0.104*** (3.604)	0.093*** (3.329)	0.010 (0.342)	0.032 (1.026)
Olvp	0.091*** (3.135)	0.086*** (3.292)				

续表

变量	Overpay					
	全样本		交叠程度高组		交叠程度低组	
	（1）	（2）	（3）	（4）	（5）	（6）
Roa	−0.086 *	−0.066 **	−0.076 **	−0.057 *	−0.153	−0.133
	（−1.908）	（−2.125）	（−2.196）	（−1.688）	（−1.051）	（−0.860）
Size	0.032 ***	0.037 **	0.041 ***	0.061 ***	0.019	0.001
	（2.607）	（2.421）	（3.080）	（3.839）	（1.385）	（0.049）
Lev	−0.216 ***	−0.229 ***	−0.175 **	−0.228 ***	−0.242 ***	−0.203 **
	（−3.372）	（−3.399）	（−2.367）	（−3.208）	（−3.232）	（−2.504）
Growth	−0.024	−0.028 *	−0.034	−0.041	0.014	0.010
	（−1.489）	（−1.716）	（−1.366）	（−1.630）	（0.663）	（0.452）
IA	0.278	0.246	0.141	0.132	0.591 **	0.545 **
	（1.210）	（1.052）	（0.483）	（0.468）	（2.468）	（2.356）
Dual	0.104 ***	0.107 ***	0.085 ***	0.092 ***	0.106 ***	0.092 ***
	（4.456）	（4.574）	（3.293）	（3.683）	（4.223）	（3.689）
Boardsize	0.044 ***	0.042 ***	0.047 ***	0.039 ***	0.020 **	0.023 **
	（5.865）	（5.556）	（6.319）	（5.168）	（2.022）	（2.451）
Ind_direct	0.541 **	0.593 **	0.500 **	0.491 **	0.312	0.294
	（2.310）	（2.414）	（2.170）	（2.049）	（1.184）	（1.134）
Herfind	0.644	1.229	0.480	0.617	0.626	1.427
	（1.293）	（1.462）	（0.868）	（0.725）	（1.048）	（1.417）
Top1	−0.259 ***	−0.272 ***	−0.283 ***	−0.274 ***	−0.141	−0.147
	（−3.112）	（−3.228）	（−3.136）	（−3.019）	（−1.508）	（−1.557）
Zone	0.027	0.027	0.025	0.018	0.017	0.028
	（0.982）	（0.967）	（0.835）	（0.591）	（0.577）	（0.945）
Year/Industry		Control		Control		Control
常数项	−1.419 ***	−1.299 ***	−1.096 ***	−0.903 ***	−0.909 ***	−0.744 **
	（−5.412）	（−4.212）	（−3.902）	（−2.814）	（−3.059）	（−2.121）
Adj R^2	0.072	0.079	0.043	0.046	0.023	0.029
F 值	7.203	6.115	8.234	5.334	4.009	3.208
N	8012	8012	4182	4182	3830	3830

由表 7 – 14 可知，第（1）列与第（2）列的变量 Ln*Layer* 的系数分别为
0.081 与 0.084，且均在 1% 的水平上显著；第（3）列与第（4）列中，变量
Ln*Layer* 的系数分别为 0.104 与 0.093，且均在 1% 的水平上显著；但第（5）
列与第（6）列中，变量 *Layer* 的系数并不显著。上述结果增强了假设 7a 研
究结果的稳健性。

借助模型（6 – 1）重新检验假设 8a 与假设 8b，相关结果具体如表 7 –
15 所示。

表 7 – 15   模型（6 – 1）自然对数处理后的分组回归结果（2）

| 变量 | Overpay | | | | | |
| | 全样本 | | 交叠程度高组 | | 交叠程度低组 | |
	（1）	（2）	（3）	（4）	（5）	（6）
Ln*Layer*	0.078 ***	0.082 ***	0.101 ***	0.091 ***	0.010	0.032
	(2.948)	(3.119)	(3.519)	(3.270)	(0.353)	(1.060)
Olvp	0.097 ***	0.101 ***				
	(3.130)	(3.288)				
Roa	− 0.191 **	− 0.170 **	− 0.122 ***	− 0.096 **	− 0.400 ***	− 0.405 ***
	(− 2.028)	(− 2.421)	(− 2.608)	(− 2.265)	(− 3.599)	(− 3.431)
Ln*Layer* × *Roa*	0.728 **	0.791 ***	0.392 ***	0.437 ***	0.167 *	0.149
	(2.115)	(2.620)	(2.876)	(3.202)	(1.733)	(1.574)
Olvp × *Roa*	0.777 **	0.831 **				
	(2.125)	(2.194)				
Size	0.026 **	0.030 **	0.036 ***	0.056 ***	0.014	− 0.005
	(2.087)	(2.180)	(2.658)	(3.425)	(1.078)	(− 0.339)
Lev	− 0.154 **	− 0.163 **	− 0.131 *	− 0.188 **	− 0.187 **	− 0.140 *
	(− 2.296)	(− 2.312)	(− 1.810)	(− 2.507)	(− 2.441)	(− 1.763)
Growth	− 0.038 **	− 0.041 **	− 0.043 *	− 0.048 *	0.001	− 0.005
	(− 2.210)	(− 2.466)	(− 1.681)	(− 1.901)	(0.008)	(− 0.253)
IA	0.315	0.287	0.153	0.142	0.658 ***	0.633 ***
	(1.376)	(1.233)	(0.527)	(0.508)	(2.851)	(2.725)
Dual	0.105 ***	0.107 ***	0.085 ***	0.092 ***	0.109 ***	0.095 ***
	(4.546)	(4.639)	(3.314)	(3.681)	(4.363)	(3.823)

续表

变量	Overpay					
	全样本		交叠程度高组		交叠程度低组	
	（1）	（2）	（3）	（4）	（5）	（6）
Boardsize	0.044 ***	0.042 ***	0.047 ***	0.039 ***	0.020 **	0.024 **
	（5.816）	（5.525）	（6.282）	（5.146）	（2.042）	（2.512）
Ind_direct	0.551 **	0.600 ***	0.511 **	0.500 **	0.316	0.300
	（2.354）	（2.608）	（2.017）	（2.085）	（1.195）	（1.153）
Herfind	0.595	1.193	0.440	0.597	0.593	1.410
	（1.227）	（1.483）	（0.813）	（0.724）	（1.010）	（1.442）
*Top*1	− 0.276 ***	− 0.289 ***	− 0.294 ***	− 0.284 ***	− 0.156 *	− 0.163 *
	（− 3.334）	（− 3.469）	（− 3.263）	（− 3.142）	（− 1.771）	（− 1.739）
Zone	0.029	0.029	0.026	0.019	0.020	0.032
	（1.054）	（1.055）	（0.872）	（0.626）	（0.680）	（1.088）
Year/Industry		Control		Control		Control
常数项	− 1.297 ***	− 1.141 ***	− 0.999 ***	− 0.801 **	− 0.831 ***	− 0.625 *
	（− 4.939）	（− 3.668）	（− 3.505）	（− 2.444）	（− 2.841）	（− 1.805）
Adj R^2	0.075	0.082	0.044	0.047	0.027	0.031
F 值	7.548	6.495	7.734	5.247	4.577	3.258
N	8012	8012	4182	4182	3830	3830

第（3）列与第（5）列中变量 Ln*Layer* × *Roa* 系数的 t 值比较：chi2（1）=22.35　Prob > chi2 = 0.000

由表 7 – 15 可知，第（1）列与第（2）列中，变量 Ln*Layer* × *Roa* 的系数分别为 0.728 与 0.791，且分别在 5% 与 1% 的水平上显著；第（3）列与第（4）列中，变量 Ln*Layer* × *Roa* 的系数分别为 0.392 与 0.437，且均在 1% 的水平上显著；第（5）列与第（6）列中，变量 Ln*Layer* × *Roa* 的系数分别为 0.167 与 0.149，且分别在 10% 的水平上显著以及并不显著；同时，第（3）列变量 *Layer* × *Roa* 的系数分别显著大于第（5）列中变量 *Layer* × *Roa* 的系数。上述结果增强了假设 8a 研究结果的稳健性。

7.4.3　降低内生性问题

参考上文降低内生性问题的方法，本章选取行业平均金字塔层级的数量

作为工具变量使用两阶段回归来控制潜在的内生性影响，并借助模型（5 -
3）与模型（6 - 1），重新检验本章的研究假设，回归结果支持了本章的研究
假设。第一阶段回归中，工具变量的系数分别显著大于零，t 值均在 13 以上，
且其 Adj R^2 也较大，但为了避免稳健性检验的表格过于繁杂，第一阶段的回
归结果不再列示。

借助模型（5 - 3）检验假设 5，第二阶段的相关结果具体如表 7 - 16
所示。

表 7 - 16 　　　　　　　模型（5 - 3）的二阶段分组回归结果（1）

变量	Overpay					
	全样本		独立性较高组		独立性较低组	
	(1)	(2)	(3)	(4)	(5)	(6)
ILayer	0.044 *	0.026 *	0.042	0.004	0.154 ***	0.070 *
	(1.747)	(1.909)	(0.674)	(0.064)	(2.785)	(1.789)
CCIn	-0.120 ***	-0.114 ***				
	(-3.804)	(-3.827)				
Roa	-0.101 ***	-0.099 ***	-0.230 *	-0.211	-0.067 **	-0.051 *
	(-2.651)	(-2.679)	(-1.708)	(-1.517)	(-2.066)	(-1.917)
Size	0.039 ***	0.044 ***	0.047 ***	0.028	0.029 **	0.060 ***
	(5.677)	(5.504)	(2.694)	(1.332)	(2.129)	(5.652)
Lev	-0.215 ***	-0.216 ***	-0.148	-0.130	-0.291 ***	-0.287 ***
	(-5.033)	(-5.096)	(-1.534)	(-1.387)	(-3.087)	(-4.508)
Growth	-0.025 *	-0.029 *	-0.042 **	-0.040 *	0.005	-0.006
	(-1.748)	(-1.893)	(-2.038)	(-1.833)	(0.187)	(-0.270)
IA	0.404 ***	0.422 ***	0.484 *	0.404	0.262	0.409 **
	(3.204)	(3.309)	(1.943)	(1.613)	(0.882)	(2.274)
Dual	0.081 ***	0.079 ***	0.057 *	0.061 *	0.079 ***	0.071 ***
	(5.588)	(5.413)	(1.773)	(1.874)	(2.622)	(3.620)
Boardsize	0.022 ***	0.021 ***	0.016	0.019 *	0.027 ***	0.019 ***
	(5.028)	(4.767)	(1.395)	(1.767)	(3.544)	(3.607)
Ind_direct	0.301 **	0.292 **	0.047	0.014	0.634 **	0.550 ***
	(2.344)	(2.287)	(0.163)	(0.049)	(2.356)	(3.198)

续表

变量	Overpay					
	全样本		独立性较高组		独立性较低组	
	（1）	（2）	（3）	（4）	（5）	（6）
Herfind	0.412	0.362	0.473	0.580	0.415	0.118
	(1.311)	(1.156)	(0.734)	(0.907)	(0.656)	(0.294)
Top1	−0.197 ***	−0.186 ***	−0.178	−0.188 *	−0.259 ***	−0.218 ***
	(−4.458)	(−4.143)	(−1.635)	(−1.730)	(−2.686)	(−3.712)
Zone	0.009	0.012	0.040	0.037	−0.020	0.002
	(0.594)	(0.817)	(1.090)	(1.014)	(−0.574)	(0.084)
Year/Industry		Control		Control		Control
常数项	−0.273 *	−0.247	−1.227 ***	−1.024 ***	−0.942 ***	−1.013 ***
	(−1.845)	(−1.536)	(−3.636)	(−2.750)	(−3.299)	(−5.017)
Wald chi2	199.592	211.193	124.217	135.976	122.769	134.691
Adj R^2	0.033	0.034	0.018	0.019	0.039	0.042
N	8012	8012	4075	4075	3937	3937

由表 7－16 可知，第（1）列与第（2）列的变量 *ILayer* 的系数分别为 0.044 与 0.026，且均在 10% 的水平上显著；第（3）列与第（4）列中，变量 *ILayer* 的系数均不显著；第（5）列与第（6）列中，变量 *ILayer* 的系数分别为 0.154 与 0.070，且分别在 1% 与 10% 的水平上显著。进而上述结果增强了假设 5 研究结果的稳健性。

借助模型（6-1）重新检验假设 6，第二阶段的相关结果具体如表 7－17 所示。

表 7－17　　　　　模型（6-1）的二阶段分组回归结果（1）

变量	Overpay					
	全样本		独立性较高组		独立性较低组	
	（1）	（2）	（3）	（4）	（5）	（6）
ILayer	0.046 ***	0.045 ***	0.047 ***	0.052 ***	0.052 ***	0.046 ***
	(3.308)	(3.123)	(3.085)	(3.441)	(4.330)	(3.883)
CCIn	−0.196 ***	−0.187 ***				
	(−3.241)	(−3.010)				

续表

| 变量 | Overpay | | | | | |
| | 全样本 | | 独立性较高组 | | 独立性较低组 | |
	（1）	（2）	（3）	（4）	（5）	（6）
Roa	−0.204 ***	−0.200 ***	−0.479 ***	−0.496 ***	−0.127 **	−0.107 **
	（−2.651）	（−2.637）	（−3.854）	（−4.159）	（−2.458）	（−2.489）
ILayer × Roa	0.291 ***	0.292 ***	0.283 **	0.234 **	0.400 **	0.455 ***
	（3.504）	（3.506）	（2.358）	（2.027）	（2.507）	（2.831）
CCIn × Roa	−0.020 **	−0.029 **				
	（−2.027）	（−2.039）				
Size	0.032 ***	0.034 ***	0.032 **	0.013	0.026 *	0.054 ***
	（4.780）	（4.614）	（2.074）	（0.741）	（1.956）	（3.685）
Lev	−0.155 ***	−0.167 ***	−0.171 **	−0.100	−0.101	−0.201 ***
	（−4.262）	（−4.346）	（−2.084）	（−1.181）	（−1.404）	（−2.733）
Growth	−0.038 **	−0.040 ***	−0.048 **	−0.049 **	−0.022	−0.021
	（−2.510）	（−2.598）	（−2.313）	（−2.320）	（−0.929）	（−0.892）
IA	0.440 ***	0.441 ***	0.491 **	0.422 *	0.397	0.459 *
	（3.528）	（3.518）	（2.039）	（1.754）	（1.430）	（1.687）
Dual	0.083 ***	0.085 ***	0.086 ***	0.077 ***	0.055 **	0.067 ***
	（6.605）	（6.720）	（3.281）	（2.929）	（2.115）	（2.594）
Boardsize	0.022 ***	0.021 ***	0.017	0.020 *	0.027 ***	0.019 ***
	（4.962）	（4.838）	（1.553）	（1.824）	（3.712）	（2.684）
Ind_direct	0.313 **	0.314 **	0.086	0.025	0.531 **	0.540 **
	（2.466）	（2.476）	（0.301）	（0.089）	（2.146）	（2.255）
Herfind	0.352	0.293	0.235	0.472	0.533	0.101
	（1.143）	（0.950）	（0.395）	（0.778）	（0.877）	（0.179）
Top1	−0.216 ***	−0.215 ***	−0.257 ***	−0.245 **	−0.221 ***	−0.221 ***
	（−5.234）	（−5.224）	（−2.578）	（−2.472）	（−2.634）	（−2.685）
Zone	0.010	0.009	0.021	0.028	0.009	0.009
	（0.777）	（0.706）	（0.678）	（0.912）	（0.319）	（0.316）

续表

变量	Overpay					
	全样本		独立性较高组		独立性较低组	
	（1）	（2）	（3）	（4）	（5）	（6）
Year/Industry		Control		Control		Control
常数项	−0.157 (−1.037)	−0.102 (−0.619)	−1.093*** (−3.272)	−0.826** (−2.296)	−0.705** (−2.511)	−0.860*** (−2.911)
Wald chi2	209.313	212.234	128.567	138.902	113.721	124.735
Adj R^2	0.031	0.037	0.027	0.024	0.029	0.031
N	8012	8012	4075	4075	3937	3937

第（3）列与第（5）列中变量 $ILayer \times Roa$ 系数的 t 值比较：chi2（1）=19.77 Prob>chi2=0.000
第（4）列与第（6）列中变量 $ILayer \times Roa$ 系数的 t 值比较：chi2（1）=21.64 Prob>chi2=0.000

由表 7−17 可知，第（1）列与第（2）列中，变量 $ILayer \times Roa$ 的系数分别为 0.291 与 0.292，且均在 1% 的水平上显著；第（3）列与第（4）列中，变量 $ILayer \times Roa$ 的系数分别为 0.283 与 0.234，且均在 5% 的水平上显著；第（5）列与第（6）列中，变量 $ILayer \times Roa$ 的系数分别为 0.400 与 0.455，且分别在 5% 与 1% 的水平上显著；同时，第（3）列与第（4）列的 $ILayer \times Roa$ 系数分别显著小于第（5）列与第（6）列中 $ILayer \times Roa$ 的系数。上述结果增强了假设 6 研究结果的稳健性。

借助模型（5−3）重新检验假设 7a 和假设 7b，第二阶段的相关结果具体如表 7−18 所示。

表 7−18　　　　模型（5−3）的二阶段分组回归结果（2）

变量	Overpay					
	全样本		交叠程度高组		交叠程度低组	
	（1）	（2）	（3）	（4）	（5）	（6）
ILayer	0.045* (1.779)	0.047** (2.243)	0.131** (2.167)	0.051** (2.154)	−0.063 (−1.169)	−0.020 (−0.527)
Olvp	0.097*** (2.787)	0.112*** (2.719)				
Roa	−0.087** (−2.299)	−0.078** (−2.027)	−0.088** (−2.137)	−0.065* (−1.943)	−0.172 (−1.130)	−0.165 (−1.138)

续表

变量	Overpay					
	全样本		交叠程度高组		交叠程度低组	
	(1)	(2)	(3)	(4)	(5)	(6)
Size	0.031 ***	0.046 ***	0.036 **	0.064 ***	0.024 *	0.010
	(4.457)	(5.563)	(2.474)	(3.567)	(1.716)	(0.891)
Lev	−0.220 ***	−0.226 ***	−0.269 ***	−0.264 ***	−0.182 **	−0.179 ***
	(−4.924)	(−5.084)	(−2.734)	(−2.732)	(−2.064)	(−3.201)
Growth	−0.024	−0.032 *	−0.023	−0.041	0.010	0.011
	(−1.496)	(−1.932)	(−0.803)	(−1.392)	(0.487)	(0.523)
IA	0.272 **	0.339 **	0.093	0.221	0.656 ***	0.571 ***
	(2.058)	(2.334)	(0.307)	(0.756)	(2.678)	(3.300)
Dual	0.106 ***	0.102 ***	0.110 ***	0.098 ***	0.089 ***	0.091 ***
	(6.987)	(6.670)	(3.633)	(3.204)	(3.106)	(4.614)
Boardsize	0.044 ***	0.041 ***	0.048 ***	0.040 ***	0.019 *	0.021 ***
	(10.349)	(9.549)	(6.187)	(5.208)	(1.914)	(3.378)
Ind_direct	0.540 ***	0.534 ***	0.597 **	0.499 *	0.293	0.248
	(3.992)	(3.990)	(2.188)	(1.920)	(1.093)	(1.419)
Herfind	0.635 *	0.510	0.382	0.054	0.833	0.887 *
	(1.895)	(1.536)	(0.712)	(0.103)	(1.356)	(1.950)
Top1	−0.256 ***	−0.238 ***	−0.330 ***	−0.272 **	−0.099	−0.111 *
	(−5.495)	(−5.067)	(−3.059)	(−2.366)	(−1.015)	(−1.779)
Zone	0.025	0.031 **	−0.006	0.020	0.027	0.027
	(1.615)	(2.000)	(−0.149)	(0.512)	(0.884)	(1.493)
Year/Industry		Control		Control		Control
常数项	−1.445 ***	−1.504 ***	−1.181 ***	−1.196 ***	−0.914 ***	−0.799 ***
	(−9.927)	(−9.522)	(−4.187)	(−4.012)	(−3.059)	(−3.721)
Wald chi2	211.030	223.123	151.321	164.763	121.345	127.287
Adj R^2	0.074	0.077	0.016	0.018	0.019	0.024
N	8012	8012	4182	4182	3830	3830

由表 7 – 18 可知，第（1）列与第（2）列的变量 *ILayer* 的系数分别为
0.045 与 0.047，且分别在 10% 与 5% 的水平上显著；第（3）列与第（4）
列中，变量 *ILayer* 的系数分别为 0.131 与 0.051，且均在 5% 的水平上显著；

第（5）列与第（6）列中，变量 *ILayer* 的系数并不显著。上述结果增强了假设 7a 研究结果的稳健性。

借助模型（6-1）重新检验假设 8a 和假设 8b，第二阶段的相关结果具体如表 7-19 所示。

表 7-19　　　　　　　　模型（6-1）的二阶段分组回归结果（2）

变量	Overpay					
	全样本		交叠程度高组		交叠程度低组	
	（1）	（2）	（3）	（4）	（5）	（6）
ILayer	0.042***	0.040***	0.048***	0.043***	0.012	0.017
	（3.721）	（3.353）	（3.670）	（3.287）	（0.873）	（1.273）
Olvp	0.082***	0.79***				
	（2.989）	（2.713）				
Roa	-0.210**	-0.196**	-0.141**	-0.117**	-0.452***	-0.466***
	（-2.463）	（-2.388）	（-2.471）	（-2.302）	（-4.203）	（-4.480）
ILayer × Roa	0.335***	0.331***	0.477***	0.505***	0.229*	0.197*
	（3.980）	（3.949）	（3.129）	（3.328）	（1.875）	（1.748）
Olvp × Roa	0.732**	0.645**				
	（2.153）	（2.127）				
Size	0.024***	0.033***	0.034**	0.058***	0.013	-0.002
	（3.469）	（4.374）	（2.478）	（3.663）	（0.958）	（-0.123）
Lev	-0.145***	-0.178***	-0.114	-0.202***	-0.180**	-0.127
	（-3.820）	（-4.440）	（-1.546）	（-2.667）	（-2.339）	（-1.580）
Growth	-0.040**	-0.043***	-0.046*	-0.052**	-0.002	-0.004
	（-2.463）	（-2.608）	（-1.799）	（-2.011）	（-0.117）	（-0.192）
IA	0.317**	0.351***	0.154	0.238	0.666***	0.614***
	（2.429）	（2.681）	（0.535）	（0.845）	（2.886）	（2.652）
Dual	0.107***	0.112***	0.086***	0.096***	0.112***	0.103***
	（8.023）	（8.325）	（3.381）	（3.844）	（4.472）	（4.097）
Boardsize	0.044***	0.042***	0.047***	0.040***	0.020**	0.022**
	（10.182）	（9.625）	（6.312）	（5.172）	（2.062）	（2.257）
Ind_direct	0.550***	0.565***	0.507**	0.502**	0.318	0.252
	（4.103）	（4.233）	（2.198）	（2.020）	（1.205）	（0.960）

变量	Overpay					
	全样本		交叠程度高组		交叠程度低组	
	(1)	(2)	(3)	(4)	(5)	(6)
Herfind	0.579 *	0.422	0.421	0.020	0.567	0.774
	(1.785)	(1.316)	(0.799)	(0.039)	(0.971)	(1.312)
*Top*1	−0.275 ***	−0.279 ***	−0.289 ***	−0.280 ***	−0.162 *	−0.151
	(−6.363)	(−6.460)	(−3.200)	(−3.152)	(−1.750)	(−1.627)
Zone	0.027 **	0.025 *	0.024	0.024	0.020	0.027
	(2.034)	(1.853)	(0.825)	(0.817)	(0.671)	(0.912)
Year/Industry		Control		Control		Control
常数项	−1.300 ***	−1.324 ***	−1.001 ***	−1.063 ***	−0.817 ***	−0.640 **
	(−8.690)	(−8.171)	(−3.452)	(−3.411)	(−2.794)	(−2.007)
Wald chi2	217.232	221.251	132.979	140.317	124.551	136.204
Adj R²	0.076	0.078	0.045	0.051	0.027	0.033
N	8012	8012	4182	4182	3830	3830

第（3）列与第（5）列中变量 *ILayer × Roa* 系数的 t 值比较：chi2（1）=24.17　Prob > chi2 =0.000
第（4）列与第（6）列中变量 *ILayer × Roa* 系数的 t 值比较：chi2（1）=26.33　Prob > chi2 =0.000

由表 7-19 可知，第（1）列与第（2）列中，变量 *ILayer × Roa* 的系数分别为 0.335 与 0.331，且均在 1% 的水平上显著；第（3）列与第（4）列中，变量 *ILayer × Roa* 的系数分别为 0.477 与 0.505，且均在 1% 的水平上显著；第（5）列与第（6）列中，变量 *ILayer × Roa* 的系数分别为 0.229 与 0.197，且分别在 10% 的水平上显著；同时，第（3）列与第（4）列的 *ILayer × Roa* 系数分别显著大于第（5）列与第（6）列中 *ILayer × Roa* 的系数。上述结果增强了假设 8a 研究结果的稳健性。

7.4.4　变更样本量

为进一步提升研究设计的严谨性，本书将进一步剔除超额薪酬指标计算中的小于以及等于零样本，重新借助模型（5-3）与模型（6-1）重新分组检验假设 5、假设 6、假设 7 与假设 8 的假设内容，相关结果具体如表 7-20、表 7-21 表 7-22 与表 7-23 所示。

借助模型（5－3）重新检验假设 5，相关结果具体如表 7－20 所示。

表 7－20　　　　　模型（5－3）变更样本量的分组回归结果（1）

变量	Overpay					
	全样本		独立性较高组		独立性较低组	
	（1）	（2）	（3）	（4）	（5）	（6）
Layer	0.039 *** (3.552)	0.037 *** (2.987)	0.020 *** (3.206)	0.019 ** (2.436)	0.051 *** (3.035)	0.047 *** (2.915)
CCln	−0.057 * (−1.810)	−0.053 * (−1.784)				
Roa	−0.035 * (−1.929)	−0.024 ** (−2.148)	−0.044 (−1.523)	−0.040 (−1.471)	−0.064 * (−1.883)	−0.067 * (−1.791)
Size	0.026 *** (2.622)	0.039 *** (3.288)	0.034 ** (2.426)	0.047 *** (2.779)	0.023 ** (2.157)	0.037 *** (2.930)
Lev	−0.038 (−0.746)	−0.087 (−1.504)	−0.056 (−0.837)	−0.078 (−1.097)	−0.028 (−0.518)	−0.095 (−1.631)
Growth	0.004 (0.325)	−0.003 (−0.203)	0.002 (0.083)	−0.005 (−0.260)	0.009 (0.470)	0.004 (0.243)
IA	0.169 (0.763)	0.141 (0.633)	0.189 (0.779)	0.094 (0.376)	0.169 (0.687)	0.186 (0.770)
Dual	0.043 ** (2.079)	0.050 ** (2.484)	0.032 (1.254)	0.040 (1.592)	0.050 ** (2.240)	0.058 *** (2.718)
Boardsize	0.016 ** (2.459)	0.011 * (1.799)	0.016 (1.610)	0.012 (1.332)	0.015 ** (2.474)	0.010 * (1.723)
Ind_direct	0.195 (0.963)	0.166 (0.875)	0.408 (1.425)	0.303 (1.105)	0.079 (0.372)	0.082 (0.421)
Herfind	0.134 (0.285)	0.273 (0.391)	−0.402 (−0.837)	−1.378 * (−1.703)	0.384 (0.677)	1.095 (1.454)
Top1	−0.157 ** (−2.289)	−0.179 *** (−2.607)	−0.161 * (−1.812)	−0.195 ** (−2.186)	−0.155 ** (−2.231)	−0.174 ** (−2.501)
Zone	0.021 (0.907)	0.012 (0.538)	0.010 (0.349)	0.004 (0.123)	0.027 (1.100)	0.018 (0.745)

续表

变量	Overpay					
	全样本		独立性较高组		独立性较低组	
	（1）	（2）	（3）	（4）	（5）	（6）
Year/Industry		Control		Control		Control
常数项	−0.328 (−1.441)	−0.256 (−1.014)	−0.640** (−1.995)	−0.590 (−1.615)	−0.226 (−0.977)	−0.172 (−0.664)
Adj R^2	0.027	0.058	0.027	0.038	0.024	0.070
F 值	5.428	3.877	1.958	1.700	5.109	3.086
N	4169	4169	1799	1799	2370	2370

第（3）列与第（5）列中变量 Layer 系数的 t 值比较：chi2（1）=25.41 Prob > chi2 = 0.000
第（4）列与第（6）列中变量 Layer 系数的 t 值比较：chi2（1）=24.78 Prob > chi2 = 0.000

由表 7-20 可知，第（1）列与第（2）列的变量 Layer 的系数分别为 0.039 与 0.037，且均在 1% 的水平上显著；第（3）列与第（4）列中，变量 Layer 的系数分别为 0.020 与 0.019，且分别在 1% 与 5% 的水平上显著；第（5）列与第（6）列中，变量 Layer 的系数分别为 0.051 与 0.047，且均在 1% 的水平上显著；同时，第（3）列与第（4）列变量 Layer 的系数分别显著小于第（5）列与第（6）列中变量 Layer 的系数。进而上述结果增强了假设 5 研究结果的稳健性。

同时，借助模型（6-1）重新检验假设 6，相关结果具体如表 7-21 所示。

表 7-21　　　　模型（6-1）变更样本量的分组回归结果（1）

变量	Overpay					
	全样本		独立性较高组		独立性较低组	
	（1）	（2）	（3）	（4）	（5）	（6）
Layer	0.034*** (3.449)	0.030*** (2.940)	0.027*** (3.175)	0.026** (2.475)	0.038*** (2.990)	0.038*** (2.914)
CCIn	−0.032** (−2.356)	−0.030** (−2.274)				
Roa	−0.083* (−1.905)	−0.065 (−1.520)	−0.048* (−1.754)	−0.035* (−1.738)	−0.063** (−2.064)	−0.062** (−2.130)

续表

变量	Overpay					
	全样本		独立性较高组		独立性较低组	
	（1）	（2）	（3）	（4）	（5）	（6）
Layer × Roa	0.136 **	0.117 **	0.071	0.099	0.162 **	0.157 **
	（2.029）	（2.404）	（1.192）	（1.262）	（2.321）	（2.509）
CCln × Roa	−0.216 *	−0.210 *				
	（−1.738）	（−1.810）				
Size	0.023 **	0.037 ***	0.018 *	0.033 ***	0.033 **	0.046 ***
	（2.245）	（3.027）	（1.755）	（2.633）	（2.261）	（2.623）
Lev	−0.009	−0.072	−0.027	−0.055	−0.042	−0.072
	（−0.169）	（−1.276）	（−0.477）	（−0.911）	（−0.573）	（−0.945）
Growth	−0.002	−0.006	−0.006	−0.006	−0.001	−0.006
	（−0.159）	（−0.459）	（−0.300）	（−0.325）	（−0.051）	（−0.278）
IA	0.181	0.148	0.182	0.201	0.180	0.079
	（0.819）	（0.664）	（0.748）	（0.836）	（0.744）	（0.317）
Dual	0.043 **	0.050 **	0.052 **	0.060 ***	0.032	0.040
	（2.097）	（2.485）	（2.377）	（2.808）	（1.251）	（1.479）
Boardsize	0.015 **	0.011 *	0.014 **	0.010	0.016	0.012
	（2.447）	（1.805）	（2.408）	（1.626）	（1.434）	（1.357）
Ind_direct	0.202	0.169	0.078	0.080	0.417	0.312
	（1.001）	（0.890）	（0.371）	（0.408）	（1.463）	（1.138）
Herfind	0.115	0.263	0.231	0.988	−0.398	−1.296
	（0.248）	（0.381）	（0.417）	（1.340）	（−0.836）	（−1.617）
Top1	−0.163 **	−0.182 ***	−0.161 **	−0.176 **	−0.168 *	−0.200 **
	（−2.378）	（−2.652）	（−2.320）	（−2.409）	（−1.901）	（−2.255）
Zone	0.022	0.013	0.031	0.021	0.010	0.003
	（0.954）	（0.564）	（1.292）	（0.884）	（0.361）	（0.119）
Year/Industry		Control		Control		Control
常数项	−0.268	−0.220	−0.148	−0.109	−0.593 *	−0.558
	（−1.161）	（−0.855）	（−0.641）	（−0.422）	（−1.839）	（−1.505）
Adj R^2	0.028	0.058	0.030	0.073	0.029	0.040
F 值	6.150	3.223	5.427	3.149	1.958	1.674
N	4169	4169	1799	1799	2370	2370

由表 7-21 可知，第（1）列与第（2）列中，变量 $Layer \times Roa$ 的系数分别为 0.136 与 0.117，且均在 5% 的水平上显著；第（3）列与第（4）列中，变量 $Layer \times Roa$ 的系数分别为 0.071 与 0.099，但并不显著；第（5）列与第（6）列中，变量 $Layer \times Roa$ 的系数分别为 0.162 与 0.157，且均在 5% 的水平上显著。上述结果增强了假设 6 研究结果的稳健性。

借助模型（5-3）重新检验假设 7a 和假设 7b，相关结果具体如表 7-22 所示。

表 7-22　　　　模型（5-3）变更样本量的分组回归结果（2）

变量	Overpay					
	全样本		交叠程度高组		交叠程度低组	
	(1)	(2)	(3)	(4)	(5)	(6)
Layer	0.032*** (3.343)	0.028*** (2.828)	0.042*** (2.815)	0.043*** (2.860)	0.023*** (2.676)	0.020** (2.152)
Olvp	0.104** (2.442)	0.099*** (2.691)				
Roa	-0.051* (-1.758)	-0.047* (-1.751)	-0.036** (-2.324)	-0.041* (-1.905)	-0.096 (-1.385)	-0.104 (-1.493)
Size	0.024** (2.401)	0.038*** (3.262)	0.035* (1.900)	0.054** (2.447)	0.018** (2.067)	0.027** (2.427)
Lev	-0.039 (-0.788)	-0.091* (-1.762)	-0.101 (-1.187)	-0.142 (-1.585)	-0.036 (-0.777)	-0.078 (-1.504)
Growth	0.006 (0.416)	-0.002 (-0.161)	-0.009 (-0.314)	-0.020 (-0.661)	0.020 (1.379)	0.013 (0.967)
IA	0.128 (0.585)	0.102 (0.465)	0.157 (0.532)	0.111 (0.383)	0.155 (0.746)	0.138 (0.642)
Dual	0.043** (2.112)	0.050** (2.443)	0.028 (0.887)	0.037 (1.180)	0.045** (2.413)	0.052*** (2.880)
Boardsize	0.021*** (3.418)	0.016*** (2.704)	0.018 (1.587)	0.014 (1.336)	0.014** (2.449)	0.010* (1.814)
Ind_direct	0.269 (1.366)	0.248 (1.344)	0.220 (0.619)	0.085 (0.240)	0.141 (0.777)	0.137 (0.801)

续表

变量	Overpay					
	全样本		交叠程度高组		交叠程度低组	
	（1）	（2）	（3）	（4）	（5）	（6）
Herfind	0.147	0.265	−0.235	−0.989	0.044	0.456
	（0.308）	（0.394）	（−0.459）	（−0.801）	（0.095）	（0.749）
Top1	−0.168 **	−0.192 ***	−0.170	−0.211 *	−0.138 **	−0.156 ***
	（−2.416）	（−2.896）	（−1.551）	（−1.853）	（−2.307）	（−2.619）
Zone	0.020	0.012	0.030	0.019	0.013	0.006
	（0.915）	（0.557）	（0.835）	（0.491）	（0.652）	（0.318）
Year/Industry		Control		Control		Control
常数项	−0.478 **	−0.428 *	−0.472	−0.127	−0.689 ***	−0.613 ***
	（−2.188）	（−1.775）	（−1.279）	（−0.275）	（−3.486）	（−2.755）
Adj R^2	0.058	0.090	0.031	0.045	0.207	0.232
F 值	9.959	6.585	5.881	3.021	7.374	5.779
N	4169	4169	1917	1917	2252	2252

第（3）列与第（5）列中变量 Layer 系数的 t 值比较：chi2（1）= 19.84　Prob > chi2 = 0.000
第（4）列与第（6）列中变量 Layer 系数的 t 值比较：chi2（1）= 21.02　Prob > chi2 = 0.000

由表 7 - 22 可知，第（1）列与第（2）列的变量 Layer 的系数分别为 0.032 与 0.028，且均在 1% 的水平上显著；第（3）列与第（4）列中，变量 Layer 的系数分别为 0.042 与 0.043，且均在 1% 的水平上显著，显著大于第（5）列与第（6）列中变量 Layer 的系数。上述结果增强了假设 7a 研究结果的稳健性。

借助模型（6 - 1）重新检验假设 8a 和假设 8b，相关结果具体如表 7 - 23 所示。

表 7 - 23　　　　模型（6 - 1）变更样本量的分组回归结果（2）

变量	Overpay					
	全样本		交叠程度高组		交叠程度低组	
	（1）	（2）	（3）	（4）	（5）	（6）
Layer	0.032 ***	0.027 ***	0.043 ***	0.045 ***	0.023 **	0.019 **
	（3.259）	（2.801）	（2.902）	（2.974）	（2.463）	（2.015）

续表

变量	Overpay					
	全样本		交叠程度高组		交叠程度低组	
	(1)	(2)	(3)	(4)	(5)	(6)
Olvp	0.071 ** (2.071)	0.067 ** (2.127)				
Roa	-0.082 * (-1.812)	-0.063 * (-1.735)	-0.034 ** (-2.177)	-0.040 ** (-2.185)	-0.028 (-1.383)	-0.015 (-1.294)
Layer × Roa	0.302 ** (2.251)	0.279 ** (2.234)	0.400 ** (2.301)	0.361 ** (2.062)	0.188 ** (2.194)	0.134 (1.524)
Olvp × Roa	0.527 ** (2.279)	0.519 ** (2.087)				
Size	0.020 ** (2.019)	0.035 *** (2.985)	0.034 * (1.839)	0.052 ** (2.296)	0.015 (1.521)	0.024 ** (2.238)
Lev	-0.008 (-0.156)	-0.073 (-1.343)	-0.049 (-0.536)	-0.093 (-0.957)	0.001 (0.018)	-0.054 (-1.082)
Growth	-0.002 (-0.115)	-0.006 (-0.455)	-0.014 (-0.488)	-0.023 (-0.772)	0.012 (0.801)	0.008 (0.594)
IA	0.138 (0.635)	0.107 (0.491)	0.200 (0.682)	0.151 (0.523)	0.177 (0.855)	0.156 (0.730)
Dual	0.042 ** (2.116)	0.049 ** (2.426)	0.027 (0.875)	0.036 (1.144)	0.044 ** (2.420)	0.051 *** (2.866)
Boardsize	0.020 *** (3.345)	0.016 *** (2.663)	0.016 (1.443)	0.014 (1.276)	0.014 ** (2.425)	0.010 * (1.822)
Ind_direct	0.276 (1.404)	0.249 (1.355)	0.182 (0.514)	0.061 (0.171)	0.152 (0.842)	0.144 (0.843)
Herfind	0.120 (0.256)	0.261 (0.393)	-0.401 (-0.708)	-1.174 (-0.953)	-0.007 (-0.016)	0.401 (0.668)
Top1	-0.175 *** (-2.631)	-0.196 *** (-2.966)	-0.183 * (-1.753)	-0.222 * (-1.901)	-0.149 ** (-2.408)	-0.164 *** (-2.779)
Zone	0.021 (0.954)	0.013 (0.573)	0.032 (0.896)	0.022 (0.570)	0.015 (0.760)	0.008 (0.395)

续表

变量	Overpay					
	全样本		交叠程度高组		交叠程度低组	
	（1）	（2）	（3）	（4）	（5）	（6）
Year/Industry		Control		Control		Control
常数项	− 0. 408 * （− 1. 848）	− 0. 379 （− 1. 540）	− 0. 444 （− 1. 197）	− 0. 098 （− 0. 202）	− 0. 616 *** （− 3. 101）	− 0. 561 ** （− 2. 514）
Adj R^2	0. 060	0. 091	0. 041	0. 053	0. 039	0. 043
F 值	8. 774	6. 274	3. 473	2. 154	7. 673	6. 017
N	4169	4169	1917	1917	2252	2252

第（3）列与第（5）列中变量 Layer × Roa 系数的 t 值比较：chi2（1）＝23. 27　Prob > chi2 = 0. 000

由表 7 - 23 可知，第（1）列与第（2）列中，变量 Layer × Roa 的系数分别为 0. 302 与 0. 279，且均在 5% 的水平上显著；第（3）列与第（4）列中，变量 Layer × Roa 的系数分别为 0. 400 与 0. 361，且均在 5% 的水平上显著；第（5）列与第（6）列中，变量 Layer × Roa 的系数分别为 0. 188 与 0. 134，且分别在 5% 的水平上显著以及并不显著；同时，第（3）列变量 Layer × Roa 的系数分别显著大于第（5）列中变量 Layer × Roa 的系数。上述结果增强了假设 8a 研究结果的稳健性。

7.5　本章小结

企业薪酬委员会主要负责制订高管的薪酬计划，在协调民营企业集团最终控制人与底层企业高管之间利益冲突方面发挥着重要的作用。本章聚焦于薪酬委员会独立性以及薪酬委员会与审计委员会的交叠的特征，探讨薪酬委员会在民营企业金字塔结构层级对底层企业高管超额薪酬与薪酬辩护影响中的作用，并以中国沪深 A 股 2004 ~ 2015 年的上市公司为研究样本，实证检验本章的研究假设。

本章研究发现，薪酬委员会独立性能够显著抑制民营企业金字塔结构层级的增加对成员高管摄取超额薪酬及薪酬辩护的影响，即在民营企业金字塔结构层级的上述影响中在显著的负向调节效应。然而，薪酬委员会与审计委员会的交叠却阻碍了薪酬委员会对民营企业集团中底层企业高管薪酬的治理作用，显著加剧了民营企业金字塔结构层级的增加对成员高管摄取超额薪酬及薪酬辩护的影响，即在民营企业金字塔结构层级的上述影响中存在显著的正向调节效应。本章研究结论不仅有助于民营企业集团优化底层企业的薪酬委员会对其高管薪酬的治理作用，而且会促进相关监管机构完善上市公司薪酬委员会的相关制度，发挥其对企业高管摄取超额薪酬以及实施"结果正当性"的薪酬辩护提供了一定的理论支持。

| 第 8 章 |

研究结论与政策建议

本章主要对上文章节的内容进行归纳总结。首先，阐述本书的主要结论与研究贡献；其次，在此基础上，形成具有针对性的政策建议；最后，概括本书存在的研究不足以及提出未来研究展望。

8.1 主要结论

本书从民营企业集团的研究视角，探讨金字塔结构层级对底层企业高管超额薪酬以及薪酬辩护的影响，并剖析薪酬委员会的相关特征在金字塔结构层级上述影响中的作用。企业高管利用其权力与影响所摄取的超额薪酬与实施的薪酬辩护行为，不仅损害着企业的发展，而且会加大社会的收入差距。2015 年中国居民收入基尼系数仍处在收入差距警戒线的 0.4 之上，《中国公司治理分类指数报告 No. 15 （2016）》也表明 2015 年民营上市公司高管激励过度的情况仍然较为严重。在中国制度背景下，民营企业集团的最终控制人增加金字塔结构层级成为其缓解融资困难的重要方式，但也加剧了其委托代理问题的复杂程度。然而，鲜有研究关注金字塔结构层级对底层企业高管超额薪酬与薪酬辩护的影响。本书则正是从民营企业集团的视角，弥补了现有相关研究的不足。在此基础上，本书进一步将薪酬委员会的理论研究背景拓展至民营企业集团，探讨底层企业薪酬委员会独立性及其与审计委员会的交叠在金字塔结构上述影响中的作用。

本书首先聚焦于超额薪酬与薪酬辩护诱因的理论研究，以及围绕金字塔结构与薪酬委员会对高管薪酬的影响，梳理现有相关研究文献；其次，基于委托代理理论、内部资本市场理论、管理层权力理论以及最优薪酬契约理论，剖析民营企业金字塔结构层级的增加对企业集团委托代理问题与内部资本市场的作用，以及进一步探讨层级的增加对底层企业高管薪酬诱因的影响与剖析薪酬委员会对高管薪酬的影响；最后，借助实证研究检验民营企业金字塔结构层级对超额薪酬以及薪酬辩护的影响，而且排除了其他问题对对金字塔结构上述影响的替代性解释，进一步探索薪酬委员会独立性及其与审计委员会交叠的特征能否抑制民营企业金字塔结构的上述影响。

通过上述章节的研究，本书得出如下结论：

（1）民营企业金字塔结构层级的增加显著加剧了底层企业高管的超额薪酬。处于经济转轨阶段的中国，民营企业集团的融资会受到更多政策性歧视；借助金字塔结构层级的增加，通过获取活跃的内部资本市场，已成为其缓解融资约束的重要方式。然而，层级的增加也会加剧民营企业集团的委托代理问题，以及加重最终控制人与底层企业高管之间的信息不对称。随着层级的增加，底层企业高管将会借助自身权力的加大，也会降低最终控制人对底层企业高管的有效监督，以及加剧企业集团的信息环境的恶化。因而，本书研究结论表明，层级的增加会加剧底层企业高管摄取超额薪酬的行为，并且当底层企业董事长与总经理两职合一的情况下，上述影响更为显著。

同时，为了进一步增强本书研究结论的可靠性，本书进一步排除最终控制人与底层企业高管"合谋"与企业集团"平均主义"问题对民营企业金字塔结构上述影响的替代性解释。当"合谋"与企业集团"平均主义"问题存在时，最终控制人会主动给予底层企业高管因上述问题造成经营业绩的降低而失去的报酬所得，从而为层级的增加有助于底层企业高管摄取超额薪酬提供替代性的解释。通过对上述替代性解释的理论分析与实证检验，本书研究结论表明，层级的增加对底层企业高管超额薪酬的影响是其借助层级的增加主动摄取私有收益的体现，而非是接受补偿性薪酬所得的结果，从而增强了研究结论的可靠性。

（2）民营企业金字塔结构层级的增加显著加剧了底层企业高管实施"结果正当性"的薪酬辩护行为。底层企业高管之所以能够不断摄取超额薪酬原因在于其能够为其所摄取的超额薪酬提供辩护行为。本书研究发现层级的增加加剧了底层企业高管实施"结果正当性"的薪酬辩护，即为其摄取超额薪酬行为提供合理化的借口。

一方面，随着民营企业金字塔结构层级的增加，底层企业高管会选择更为隐蔽的真实盈余管理行为，粉饰经营业绩，从而为底层企业高管实施"结果正当性"的薪酬辩护行为提供了机会。另一方面，随着层级的增加，底层企业高管也会借助活跃的内部资本市场，构造关联交易，缓解融资约束，降低经营困难；从而实现其实施"结果正当性"的薪酬辩护行为。因而，本书研究发现，底层企业的真实盈余管理与关联交易在层级的增加加剧底层企业高管实施"结果正当性"薪酬辩护的影响中，存在显著的中介效应。

（3）薪酬委员会独立性会显著抑制民营企业金字塔结构层级的上述影响，而薪酬委员会与审计委员会的交叠却会显著加剧民营企业金字塔结构层级的上述影响。相对于内部董事而言，独立董事大都具备更强的专业知识与注重个人的声誉，同时，其存在发挥在公司治理中作用以提升自身声誉与能力的动机也较强，从而会抑制底层企业通过层级的增加俘获董事以及借助企业集团信息环境的恶化，摄取超额薪酬与进行"结果正当性"的薪酬辩护，即在民营企业金字塔结构的上述影响中存在显著的负向调节效应。然而，薪酬委员会与审计委员会的交叠则有助于底层企业高管俘获董事以及加剧企业集团信息环境的恶化程度，进而在民营企业金字塔结构层级的上述影响中存在显著的正向调节效应。

8.2 研究贡献

本书的贡献可以分为以下方面：

（1）本书研究基于民营企业集团的视角，探索超额薪酬以及薪酬辩护的诱因，拓展了企业高管薪酬的理论研究。现有理论研究发现，企业所有者与高管之间的委托代理问题是诱发高管摄取超额薪酬与实施薪酬辩护行为的重要诱因。民营企业金字塔结构层级的增加会促进内部资本市场的活跃程度；然而，也会加剧企业集团的委托代理问题，从而影响最终控制人约束底层企业高管薪酬契约的作用。尽管现有相关研究开始注重探索企业集团的高管薪酬，但层级的增加对底层企业高管摄取超额薪酬及其实施薪酬辩护的影响却无法得出确切的答案。底层企业高管的超额薪酬及其薪酬辩护对其薪酬契约的有效性以及社会收入差距均具有重要影响。本书则正是从民营企业集团的视角，探讨层级的增加对底层企业高管超额薪酬与薪酬辩护的影响，并进一步探寻底层企业高管借助层级的增加所加剧的"结果正当性"薪酬辩护的路径，从而对认清企业集团高管薪酬的理论研究具有重要的研究贡献。

（2）从超额薪酬与薪酬辩护的研究视角，深化了金字塔结构层级对企业集团高管薪酬的理论研究。在中国制度背景下，探索金字塔结构层级对企业集团高管薪酬影响的理论研究开始获得相关学者的关注，并获取了支持最优薪酬契约理论的经验证据。但民营企业集团最终控制人借助层级的增加获取活跃内部资本市场时，底层企业高管的权力以及企业集团信息环境的恶化程度也将会相应加大。因而，层级的增加会影响底层企业高管超额薪酬与薪酬辩护。本书则进一步基于超额薪酬与薪酬辩护的角度，深入探寻层级的增加对民营企业集团高管薪酬的影响，并探索底层企业高管实现薪酬辩护的路径，进而深化了金字塔结构层级对企业集团高管薪酬的理论研究。

（3）有助于增添薪酬委员会对企业高管薪酬契约影响研究的新视角。薪酬委员会在缓解企业所有者与高管之间利益冲突方面发挥着重要的作用。然而，相关政策对其独立性及与其他委员会的结构却缺乏十分具体的规定。因而，其上述两个特点并吸引着现有相关学者的广泛关注，但他们仍将研究背景局限在独立的企业视角。本书则将研究情景拓展至民营企业集团中，探讨薪酬委员会独立性及其与审计委员会的交叠在金字塔结构层级对底层企业高管超额薪酬及薪酬辩护影响中的作用，从而在一定程度上弥补现有相关研究的不足，拓展了薪酬委员会对企业高管薪酬契约影响的理论研究视角。

同时，本书研究对民营企业集团中底层企业高管薪酬管理实践具有重要的贡献：第一，本书的研究结论将为民营企业集团最终控制人借助金字塔结构层级的增加缓解融资约束时，认清与约束底层企业高管借助层级的增加，摄取超额薪酬与实施薪酬辩护，具有一定的贡献。一方面，有助于最终控制人在增加金字塔结构层级过程中，警惕底层企业借助层级的增加摄取超额薪酬以及实施薪酬辩护行为；另一方面，本书研究结论有助于民营企业集团在借助层级的增加过程中，提升底层企业薪酬委员会独立性以及减弱其与审计委员会的交叠，从而增强底层企业的薪酬委员会对其高管薪酬的治理作用。第二，本书研究结论对相关监管机构提供了一定的理论参考。一是，本书研究结论表明相关监管机构应优化民营企业的融资环境，从而缓解民营企业集团借助增加金字塔结构层级获取活跃的内部资本市场的同时，所加剧底层企业高管摄取超额薪酬及实施薪酬辩护的行为。二是，为在工资薪金所得项目中加大底层企业高管超高收入的个人所得税提供了一定理论参考。三是，对于相关监管机构完善公司治理的相关政策提供了一定的经验支持。例如，中国证监会于 2002 年颁布的《上市公司治理准则》中尽管明确提出上市公司应建立薪酬委员会负责制定与执行高管的薪酬契约，然而，对于薪酬委员会的具体内容并未做出十分确切的规定。因而，本书研究结论可为相关政策在薪酬委员会独立性以及薪酬委员会与审计委员会的交叠方面进一步细化相关规范的要求，提供一定的理论参考。

8.3　政策建议

本书的研究结论不仅对民营企业集团提升管理控制效率具有重要的理论参考价值，而且极具重要的政策建议，具体如下：

（1）本书研究结论从企业集团高管薪酬的研究视角，为相关机构改善民营企业的融资环境提供了经验证据。现有研究认为，缓解融资约束是民营企业集团增加金字塔结构层级的重要诱因。但本书研究发现，层级的增加也会加剧企业集团的委托代理问题，从而诱发底层企业高管权力的增大以及企业集团信息环境的恶化，显著诱发底层企业高管摄取超额薪酬与实施薪酬辩护的行为，进而不利于民营企业集团的发展以及拉大社会的收入差距。因此，本书研究为相关监管部门改善民营企业的融资环境，避免底层企业高管借助企业集团层级的增加缓解其内部资本市场的同时，摄取私有收益，在一定程度上为削减社会收入差距，提供了一定的经验支持。

（2）本书研究结论为加大企业高管超高收入的个人所得税，从而防止社会收入差距过大，提供了一定理论参考。本书研究发现民营企业集团中底层企业高管显著存在摄取超额薪酬的行为，从而损害企业的发展，且随着金字塔结构层级的增加，其摄取超额薪酬及实施薪酬辩护的行为也会显著加剧，最终将会进一步加剧社会收入差距。因而，上述研究结论能够在一定程度上表明，企业高管的超额薪酬是其满足私有收益的结果，而非对其才能与努力程度的回报，从而为相关监管机构在个人所得税中，进一步借助工资薪金所得项目的设置，抑制社会贫富持续加大，提供了一定的理论参考。

（3）本书研究结论对于相关监管机构完善公司治理的相关政策提供了一定的经验支持。例如，尽管证监会于 2002 年颁布的《上市公司治理准则》明确提出上市公司应建立薪酬委员会负责制定与执行高管的薪酬契约，但对于薪酬委员会独立性及其与董事会中其他委员会的交叠程度等具体内容并未做出十分确切的规定。本书进一步探讨薪酬委员会的上述两个特点在民营企业金字塔结构层级对超额薪酬及薪酬辩护影响中的作用，研究结论表明薪酬委员会独立性在金字塔结构层级的上述影响中显著存在负向调节效应，但与审计委员会的交叠程度却显著存在正向调节效应，从而为《上市公司治理准则》进一步细化薪酬委员会的相关规定提供了一定的启示。

8.4　研究局限和未来研究方向

本节在上文的基础上阐述研究局限，并试图探索未来研究方向。

8.4.1　研究局限

本书的研究局限体现在以下三个方面：

（1）限于研究样本数据的限制，本书研究并未控制潜在影响超额薪酬及薪酬辩护的所有因素。尽管本书在提出研究假设与实证设计过程中，排除了最终控制人与底层企业高管"合谋"以及企业集团"平均主义"等问题对本书研究结论的替代性解释；然而，在企业集团薪酬理论研究与实践管理中，仍存在难以度量与刻画的影响因素。本书研究参考了相关研究文献中相关影响因素的度量变量作为控制变量，但仍会遗漏部分无法刻画与度量的影响因素。

（2）由于档案式研究方法的限制，缺乏对超额薪酬与薪酬辩护影响路径的探索。本书所选定的档案式研究方法，仅针对企业已经披露的相关数据，而无论底层企业高管摄取超额薪酬，还是其实施薪酬辩护行为，均具有很强的隐蔽性。因而，本书无法探寻底层企业高管已经发生的摄取私有收益的实现路径。

（3）超额薪酬的度量方式存在一定的缺陷。在本书的研究设计中，采用现有多数研究中的度量超额薪酬的研究方法，且在稳健性检验中，则进一步采用虚拟变量替代以连续变量度量超额薪酬的研究方法。然而，本书研究表明，底层企业高管超额薪酬包含在其绝对薪酬之中，因而，无法十分精确地分离与刻画其超额薪酬。

8.4.2　未来研究方向

本书研究潜在的未来研究方向可体现在以下两个方面：

（1）探索缓解企业集团中底层企业高管超额薪酬及薪酬辩护的方式。本书将研究背景置于民营企业集团中，考察金字塔结构层级对超额薪酬及薪酬辩护的影响，并探索薪酬委员会独立性及其与审计委员会交叠对层级的增加上述影响的作用。然而，如何抑制底层企业高管超额薪酬与薪酬辩护是企业集团管理控制实践的重点与难点，因而，从民营企业集团的视角，探索其他缓解底层企业高管超额薪酬及薪酬辩护方式存的理论研究，是未来重要的研究方向之一。

（2）为金字塔结构层级对国有企业薪酬差距影响的理论研究，提供一定的启示。对于国有企业集团而言，层级的增加会降低政府干预，使其更加趋向市场化的经营管理，从而对底层企业高管薪酬也会产生重要影响。沿袭国有企业金字塔结构层级的增加降低政府干预的研究思路，结合国有企业高管"限薪"及其薪酬"市场化"为原则的相关政策指导，深入探讨层级的增加对其底层企业高管薪酬差距及其薪酬差距对底层企业经济行为产生的影响，也将成未来研究的另一个重要方向。

参考文献

中文部分

[1] 陈冬华，陈信元，万华林. 国有企业中的薪酬管制与在职消费 [J]. 经济研究，2005（2）：90 - 101.

[2] 陈家田. 上市家族企业 CEO 薪酬激励实证研究：基于双重委托代理视角 [J]. 管理评论，2014（11）：159 - 168.

[3] 陈林荣，刘爱东. 家族企业高管薪酬治理效应的实证研究 [J]. 软科学，2009（9）：107 - 111.

[4] 程新生，刘建梅，陈靖涵. 才能信号抑或薪酬辩护：超额薪酬与战略信息披露 [J]. 金融研究，2015（12）：146 - 161.

[5] 邓晓岚，陈运森，陈栋. 审计委员会与薪酬委员会委员交叠任职、盈余管理与高管薪酬 [J]. 审计研究，2014（6）：83 - 91.

[6] 段海艳. 外部董事任期对董事会监督与咨询效率的影响研究：基于中小板上市公司的经验数据 [J]. 华东经济管理，2016（8）：124 - 129.

[7] 范经华，张雅曼，刘启亮. 内部控制、审计师行业专长、应计与真实盈余管理 [J]. 会计研究，2013（4）：81 - 88.

[8] 方军雄. 高管超额薪酬与公司治理决策 [J]. 管理世界，2012（11）：144 - 155.

[9] 方军雄. 中国上市公司高管的薪酬存在粘性吗？[J]. 经济研究，2009（3）：110 - 124.

[10] 冯根福，韩冰，闫冰. 中国上市公司股权集中度变动的实证分析 [J]. 经济研究，2002（8）：12 - 18

[11] 冯丽霞. 内部资本市场：组织载体、交易与租金 [J]. 会计研究，2006（8）：37 - 43.

［12］高敬忠，韩传模，王英允．公司诉讼风险与管理层盈余预告披露方式选择：来自中国 A 股上市公司的经验证据［J］．经济与管理研究，2011（5）：102 – 112.

［13］郭科琪．上市公司高管超额薪酬问题研究：基于董事会性别构成的视角［J］．财政研究，2014（5）：18 – 21.

［14］高文亮，罗宏．薪酬管制、薪酬委员会与公司绩效［J］．山西财经大学学报，2011（8）：84 – 91.

［15］韩亮亮，李凯，方圆．金字塔股权结构、终极股东控制与资本结构［J］．管理评论，2009（5）：35 – 41.

［16］洪峰．独立董事治理、管理层权力与超额薪酬：基于董事网络的实证分析［J］．贵州财经大学学报，2015（2）：31 – 40.

［17］黄志中，郗群．薪酬制度考虑外部监管了吗？：来自中国上市公司的证据［J］．南开管理评论，2009（1）：49 – 56.

［18］吉利，吴萌．企业社会责任与高管薪酬辩护［J］．厦门大学学报（哲学社会科学版），2016（6）：116 – 125.

［19］江伟，刘丹，李雯．薪酬委员会特征与高管薪酬契约：基于中国上市公司的经验研究［J］．会计与经济研究，2013（3）：3 – 17.

［20］江伟．负债的代理成本与管理层薪酬：基于中国上市公司的实证分析［J］．经济科学，2008（4）：110 – 123.

［21］江伟．市场化程度、行业竞争与高管薪酬增长［J］．南开管理评论，2011（5）：58 – 67.

［22］江伟．行业薪酬基准与管理者薪酬增长：基于中国上市公司的实证分析［J］．金融研究，2010（4）：144 – 159.

［23］蒋弘，刘星．股权制衡对并购中合谋行为经济后果的影响［J］．管理科学，2012（3）：34 – 44.

［24］李培功，沈艺峰．经理薪酬、轰动报道与媒体的公司治理作用［J］．管理科学学报，2013（10）：63 – 80.

［25］李维安，刘绪光，陈靖涵．经理才能、公司治理与契约参照点：中国上市公司高管薪酬决定因素的理论与实证分析［J］．南开管理评论，2010（2）：4 – 15.

[26] 李延喜, 包世泽, 高锐, 等. 薪酬激励、董事会监管与上市公司盈余管理 [J]. 南开管理评论, 2007 (6): 55 - 61.

[27] 李豫湘, 米江. 家族控制、机构投资者与高管薪酬 [J]. 重庆大学学报 (社会科学版), 2016 (5): 74 - 83.

[28] 李增泉, 辛显刚, 于旭辉. 金融发展、债务融资约束与金字塔结构: 来自民营企业集团的证据 [J]. 管理世界, 2008 (1): 123 - 135.

[29] 李增泉. 激励机制与企业绩效: 一项基于上市公司的实证研究 [J]. 会计研究, 2000 (1): 24 - 30.

[30] 林乐, 谢德仁, 陈运森. 实际控制人监督、行业竞争与经理人激励: 来自私人控股上市公司的经验证据 [J]. 会计研究, 2013 (9): 36 - 43.

[31] 刘峰, 贺建刚, 魏明海. 控制权、业绩与利益输送: 基于五粮液的案例研究 [J]. 管理世界, 2004 (9): 102 - 110.

[32] 刘桂良, 徐晓虹. 融资行为、研发支出与薪酬辩护 [J]. 求索, 2016 (11): 84 - 88.

[33] 刘行, 李小荣. 金字塔结构、税收负担与企业价值: 基于地方国有企业的证据 [J]. 管理世界, 2012 (8): 91 - 105.

[34] 刘慧龙, 张敏, 王亚平, 等. 政治关联、薪酬激励与员工配置效率 [J]. 经济研究, 2010 (9): 109 - 121.

[35] 刘慧龙. 控制链长度与公司高管薪酬契约 [J]. 管理世界, 2017 (3): 95 - 112.

[36] 刘西友, 韩金红. 上市公司薪酬委员会有效性与高管薪酬研究: 基于 "有效契约论" 与 "管理权力论" 的比较分析 [J]. 投资研究, 2012 (6): 16 - 28.

[37] 刘鑫. CEO 变更对企业 R&D 投入的影响: 基于 CEO 接班人的视角 [J]. 财贸研究, 2015 (2): 118 - 127.

[38] 刘璇, 吕长江. 谁签订的薪酬契约? 签约方身份与会计信息的契约作用: 来自中国地方国有上市公司的证据 [J]. 会计研究, 2017 (1): 75 - 81.

[39] 卢昌崇, 陈仕华. 断裂联结重构: 连锁董事及其组织功能 [J]. 管理世界, 2009 (5): 152 - 165.

[40] 陆正飞, 胡诗阳. 股东 - 经理代理冲突与非执行董事的治理作用:

来自中国 A 股市场的经验证据 [J]. 管理世界, 2015 (1): 129 – 138.

[41] 陆智强, 李红玉. 经理权力、市场化进程与经理超额薪酬: 基于不同产权性质的比较分析 [J]. 经济经纬, 2014 (3): 108 – 113.

[42] 罗宏, 黄敏, 周大伟, 等. 政府补助、超额薪酬与薪酬辩护 [J]. 会计研究, 2014 (1): 42 – 48.

[43] 罗昆, 曹光宇. 财务困境、超额薪酬与薪酬业绩敏感性: 基于政府补助的调节效应 [J]. 华中农业大学学报 (社会科学版), 2015 (6): 109 – 117.

[44] 罗昆. 寻租抑或辩护: 同业参照效应、超额薪酬增长与薪酬业绩敏感性 [J]. 财贸研究, 2015 (5): 131 – 138.

[45] 毛洪涛, 周达勇, 王新. 薪酬委员会在高管薪酬激励有效性中的治理效应研究: 基于 2002—2010 年 A 股上市公司的实证研究 [J]. 投资研究, 2012 (9): 20 – 41.

[46] 缪毅, 胡奕明. 内部收入差距、辩护动机与高管薪酬辩护 [J]. 南开管理评论, 2016 (2): 32 – 41.

[47] 缪毅, 胡奕明. 薪酬谈判中的经理议价能力研究: 基于管理者权力视角的实证检验 [J]. 经济管理, 2014 (2): 55 – 64.

[48] 潘红波, 余明桂. 政治关系、控股股东利益输送与民营企业绩效 [J]. 南开管理评论, 2010 (4): 14 – 27.

[49] 权小锋, 吴世农, 文芳. 管理层权力、私有收益与薪酬操纵 [J]. 经济研究, 2010 (11): 73 – 87.

[50] 邵军, 刘志远. "系族企业" 内部资本市场有效率吗?: 基于鸿仪系的案例研究 [J]. 管理世界, 2007 (6): 114 – 121.

[51] 苏坤. 国有金字塔层级对公司风险承担的影响: 基于政府控制级别差异的分析 [J]. 中国工业经济, 2016 (6): 127 – 143.

[52] 孙烨, 孟佳娃. 薪酬委员会独立性与高管货币薪酬: 独立董事声誉的调节作用 [J]. 东南学术, 2013 (3): 57 – 66.

[53] 孙园园, 梁相, 史燕丽. 大股东掏空、管理层权力与高管薪酬: 基于薪酬辩护理论视角的分析 [J]. 财经问题研究, 2017 (6): 86 – 92.

[54] 孙铮, 李增泉, 王景斌. 所有权性质、会计信息与债务契约: 来自

中国上市公司的经验证据 [J]. 管理世界, 2006 (10): 100 - 107.

[55] 唐清泉, 罗党论. 设立独立董事的效果分析: 来自中国上市公司独立董事的问卷调查 [J]. 中国工业经济, 2006 (1): 120 - 127.

[56] 唐松, 孙铮. 政治关联、高管薪酬与企业未来经营绩效 [J]. 管理世界, 2014 (5): 93 - 105.

[57] 万良勇, 魏明海. 我国企业集团内部资本市场的困境与功能实现问题: 以三九集团和三九医药为例 [J]. 当代财经, 2006 (2): 78 - 81.

[58] 汪平, 王晓娜. 管理层持股与股权资本成本 [J]. 外国经济与管理, 2017 (2): 60 - 71.

[59] 王东清, 刘艳辉. 产品市场竞争、管理层权力与薪酬辩护 [J]. 财经理论与实践, 2016 (4): 105 - 110.

[60] 王欢. 中国上市公司薪酬委员会的有效性研究: 来自沪深两市 A 股的证据 [J]. 中南财经政法大学研究生学报, 2008 (1): 29 - 33.

[61] 王琨, 肖星. 薪酬委员会建立及其独立性对高管薪酬的影响 [J]. 中国会计与财务研究, 2014 (1): 96 - 109.

[62] 王鹏, 周黎安. 最终控制人的控制权、所有权与公司绩效: 基于中国上市公司的证据 [J]. 金融研究, 2006 (2): 88 - 98.

[63] 王守海, 李云. 管理层干预、审计委员会独立性与盈余管理 [J]. 审计研究, 2012 (4): 68 - 75.

[64] 魏明海, 黄琼宇, 程敏英. 家族企业关联大股东的治理角色: 基于关联交易的视角 [J]. 管理世界, 2013 (3): 133 - 147.

[65] 吴成颂, 周炜. 高管薪酬限制、超额薪酬与企业绩效: 中国制造业数据的实证检验与分析 [J]. 现代财经, 2016 (9): 75 - 87.

[66] 吴联生, 林景艺, 王亚平. 薪酬外部公平性、股权性质与公司业绩 [J]. 管理世界, 2010 (3): 117 - 126.

[67] 吴育辉, 吴世农. 高管薪酬: 激励还是自利?: 来自中国上市公司的证据 [J]. 会计研究, 2010 (11): 40 - 48.

[68] 夏雪花. 债务期限约束影响高管超额薪酬吗? [J]. 财经问题研究, 2013 (11): 122 - 127.

[69] 谢德仁, 陈运森. 董事网络: 定义、特征和计量 [J]. 会计研究,

2012 (3): 44 –51.

[70] 谢德仁, 姜博, 刘永涛. 高管薪酬辩护与开发支出会计政策隐性选择 [J]. 财经研究, 2014 (1): 125 –134.

[71] 谢德仁, 林乐, 陈运森. 薪酬委员会独立性与更高的高管报酬 – 业绩敏感性: 基于薪酬辩护假说的分析和检验 [J]. 管理世界, 2012 (1): 121 –140.

[72] 辛清泉, 林斌, 王彦超. 政府控制、经理薪酬与资本投资 [J]. 经济研究, 2007 (8): 110 –122.

[73] 辛清泉, 谭伟强. 市场化改革、企业业绩与国有企业经理薪酬 [J]. 经济研究, 2009 (11): 68 –81.

[74] 杨德明, 赵璨. 媒体监督、媒体治理与高管薪酬 [J]. 经济研究, 2012 (6): 116 –126.

[75] 杨青, 高铭, Besim, 等. 董事薪酬、CEO 薪酬与公司业绩: 合谋还是共同激励? [J]. 金融研究, 2009 (6): 111 –127.

[76] 叶建宏, 汪炜. 政策性负担、薪酬委员会独立性与高管超额薪酬: 来自后股改时期国有上市公司的证据 [J]. 江西财经大学学报, 2015 (4): 31 –41.

[77] 袁知柱, 郝文瀚, 王泽燊. 管理层激励对企业应计与真实盈余管理行为影响的实证研究 [J]. 管理评论, 2014 (10): 181 –196.

[78] 余明桂, 回雅甫, 潘红波. 政治联系、寻租与地方政府财政补贴有效性 [J]. 经济研究, 2010 (3): 65 –77.

[79] 张必武, 石金涛. 董事会特征、高管薪酬与薪绩敏感性: 中国上市公司的经验分析 [J]. 管理科学, 2005 (4): 32 –39.

[80] 张亮亮, 黄国良. 高管超额薪酬与资本结构动态调整 [J]. 财贸研究, 2013 (5): 148 –156.

[81] 张玮倩, 乔明哲. 媒体报道、薪酬辩护与盈余管理方式选择 [J]. 中南财经政法大学学报, 2015 (5): 98 –107.

[82] 赵国宇. 大股东控股、报酬契约与合谋掏空: 来自民营上市公司的经验证据 [J]. 外国经济与管理, 2017 (7): 105 –117.

[83] 赵健梅, 王晶, 张雪. 非执行董事对超额薪酬影响研究: 来自中国

民营上市公司的证据 [J]. 证券市场导报, 2017 (10): 20-25.

[84] 甄红线, 史永东. 终极所有权结构研究: 来自中国上市公司的经验证据 [J]. 中国工业经济, 2008 (11): 108-118.

[85] 甄红线, 张先治, 迟国泰. 制度环境、终极控制权对公司绩效的影响: 基于代理成本的中介效应检验 [J]. 金融研究, 2015 (12): 162-177.

[86] 郑国坚, 林东杰, 张飞达. 大股东财务困境、掏空与公司治理的有效性: 来自大股东财务数据的证据 [J]. 管理世界, 2013 (5): 157-168.

[87] 郑志刚, 孙娟娟, Rui Oliver. 任人唯亲的董事会文化和高管超额薪酬问题 [J]. 经济研究, 2012 (12): 111-124.

[88] 郑志刚. 高管掠夺视角的股权激励薪酬合约设计: 承诺价值和外部法律环境的影响 [J]. 金融研究, 2006 (12): 92-102.

[89] 周静, 辛清泉. 金字塔层级降低了国有企业的政治成本吗?: 基于经理激励视角的研究 [J]. 财经研究, 2017 (1): 29-40.

[90] 周业安, 韩梅. 上市公司内部资本市场研究: 以华联超市借壳上市为例分析 [J]. 管理世界, 2003 (11): 118-125.

[91] 祝继高, 王春飞. 大股东能有效控制管理层吗?: 基于国美电器控制权争夺的案例研究 [J]. 管理世界, 2012 (4): 138-152.

[92] 祝继高, 叶康涛, 陆正飞. 谁是更积极的监督者: 非控股股东董事还是独立董事? [J]. 经济研究, 2015 (9): 170-184.

外文部分

[1] ADAMS R, FERREIRA D. Women in the Boardroom and Their Impact on Governance and Performance [J]. Journal of Financial Economics, 2009, 94 (2): 291-309.

[2] ALBANESI S, OLIVETTI C. Gender Roles and Technological Progress [J]. Social Science Electronic Publishing, 2007, 34 (3): 24-47.

[3] ALBUQUERQUE A, FRANCO G, VERDI S. Peer Choice in CEO Compensation [J]. Social Science Electronic Publishing, 2013, 108 (1): 160-181.

[4] ALCHAIN A. Information Costs, Pricing and Resource Unemployment [J]. Economic Inquiry, 1969, 7 (2): 109-128.

[5] AMMANN M, OEASCH D, SCHMID M. Product Market Competition,

Corporate Governance and Firm Value: Evidence from the EU Area [J]. European Financial Management, 2011, 19 (3): 452 – 469.

[6] ANDERSON R, BIZIJAK J. An Empirical Examination of the Role of the CEO and the Compensation Committee in Structuring Executive Pay [J]. Journal of Banking and Finance, 2003, 27 (7): 1323 – 1348.

[7] BABER W, KANG S, KUMAR K. Accounting Earnings and Executive Compensation: The Role of Earnings Persistence [J]. Journal of Accounting and Economics, 1998, 25 (2): 169 – 193.

[8] BAIK B, FARBER D, LEE S. CEO Ability and Management Earnings Forecasts [J]. Contemporary Accounting Research, 2011, 28 (5): 1645 – 1668.

[9] BALSAM S. Discretionary Accounting Choices and CEO Compensation [J]. Contemporary Accounting Research, 1998, 15 (3): 229 – 252.

[10] BARONTINI R, BOZZI S. Board Compensation and Ownership Structure: Empirical Evidence for Italian Listed Companies [J]. Journal of Management & Governance, 2011, 15 (1): 59 – 89.

[11] BEBCHUK L, FRIED J, WALKER D. Managerial Power and Rent Extraction in the Design of Executive Compensation [J]. University of Chicago Law Review, 2002, 69 (9): 751 – 846.

[12] BEBCHUK L, FRIED J. Executive Compensation as an Agency Problem [J]. Journal of Economic Perspectives, 2003, 17 (6): 71 – 92.

[13] BELL A. Women-led Firms and the Gender Gap in Top Executive Jobs [J]. Social Science Electronic Publishing, 2005, 64 (2): 772 – 777.

[14] BERTRAND M, SCHOAR A. The Role of Family in Family Firms [J]. Journal of Economic Perspectives, 2006, 20 (2): 73 – 96.

[15] BRICK I, PALMON O, WALD K. CEO Compensation, Director Compensation and Firm Performance: Evidence of Cronyism? [J]. Journal of Corporate Finance, 2006, 12 (3): 403 – 423.

[16] BRICKLEY A, ZIMMERMAN L. Corporate Governance Myths: Comments on Armstrong, Guay and Weber [J]. Journal of Accounting and Economic, 2010, 50 (2/3): 235 – 245.

[17] BIZJAK J, LEMMON L, NAVEEN L. Does the Use of Peer Groups Contribute to Higher Pay and Less Efficient Compensation? [J]. Journal of Financial Economics, 2008, 90 (2): 152 – 168.

[18] BURKART M, PANUNZI F. Agency Conflicts, Ownership Concentration and Legal Shareholder Protection [J]. Journal of Financial Intermediation, 2001, 15 (1): 1 – 31.

[19] BURT S. Cooptive Corporate Actor Network: A Reconsideration of Interlocking Directorates Involving American Manufacturing [J]. Administrative Science Quarterly, 1980, 25 (4): 557 – 582.

[20] BUSHMAN R, CHEN Q, ENGEL E, SMITH A. Financial Accounting Information, Organizational Complexity and Corporate Governance Systems [J]. Journal of Accounting and Economics, 2004, 37 (2): 167 – 201.

[21] BYRD J, COOPERMAN S, WOLFE A. Director Tenure and the Compensation of Bank CEOs [J]. Managerial Finance, 2010, 36 (2): 86 – 102.

[22] CAPEZIO A, SHIELDS J, O'DONNELL M. Too Good to be True: Board Structural Independence as a Moderator of CEO Pay for Firm Performance [J]. Journal of Management Studies, 2011, 48 (3): 487 – 513.

[23] CARTER E, LYNCH L. An Examination of Executive Stock Option Repricing [J]. Journal of Financial Economics, 2001, 61 (2): 207 – 225.

[24] CARTER E, LYNCH L. Executive Compensation Restrictions: Do They Restrict Firms' Willingness to Participate in TARP? [J]. Journal of Business Finance & Accounting, 2012, 39 (7 – 8): 997 – 1027.

[25] CASTROC B, CONCHA M D D L, GRAVEL J V. Does the Team Leverage the Board's Decisions? [J]. Corporate Governance: An International Review, 2009, 17 (6): 744 – 761.

[26] CHEN J. China's Venture Capital Guiding Funds, Policies and Practice [J]. Journal of Chinese Entrepreneurship, 2010, 2 (3): 292 – 297.

[27] CHUNG R, FIRTH M, KIM J. Institutional Monitoring and Opportunistic Earnings Management [J]. Journal of Corporate Finance, 2002, 8 (1): 29 – 48.

[28] CLAESSENS S, DJANKOV S, LANG P. The Separation of Ownership

and Control in East Asian Corporations [J]. Journal of Financial Economics, 2000, 58 (1 - 2): 81 - 112.

[29] CONYON M, GREGG P, MACHIN S. Taking Care of Business: Executive Compensation in the United Kingdom [J]. The Economics Journal, 1955, 105 (3): 704 - 714.

[30] CONYON J, HE L. Compensation Committee and CEO Compensation Incentive in US Entrepreneurial Firms [J]. Journal of Management Accounting, 2004, 16 (1): 35 - 56.

[31] CONYON J, PECK I. Board Control, Remuneration Committees and Top Management Compensation [J]. Academy of Management Journal, 1998, 41 (2): 146 - 157.

[32] CORDERIRO J, SARKIS J. Does Explicit Contracting Effectively Link CEO Compensation to Environmental Performance? [J]. Business Strategy and the Environment, 2008, 17 (5): 304 - 317.

[33] CORE J, GUAY D, LARCKER. The Power of the Pen and Executive Compensation [J]. Journal of Financial Economics, 2008, 88 (1): 1 - 25.

[34] CORNELLI F, KOMINEK Z, LJUNGQVIST A. Monitoring Managers: Does It Matter? [J]. Journal of Finance, 2013, 68 (2): 431 - 481.

[35] CROCIE H, OZKAN N. CEO Compensation, Family Control and Institutional Investors in Continental Europe [J]. Journal of Banking and Finance, 2012, 36 (12): 3318 - 3335.

[36] CYERT R, SOK-HYON K, KUMAR P. Corporate Governance, Takeovers and Top-Management Compensation: Theory and Evidence [J]. Management Science, 2012, 48 (4): 453 - 468.

[37] DOHMEN T, FALK A. Performance Pay and Multi-dimensional Sorting: Productivity, Preferences and Gender [J]. The American Economic Review, 2011, 101 (2): 556 - 590.

[38] EAGLY A, JOHANNESEN C. The Leadership Styles of Women and Men [J]. Journal of Social Issues, 2001, 57 (4): 781 - 797.

[39] ELSTON J, GOLDBER L. Executive Compensation and Agency Costs in

Germany [J]. Journal of Banking and Finance, 2003, 27 (7): 1391 – 1410.

[40] FALEYE O, HOLITASH U. The Costs of Intense Board Monitoring [J]. Journal of Financial Economics, 2011, 101 (1): 160 – 181.

[41] FAMA E. Agency Problems and the Theory of the Firm [J]. Journal of Political Economy, 1980, 88 (2): 288 – 307.

[42] FAMA E, JENSEN M. Paration of Ownership and Control [J]. Journal of Law and Economics, 1983, 26 (9): 301 – 325.

[43] FAN H, WONG J, ZHANG T. Politically Connected CEOs, Corporate Governance and the Post-IPO Performance of China's Partially Privatized Firms [J]. Journal of Applied Corporate Finance, 2007, 84 (2): 330 – 357.

[44] FAN H, WONG J, ZHANG T. Institutions and Organizational Structure: The Case of State-owned Corporate Pyramids [J]. Journal of Law, Economics and Organization, 2013, 29 (6): 1217 – 1252.

[45] FAULKENDER M, YANG J. Inside the Black Box: The Role and Composition of Compensation Peer Groups [J]. Journal of Financial Economics, 2010, 96 (2): 257 – 270.

[46] FAULKENDER M, YANG J. Is Disclosure an Effective Cleansing Mechanism? The Dynamics of Compensation Peer Bench Marking [J]. Social Science Electronic Publishing, 2013, 26 (3): 806 – 839.

[47] FERREIRA D, REZENDE M. Corporate Strategy and Information Disclosure [J]. Journal of Economics, 2007, 38 (1): 164 – 184.

[48] GABAI X, LANDIER A. Why has CEO Pay Increased So Much? [J]. Quarterly Journal of Economics, 2008, 123 (1): 49 – 100.

[49] GAO H, HARFORD J, LI K. CEO Pay Cuts and Forced Turnover: Their Causes and Consequence [J]. Journal of Corporate Finance, 2012, 8 (2): 291 – 310.

[50] GIANFRATE A, GIANFRANCO N. What Do Shareholders' Coalitions Really Want? Evidence from Italian Voting Trusts [J]. Corporate Governance An International Review, 2007, 15 (2): 122 – 132.

[51] GILL D, PROWSE V. A Structural Analysis of Disappointment Aversion

in a Real Effort Competition [J]. The American Economic Review, 2012, 102 (1): 469 – 503.

[52] GOPALAN R, NANDA V, SERU A. Internal Capital Market and Dividend Policies: Evidence From Business Groups [J]. Review of Financial Studies, 2014, 27 (4): 1102 – 1142.

[53] GREGORY E, SMITH I, THOMPSON S. Fired or Retired? A Competing Risks Analysis of Chief Executive Turnover [J]. The Economic Journal, 2009, 119 (536): 463 – 481.

[54] GUL F A, CHEN C J P, TSUI J S L. Discretionary Accounting Accruals, Managers' Incentives and Audit Fees [J]. Contemporary Accounting Research, 2003, 20 (3): 441 – 464.

[55] HAGERMAN R L, ZMIJEWSKI M E. Some Economic Determinants of Accounting Policy Choice [J]. Journal of Accounting and Economics, 1979, 1 (2): 141 – 161.

[56] HARRIS R, JENKINS M, GLASER D. Gender Differences in Risk Assessment: Why do Women Take Fewer Risks Than Men? [J]. Judgment & Decision Making, 2006, 1 (1): 48 – 63.

[57] HART O, MOORE J. Debt and Seniority: An Analysis of the Role of Hard Claims in Constraining Management [J]. The American Economic Review, 1955, 85 (3): 567 – 585.

[58] HEALY P. The Effect of Bonus Schemes on Accounting Decisions [J]. Journal of Accounting and Economics, 1985, 45 (7): 85 – 107.

[59] HELLMAN J S, JONES G, KAUFMANN D. Seize the State, Seize the Day: State Capture, Corruption and Influence in Transition [J]. Journal of Comparative Economics, 2003, 31 (4), 751 – 773.

[60] HOLMSTROM B. Design of Incentive Schemes and the New Soviet Incentive Model [J]. European Economic Review, 1979, 17 (2): 127 – 148.

[61] HONG L, BAO L, WEI Z. The Monitoring Role of Media on Executive Compensation [J]. China Journal of Accounting Studies, 2013, 1 (2): 138 – 156.

[62] HUSON M, TIAN Y, WIEDMAN C. Compensation Committees' Treat-

ment of Earnings Components in CEOs' Terminal Years ［J］. The Accounting Review, 2012, 87 (1): 231 – 259.

［63］ HWANG B, KIM S. It Pays to Have Friends ［J］. Journal of Financial Economics, 2009, 93 (1): 138 – 158.

［64］ JENSEN C. The Modern Industrial Revolution, Exit, and the Failure of Internal Control Systems ［J］. Journal of Finance, 1993, 48 (3): 831 – 880.

［65］ JENSEN C, MECKLING H. Theory of the Firm: Managerial Behavior, Agency Costs and Ownership Structure ［J］. Journal of Financial Economics, 1976, 3 (76): 305 – 360.

［66］ JENSEN M, MURPHY K. Performance Pay and Top Management Incentives ［J］. Journal of Political Economy, 1990, 98 (2): 225 – 264.

［67］ JOHN T, JOHN A. Top-Management Compensation and Capital Structure ［J］. Journal of Finance, 1993, 48 (3): 949 – 974.

［68］ JOHNSTON J. Independent Directors, Executive Remuneration and the Governance of the Corporation: Some Empirical Evidence from the United Kingdom ［J］. Review of Applied Economics, 2007, 3 (1 – 2): 105 – 122.

［69］ KIM H E, LU Y. CEO Ownership, External Governance and Risk-taking ［J］. Journal of Financial Economics, 2011, 102 (2): 272 – 292.

［70］ KHANNA T, PALEPU K. Is Group Affiliation Profitable in Emerging Markets? An Analysis of Diversified Indian Business Groups ［J］. Journal of Finance, 2000, 55 (2): 867 – 891.

［71］ KHANNA T, RIVKIN W. Estimating the Performance Effects of Business Groups in Emerging ［J］. Markets Strategic Management Journal, 2001, 22 (1): 45 – 74.

［72］ KHANNA T, YAFEH Y. Business Groups in Emerging Markets: Paragons or Parasites? ［J］. Social Science Electronic Publishing, 2007, 45 (2): 331 – 372.

［73］ KLEI A. Audit Committee, Board of Director Characteristics and Earnings Management ［J］. Journal of Accounting and Economics, 2000, 33 (3): 375 – 400.

[74] KRUEGER A. The Political Economy of the Rent-Seeking Society [J]. The American Economic Review, 1974, 64 (3): 291 – 303.

[75] LA PORTA R, LOPEZ-DE-SALINAS F, SHLEIFER A, VISH R. Corporate Ownership around the World [J]. Journal of Finance, 1999, 54 (2): 471 – 520.

[76] LAMBERT A, LARCKER F. An Analysis of the use of Accounting and Market Measures of Performance in Executive Compensation Contracts [J]. Journal of Accounting Research, 1987, 25 (3): 85 – 125.

[77] LASCHEVER R. Keeping up with CEO Jones: Benchmarking and Executive Compensation [J]. Journal of Economic Behavior & Organization, 2013, 93 (2): 78 – 100.

[78] LAUX C, LAUX V. Board Committees, CEO Compensation and Earnings Management [J]. The Accounting Review, 2009, 84 (3): 869 – 891.

[79] LAWRENCE J, STAPLEDON G. Is Board Composition Important? A Study of Listed Australian Companies [J]. SSRN Electronic Journal, 2000, 34 (6): 126 – 145.

[80] LEMMON M, LINS K. Ownership Structure, Corporate Governance and Firm Value: Evidence from East Asian Financial Crisis [J]. Journal of Finance, 2010, 58 (4): 1445 – 1468.

[81] MAIN B, JOHNSTON J. Remuneration Committees and Corporate Governance [J]. Accounting and Business Research, 1993, 23 (1): 351 – 362.

[82] MC CONAUGHY D L. Family CEOs vs. Nonfamily CEOs in the Family-Controlled Firm: An Examination of the Level and Sensitivity of Pay to Performance [J]. Family Business Review, 2000, 13 (5): 121 – 131.

[83] MERKLE-DAVIES M, BRENNAN M, MCLEAY J. Impression Management and Retrospective Sense-Making in Corporate Narratives: A Social Psychology Perspective [J]. Accounting, Auditing and Accountability Journal, 2011, 24 (3): 315 – 344.

[84] MORCK R, YEUNG B. Agency Problems in Large Family Business Groups [J]. Entrepreneurship Theory and Practice, 2003, 27 (4): 367 – 382.

[85] MURPHY K. CEO Pay and Aointments: A Market-Based Explanation for

Recent Trends [J]. The American Economic Review, 2004, 94 (2): 192 – 196.

[86] MYERS S. Determinants of Corporate Borrowing [J]. Journal of Financial Economics, 1977, 5 (2): 147 – 175.

[87] NEWMAN A, MOZES A. Does the Composition of the Compensation Committee Influence CEO Compensation Practices [J]. Financial Management, 1999, 28 (3): 41 – 53.

[88] NEWMAN H, WRIGHT D. Compensation Committee Composition and Its Influence on CEO Compensation Practices [J]. Social Science Electronic Publishing, 1998, 65 (5): 58 – 79.

[89] O'REILLY K. Combining Sanitation and Women's Participation in Water Supply: An Example from Rajasthan [J]. Development in Practice, 2010, 20 (1): 45 – 56.

[90] OSMA B, GUILLAMON E. Corporate Governance and Impression Management in Annual Results Press Releases [J]. Accounting, Organizations and Society, 2012, 36 (4 – 5): 187 – 208.

[91] PENG W, WEI K, YANG Z. Tunneling or Propping: Evidence from Connected Transactions in China [J]. Journal of Corporate Finance, 2011, 17 (10): 306 – 325.

[92] ROYCHOWDHURY S. Earnings Management through Real Activities Manipulation [J]. Journal of Accounting and Economic, 2006, 42 (3): 335 – 370.

[93] SAPP S G. The Impact of Corporate Governance on Executive Compensation [J]. European Financial Management, 2008, 14 (4): 710 – 746.

[94] SCHARF S, STEIN C. Herd Behavior and Investment: Reply [J]. The American Economic Review, 2000, 90 (3): 705 – 706.

[95] SHEN W, GENTRY J. The Impact of Pay on CEO Turnover: A Test of Two Perspectives [J]. Journal of Business Research, 2015, 63 (7): 729 – 734.

[96] SHLEIFER A, VISHNY W. A Survey of Corporate Governance [J]. Journal of Finance, 1997, 52 (2): 737 – 783.

[97] SLOAN G. Accounting Earnings and Top Executive Compensation [J]. Journal of Accounting and Economics, 1996 (1 – 3): 55 – 100.

[98] SUN J, CAHAN S, DAVID E. Compensation Committee Governance Quality, Chief Executive Officer Stock Option Grants and Future Firm Performance [J]. Journal of Banking & Finance, 2009, 33 (8): 1507 – 1519.

[99] TAYLOR A. CEO Wage Dynamics: Estimates from A Learning Model [J]. Journal of Financial Economics, 2013, 108 (1): 79 – 98.

[100] TIROLE J. Hierarchies and Bureaucracies: On the Role of Collusion in Organizations [J]. Journal of Law, Economics & Organization, 1986, 2 (2): 181 – 214.

[101] TRUEMAN B. Why Do Managers Voluntarily Release Earnings Forecasts? [J]. Journal of Accounting and Economics, 1986, 8 (1): 53 – 71.

[102] URZUA I. Too Few Dividends? Groups' Tunneling through Chair and Board Compensation [J]. Journal of Corporate Finance, 2009, 15 (2): 245 – 256.

[103] VAFEAS N. Further Evidence on Compensation Committee Composition as a Determinant of CEO Compensation [J]. Financial Management, 2010, 32 (2): 53 – 70.

[104] WAN Y, JING R, GAO X. Managerial Discretion and Executives' Compensation [J]. Journal of Chinese Human Resource Management, 2010, 1 (1): 17 – 30.

[105] WINDSOR A, CYBINSKI J. Size Matters: The Link between CEO Remuneration, Firm Size and Firm Performance Moderated by Remuneration Committee Independence [J]. Discussion Papers in Economics, 2010, 33 (3): 98 – 121.

[106] ZHENG X, CULLINAN P. Compensation/Audit Committee Overlap and the Design of Compensation Systems [J]. International Journal of Disclosure and Governance, 2010, 7 (2): 136 – 152.

后　记

本专著主要来源于本人的博士毕业论文。十分感谢帮助过我的老师与同学，帮我渡过了艰难而快乐的读博时光。

寒来暑往，时光荏苒。自2015年再次迈进东财园以来，我开启了新的人生篇章。尽管忙碌成为读博生活的主旋律，期间也掺杂过些许的困惑与迷茫……但在相关老师与同学的支持与帮助下，始终收获着读博的硕果！

时至今日，不禁感慨万分。"问渠哪得清如许，为有源头活水来"，我要感谢博士期间对我学术科研有过指导和帮助的所有老师。在此需要特别感谢的是我的硕士导师——王玉红教授，王老师在我博士论文与专著写作过程中给予了很大的帮助。同时，我也特别感谢其他老师与同学对我博士论文写作过程中的帮助。

首先，我需要感谢我的博士导师张先治教授与师母纪伟老师，感谢他们一直来对我悉心的指导和宽容的理解。

其次，我还要感谢博士开题与预答辩时，提供建议与帮助的史永东教授、刘行教授、陈仕华教授、甄红线教授、姜英兵教授与刘凌冰教授，以及校外评审专家。在开题与预答辩环节中，他们对我论文写作提出的宝贵意见。同时，我也深深感激解维敏教授所提出的意见。他们的宝贵意见不仅能够使论文更加完善，而且深深启发着我在读博道路上的前行。

最后，我要感谢博士入学后在为专业领域学术科研打基础期间，曾经给我们博士生授课的所有老师，如刘淑莲教授、刘行教授、刘永泽教授、万寿义教授、张晓东副教授、刘媛媛副教授以及其他课程的所有老师。他们的不吝赐教，为我日后研究拓宽了思路与视野，奠定了必备的基础。

此外，我尤其感谢我的同学与同门。非常感谢同学张勇博士、王文慧博士、于浩洋博士、楚有为博士、邹威博士与杨金凤博士，我们相互交流，一起进步；也非常感激同门晏超博士、贾兴飞博士、李静波博士、王兆楠博士、高梦捷博士、田言博士以及杜春明博士等其他同门给予的帮助。读博期间，一路有你们真好！

柳志南

2020 年 2 月 18 日

东财园东大八栋